陈邑华
郑榕玉　编著

CHUANGYI XIEZUO
XUSHI YU PINGLUN

创意写作
——叙事与评论

厦门大学出版社　国家一级出版社
XIAMEN UNIVERSITY PRESS　全国百佳图书出版单位

图书在版编目(CIP)数据

创意写作:叙事与评论/陈邑华，郑榕玉编著.—厦门:厦门大学出版社,2019.1
(2020.8 重印)
ISBN 978-7-5615-7284-9

I. ①创… II. ①陈…②郑… III. ①汉语—写作—高等学校—教材 IV. ①H15

中国版本图书馆 CIP 数据核字(2018)第 299658 号

出 版 人 郑文礼
责任编辑 刘 璐
封面设计 张雨秋
技术编辑 朱 楷

出版发行 **厦门大学出版社**
社　　址 厦门市软件园二期望海路 39 号
邮政编码 361008
总　　机 0592-2181111　0592-2181406(传真)
营销中心 0592-2184458　0592-2181365
网　　址 http://www.xmupress.com
邮　　箱 xmup@xmupress.com
印　　刷 厦门集大印刷厂

开本 720 mm×1 000 mm　1/16
印张 13.25
插页 1
字数 250 千字
版次 2019 年 1 月第 1 版
印次 2020 年 8 月第 2 次印刷
定价 52.00 元

厦门大学出版社
微信二维码

厦门大学出版社
微博二维码

目　　录

下编　创意写作文体训练

绪论　应用型人才培养视野下的创意写作

第一节　创意写作的界定

一、创意写作内涵的认知

创意写作(Creative Writing)又称创造写作、创新写作,是一个舶来概念。创意写作 20 世纪 20 年代末兴起于美国,是写作教学革命形成的一种文学教育模式,其后作为新兴学科逐步推广到世界各地,中国大陆大致在 2007 年[①]引入创意写作,经过理念、模式引入,本土化创建,现已进入快速推广阶段。

目前,创意写作在学科定位、定性、定向等方面尚无共识。关于创意写作的含义有:"就是我们通常说的文学创作"[②]"是一切创造性写作的统称"[③]"是美国等国家在文学创作中应用的一种教学模式"[④]等各种不同说法,而影响最大的是创意写作在我国最积极的研究者、推动者葛红兵所下的定义:"创意写作是指以文字创作为形式,以作品为载体的创造性活动,它是文化创意产业链

---

① 我国台、港、澳地区引入这种教学模式较早,大陆的引进时间则有 2004 年和 2007 年两种说法,到 2009 年开始真正意义上的学科建设。至于语词层面的创新写作、创造性写作等提法,无论在台、港、澳地区还是大陆,出现都要更早一些。

② 多萝西娅·布兰德.成为作家[M].刁克利,译.北京:中国人民大学出版社,2011:译者序 2.

③ 张永禄.创意写作:中文教育改革的突破口(上)[J].写作:高级版,2013(13):4-7.

④ 戴凡.国内外创意写作与研究[J].中国外语,2017(3):64-73.

最基础的工作环节。"①

上述各种说法,各有所见,又都不同程度存在一些需要面对的问题。我们知道,定义一个概念,必须遵守逻辑规则,必须明确其内涵和外延,最佳定义只能有一个,不可能多定义。按照这一原则看上述各种关于创意写作的定义,都有进一步讨论的空间。之所以出现这种状况,一方面是由于创意写作在美国产生之日,就重实际操作、重经验、重方法而不重理论。而我国学者强调理论实践并重,但毕竟时日尚短,有待进一步研究。另一方面则由于创意写作在发展过程中,不同国家、不同地区、不同学校在人才培养目标、对创意写作范畴的把握上有两种主要模式,以美国为代表的集中于文学写作培训,即培养作家的模式;以英国为代表的文化创意写作培训模式。我国的创意写作也大致分为以复旦大学、北京师范大学为代表的培养作家和以上海大学、北京大学为代表培养文化创意产业复合型人才两种模式。正是由于上面的原因,创意写作概念的内涵和外延存在着模糊交叉的现象。

我们认为,处于创建时期的创意写作,方兴未艾,虽然在有关研究方面难免粗糙混杂,众声喧哗,但却生气淋漓、势头强劲,因此,不必拘囿于细枝末节,不妨任其自由生长,待到实践经验丰富时再加以总结规范。但是,不论如何定义创意写作,创意写作的几个核心理念和显著特点是公认的,也是我们必须了解把握的:其一,创意写作的核心观念认为作家是可以培养的,写作是人人可为的。在创意写作看来,文学写作是一种可以训练的行为,这就打破了作家不能培养,作家出于灵感、天才的成见,让文学写作成为一种可以教授培训的技能。其二,创意写作在教学制度上以写作工坊和作家授课著称,这为培养作家提供了有效途径和基本保障。其三,在一些学者看来,创意写作的创意是第一性的,写作是创意的物化形态,是工具性的。其四,创意写作的三个特征是创意性、商业性、实践性。② 上述各点对理解认识创意写作至关重要。

二、创意写作的学科认知

我们对创意写作学科主要从以下三个层面理解把握:

第一,创意写作学科方向是当前国内外文学专业向应用型转型的一个比

---

① 葛红兵,高尔雅,郭彩侠.高校中文教育改革与"创意写作"学科建构[J].当代作家评论,2014(5):180-186.
② 陈晓辉.中国化的创意写作学科体系猜想[J].湘潭大学学报(哲学社会科学版),2016(1):85-89.

较重要的方向。从创意写作着力强调为文化创意产业提供核心的复合型从业人员这一点看,创意写作跟我们熟悉的基础写作和应用写作的重大区别,是在于它打破了纯文学创作和基于特定目的的应用写作之间的传统界限,将纯文学的创造性、个人性与应用写作的目的性、实用性相结合,这就为我们立足汉语言文学传统的人文艺术优势,以学生写作能力的培养作为突破口,寻求与新媒介传播、影视文化创意、地方文化创意开发等行业有效对接提供了可能。它培育的是学生在产业需求之中的写作思维、写作能力和创意设计。因此,从创意写作与应用型高校的实际情况看,创意写作在汉语言文学专业应用型转型过程之中具有重大战略意义。

第二,创意写作为写作课程改革提供了一条有效途径。从写作课程教学改革和写作教学的有效性看,创意写作是一种成熟、高效、可行的教学模式。创意写作异军突起,引起众多高校的重视,引发如此之多的写作学研究者、写作教师的兴趣,并在短短几年间有百余所高校或创办创意写作专业,或开设创意写作课程,除了其适应文化产业大发展的社会需要、良好的就业前景之外,吸引人们普遍关注的恐怕还是其作家可以培养的革命性理念,写作工坊、驻校作家等制度安排,切实有效的操作性、程序性、可行性的教学模式。虽然早在20世纪80年代写作学界就提出了理论的高层次和训练的科学化,但高层次理论研究至今已有了相当的深度、高度、广度,成绩显著;而训练的科学化却乏善可陈,一直没有明显的进展,某种程度上成为制约写作教学发展的瓶颈。创意写作教学模式的引进,恰好可以弥补这一短板。

第三,创意写作是文化创意产业的驱动器。欧美创意写作对文化产业繁荣发展起到了巨大推动作用,甚至被称为文化产业的"发动机",这深刻启发我们,在构建文化强国之路上,创意写作大有可为。从创意写作与文化产业的关系看,除公认的创意写作可以为文创产业提供复合型创意人才,而文创产业能够为创意人群发展创造根本的文化环境和平台这样的直接关系外;更重要的还在于文化创意产业是技术、资本、文化相融合的产物,在文化产业经济中,文学的故事是内容开发的部分,占据着非常核心的位置。在创意写作视野下,写作是在一定目的引导下的一种创造性的行为。有目的、有意图的写作是写作者结合社会的或产业的特定需要,以产生特定的传播效果为目的的创造行为。随着文化产业经济的兴起,文学内容成为影视剧、话剧、戏剧、广告、游戏甚至旅游业的重要的内容来源。尤其是随着新媒介的发展,在文化产业经济生产过程当中,技术越来越简便,导致内容开发的重要性越来越突出。比如在一部网络肥皂剧里面,拍摄技术和传播技术现在非常廉价简便易操作,因此,能否取得良好的传播效果,内容日益成为首要的因素。文化产业经济对文学的利用越来越广泛,而我们的写作却依然停留在创造与应用的两分法当中,后者作为一种应用文类主要是一些模式化的、没有创意的事务性文书,而大量适合新媒介、新经济需要的写作,却是需要文学的创意能力加入,这一类的写作长期缺乏研究,更缺乏科学的系统训练。创意写作具有跨学科的特性,因此写作过程之中必须结合传播媒介、产业形态的需要做一些相应的调整改变。如福建编剧写的一部剧本的开头:一个是"一队马帮行走在沙漠上",另一个则是"丐帮在海岛上聚会"。对于传统的写作来说,只是几个字的区别,但是对于创意写作来说,在这两句话的背后,是成本和效益的不同。对于福建的投资商来说,拍摄马帮和沙漠与拍摄丐帮和岛屿相比,显然后者在经济上更为合算。从这里,我们可以看到创意写作的写作活动必须要熟悉不同行业,必须充分考虑商业因素。

除了要结合文化产业经济的具体要求,创意写作还要考虑到传播媒介、传播技术。在文字传播为主导的时代,写作的要求有自己的规律,在网络传播时代,写作的要求也有自己的规律。不同的传播媒介下,写作形式和文本形式都正发生着深刻改变。因此,创意写作还是一个传播学的问题。但是无论创意写作和经济、产业以及传播技术有着什么样的关联,它的内核是写作,写作的基本规律基本要求依然在其中起主导作用。因此,创意写作的学科认知,可以归纳为在新经济、新媒介条件下的写作形式的新形态。

三、创意写作的前景展望

创意写作是文学学科与新媒介、新经济相互结合下的产物,是文化产业经济模式下产生的大量写作需求下的写作新形态,无论对于文学——纯文学本身还是对于应用文类而言,都具有非常重大的意义,而且有着广阔而难以限量的发展前景。

首先是新媒介传播下的写作前景。网络新媒介不只是一种信息的传播方式,它还正深刻改变着我们的写作。如新媒介传播条件下,我们熟悉的诗歌、小说这样最为传统的文类都在发生着深刻的改变。我们的写作形式、写作语言都要由此更新。"文变染乎世情,兴废系乎时序",文类作为文章的辨别识读和规训机制,在不同的历史阶段总是有着不同的面貌。从文类的划分到文类的等级体系,时代环境无疑都会使它们的内在关系发生改变,尤其是在一些重要的时代节点,大规模的社会文化革命如"五四",大规模的新技术革命如近代工业革命都带来了文类系统性的甚至整体性的调整变换。文类变化的速度现代以来有加速的趋势,如从文学现状来看,传统文类体系及其规范走向瓦解,文类面临着再分化已经成为当前文学演变的大方向。经济的、生产方式的、作家个人的、意识形态的或者是传播机制本身的,原因多种多样,其中传播媒介在文类加速变化中所起的作用尤为突出。

新媒介作为纸媒之后大规模渗透到生活各个方面的新传播机制,对于文学和文化的影响具体到不同的文类上面,其面貌也是有着相当大的差异。概括来看,小说作为新媒介传播的文类依然没有改变其在纸媒中获得的现当代地位。不过,网络传播的快捷性和文化工业的垄断性正改变着网络小说的文类形态。在互动、瞬时的传播模式下,段子故事、网络警句谚语或戏谑玩笑的文本风格背后,是否隐含着新的文本可能性。段子故事、各种警句杂糅或者是由无数词句片段链接在一起的超文本恰好是未来小说的新形态。预言不是说出未来一定会实现的东西,而是体现了一个趋势。就像说书场里走出了长篇小说,新媒介条件下或许走出的就是语句和风格形式杂混的新小说形态。诗歌作为网络中活跃着的第二大文类,在众声喧哗中,在新媒介词句的口语化、直白性或者是琐碎繁复的形式里面,诸如多媒体混合的诗歌表达跟诗与乐未分家时期的诗歌存在形态是什么关系,是否存在重新定义诗歌的可能性? 联系到新媒介对文学文化文本的大规模介入,其他文类也必须面对同样的追问。这些都是值得深入讨论的问题。而在新媒介商业与艺术、创造与工业生产、信息传播与个性表达交互混杂的文类状况下,微博、微信、论坛、博客等等发布形式中从聊天、广告到日志都有自己的一些新特性,某些特性已经很难用应用文还是非应用文来归类。

总之,随着传统文类的变革和新的文类大规模出现,适应这种传播机制的写作教学越来越有时代的迫切性。尤其是随着微博、微信以及其他手机传播的大规模呈现,适应这样的传播机制下的写作及其创意能力,有着非常强烈的时代迫切性。

其次,创意写作的广阔前景更与目前文化产业经济息息相关。文化产业经济不只是一种经济的形态,在后现代的历史语境下,文化产业的主导权往往还是经济的主导权的基础。后工业社会——也可以称为后现代社会的最主要特征是文化和信息在社会经济中取代了实际的物质占据了主导地位。在工业时代,谁掌握了物质生产的主导权,谁就掌握了这个时代的主导权。但是在后工业时代,这个公式发生了倒转。文化的领导权往往决定了经济主导权在谁手上。因为在后工业时代,随着大众传播的兴起和社会物质的丰富,在产品的制造、销售乃至定价之中,文化的符号价值的作用已经远远大于物质使用价值。一个缺乏文化主导权的国家,即使号称世界工厂,制造业全球第一,也难以在世界上确定经济的主导地位。文化产业经济时代,文化的价值大于物质的价值,这样的现实条件下,小到一个产品的开发,大到一个国家的形象建立,都需要文学艺术的创意内容进入。缺乏相关的文化内涵开发的物质产品不仅仅是难以卖到价格,而且往往无法销售出去。

因此,充分利用创意写作讲述一个产品的故事、描述一个地区的形象、叙述一个人的事迹,让这些故事、形象、事迹能够深入人心,产生影响力,就是经济影响力的源头。创意写作这样的将文学创意和特定的社会经济意图紧密结合的写作形式,无论是从技术的角度还是从经济发展角度,都具有非常重要的价值。

第二节　富有特色的"互联网＋"创意写作平台建构

一、同新经济、新媒体融合的创意写作课程体系

应用型人才培养既是经济社会发展的迫切需要,也是应用型高校无可回避的现实问题。为适应我校应用型综合大学的定位,中文系确定以写作能力作为学生的核心竞争力,把学生写作能力培养作为汉语言文学专业转型的突破口。我们充分认识到在文化创意产业勃兴的形势下,创意写作的学科辐射效应和良好的人才就业前景,积极向创意写作转向,以创意写作改革写作教学,适时开启写作教学内容构建的新思路,就写作课的教学模式进行结构性调整和改造。对如何建构创意写作教学思维和课程体系,如何改革写作课教学内容、教学方法、训练体系和考核评价模式,如何拓展实践渠道,使写作教学适应应用型人才培养的需要,实现写作教学体系的新建构等问题进行全面系统的探讨与实践。2017年,成功申报福建省教改项目"基于应用型人才培养的创意写作教学改革"立项。

我们在深化写作教学模式改革的进程中,立足文创产业对创意写作人才的需求,以学生的创意写作能力发展为重点,从紧密结合新经济、新媒体的角度出发,重新开发设计教学模块,进一步推进写作能力与实际应用相结合。注重写作与影像、视频设计的组合,写作与新媒介传播的结合,开发新媒体写作、非虚构写作、微电影创作、纪录片创作、小说写作、诗歌写作、戏剧写作等以创意写作能力培养为主线的创意写作课程群。将原来大一开设基础写作,大四

开设文体写作选修课改为从大一到大四每学年均开设相应的创意写作课程，确保学生写作训练的系统性、持续性。涉及的写作教学领域大致包括以下几个方面：

1.新媒体写作：研究和讨论在网络新媒体条件下，不同传播媒介环境下出现的新文类、新语言以及新风格。新媒介条件下，写作形式和手段日益多样化，新文类层出不穷，新的语言和写作风格也日新月异。面对这些改变着的现实，我们的传统基础写作和应用写作的二分法显然无法适应，必须拓展写作教学的新领域。新媒介传播条件下，影响最为深远的就是信息爆炸和快速阅读，在这两者的结合之下，如何让你的信息瞬间让人注意，同时又能让你的信息在瞬间阅读的过程中被人记住，从写作语言、篇幅、结构到风格都有自己独特的规律。因此，必须开发出适应新媒介条件下的创意写作教学内容。

2.影视剧的剧本写作：随着传播技术的革新，影视的院线渠道越来越普及，同时随着拍摄技术的发展，拍摄的成本也在大规模下降，这导致了以影像为中心的传播日益深入到从生产到生活的方方面面。以前因为成本和技术的原因，只有少数的人才能接触到影视剧文化产业，但是目前在网络传播的语境下，影视剧拍摄越来越平民化、草根化。此外，对于传播的内容来说，过去只有少数的人和事才有机会转化为影视剧来传播，在当前的技术条件下，影视剧的传播越来越平民化，小地方、小人物、小事情也可以有机会转化为影视剧。因此，影视剧拍摄的范围、拍摄的概率都与过去有着翻天覆地的变化，这导致了影视剧剧本创作的需要量大大增加，市场上非常缺乏有着良好的情怀和故事设定的剧本，这给剧本写作的教学带来了要求，也带来了机会。

3.广告脚本和各类影像脚本的策划写作：随着影像、动漫、游戏等产业的发展，各类影像文化产业的产量也在大规模发展，大量的广告和宣传片在网络上传播，脚本的策划和写作现在有着非常强烈的市场需求。这些脚本的写作，都需要将文学的故事、创意设计、情怀跟具体的产业相互结合，生产出既有产业特性又具有文学感染力的文本形式。另外，随着微电影的普及，围绕着微电影这种影像形式，在拍摄技术越来越普及的情况下，好的脚本往往成为一部微电影能否出彩的核心元素。如何结合微电影的特性策划选题、确定主题、制定风格、设定人物关系、塑造人物形象、讲述故事，这里面都有着很多内容值得我们去研究，并从中总结归纳出具有新经济、新媒介特性的写作教学新内容。

4.传统的小说、诗歌和戏剧写作：在新媒介、新经济条件下，一部小说要产生网络传播的影响力，也必须结合网络传播的特性。以网络为代表的新媒体的一个生产和传播机制特征是它的即时性和瞬间性，这样的传播特征导致了文本呈现出了碎片化的特色。因为只有碎片尤其是有着鲜明的情绪的碎片最能抓住人的眼球，而不是逻辑清晰、主题深刻、内蕴隽永的叙事。这对于网络小说和诗歌的写作都提出了新的要求，也产生了新的特性。此外，网络新媒介的传播特性还有着鲜明的互动性。追求互动的文本不仅仅是文本更趋向于感性和交流的简易性，使文本选题更直接贴近社会热点问题，还有一个非常重要的影响力，就是打破了原来纸质媒介时代专著的封闭性，而转向一种开放的存在形式，如增强文本的多样性和偶然性。表现在叙事上这种开放性显得尤为突出，那种追求前后统一的情节连续性的故事被更为开放多元的叙事所取代。

二、实战实训为核心的教学形式

建立、采用实战实训为核心的教学形式，既是与新媒介、新经济有着紧密而深刻联系的教学内容，对与其相互匹配的教学形式的必然要求；也是创意写作行之有效的教学模式的核心所在。

1. 建设高效的实训实习体系。实训实习体系分为校内与校外两部分，二者既有区分又紧密结合。校内主要是利用网络微信实训平台、写作工坊、实践基地、文学沙龙、学校广电报刊新闻媒体、文学社、文学期刊等实践交流指导渠道，激发、提升学生写作的兴趣、能力，加强对学生创作的指导评点，加强师生的沟通交流。校外的实训实习一方面是充分利用院系的实习基地，如广电报刊等新闻媒体学习新闻采写、编辑，广告公司、文化公司参与文创项目创意和策划等实践活动，锻炼学生的实战能力。目前外面的文化传播公司对于创意写作写手的需求量很大，可以由教师牵头加上一定数量的学生组成不同团队，负责某一企业项目，形成校企合作、文创融合。另一方面是服务地方文化建设。地方文化形象的宣传策划、脚本写作目前也有较大的市场需求。可以和地方文化部门合作，将文学教育和社会文化建设相结合，在城市社区特别是创意社区组织文学活动，活跃城市文学气氛，这不仅仅有助于激发学生的创作积极性，也有利于学生将个人的创意写作和社会的需求相结合。此外，还可以和当地作协合作，帮助学生接触最真切的第一线文学创意写作。

2. 形成新的考核评价体系。改革考核评价体系，采用过程性评价、形成性评价方式，将学生发表的文学作品、文化策划项目书、新闻稿件等作为成绩考核的重要项目，强化实践特色。在条件允许的情况下，将一些企业项目引入课堂进行实战训练。如果条件不成熟，那么就将企业已经完成的项目作为实训内容设计到教学模块中。如在新媒体的教学当中，我们可以将网络软文广告、跟企业合作做的一些公众号运营设计经验带入课堂，作为案例教学内容。

课程的考核,也不是简单地采用书面作业的形式,可以让学生设计一个公众号,在期末考核时,结合公众号的内容、点击率以及市场认可度综合评分评价。再如在剧本策划与写作教学过程中,带学生参与企业提供的剧本项目写作,让学生从创意选题、人物设定、故事大纲到分场写作过程之中,体验到创意写作如何与文化产业、影视媒体的传播规律相互结合。学生查阅资料、社会采风调查以及最后的剧本形态都可以作为评价考核的依据。

3. 组建胜任创意写作教学的师资队伍。实战实训为核心的创意写作教学体系的建设,无法离开能够胜任这一教学形式的教师。对此,一是通过访学、培训等途径使现有写作课教师提高新媒介操作技术,掌握文化创意产业的基本情况,让他们的教学思维、课程设计能够在创意产业经济的模式上展开,将企业的要求输入到课堂教学内容里,从而有效激发学生创意,引导学生实战操作。二是引入业界导师,安排适当学时由业界导师开设讲座、指导答疑,让学生能够更为直接地跟企业发生关系,而不是隔着几座山谈创业。三是邀请本土作家进校开设专题讲座并指导学生创作。

三、地方文化 IP 理论的植入

利用创意写作来实现相关的社会经济目标是创意写作的重要特征,挖掘区域性文化遗产的形式和内涵,开发地方文化的创意设计,将其作为创意写作教学的重要内容引入课堂是其中不可或缺的环节。区域性、地方性文化元素非常多,如何挖掘并将这些元素转化为生动的故事、有感染力的文本,从而通过影视剧、动漫、绘本、游戏等形式传播出去,是我们创意写作教学要重点开发的内容。

IP 是智慧产品的意思,在过去的文学艺术创作中,一个作品就是一个作品,一般不涉及一个产业的链条。而在新媒介传播语境下,随着传播技术的发展和传播形式的丰富,一部作品出来后,深入人心的形象可以带动一个产业化的传播链条,产生巨大的社会经济效益。以文化、文学内容为基础的 IP 创意产品开发目前已经成为文化产业经济的热点,很多国家和地区都力争在这个领域有所作为,从而带动一个产业链条。IP 创意产品成功开发的价值意义不仅仅是 IP 产品本身的再生产能力,更重要的是,还可以附加在很多产品上,提升产品的文化价值。在后工业社会,随着知识和信息在社会生活中逐渐占据核心位置,产品的价格往往取决于其文化内涵,而不是其物质属性及其使用价值。因此,IP 的创意开发无论是对于 IP 产品自身,还是对于一个国家/地区的经济层次提升都有着非常重要的意义。

作为高校创意写作教学,将创意写作的方向结合到地方文化的宣传发掘上面,不仅是培养人才的题中之意,也可以成为服务地方的重要途径。每个地方都有着丰富的民俗风情、历史传统、名人故事,这些历史掌故或者民间习俗,本身就带有着一定的 IP 价值。创意写作的价值就是利用新媒介条件下新的写作形式、写作语言重新打造这些老的 IP,使其在网络新媒介中重新焕发文化活力,尤其是获得年轻人的认同,由此传承国家/地区的文化传统,打开相关的文化市场。

地方文化的 IP 创意开发从写作的形式来说,可以从如下几个层面着手:

一是地方文化名人。地方文化名人由于历史的原因,在地方上往往有着比较强大的号召力影响力,同时也代表着一个地方的文化精神。因此开发地方文化名人的 IP 对于地方文化建设来说其特殊的价值意义毋庸置疑。同时,由于地方文化名人往往在特定文化圈有一定知名度,对其进行创意开发,市场的风险也比较小。人们要做的是如何结合新媒介下的传播规律,对其形象的设定以宣传的主要节点做一些创意开发。

二是地方的民俗风情。地方的民俗风情能够代表一个地方的特色,无论是旅游开发还是对外宣传,还是 IP 文创产品的设计,地方民俗风情都是一块重要的领地。地方民俗风情包括了民间故事、地方戏剧、地方风俗礼仪等。将这些元素提炼出来,创造出一个 IP,这对于地方的文化建设和经济开发来说,其意义不容小觑。

三是地方自然和文化遗产。地方文化和自然地貌,是地方的重要标志,同时也是旅游开发的主要领域,受到了各个国家/地区政府的重视。特别是针对一些自然风貌不错,但是缺乏文化的地区来说,让自然风貌附加一些文化创意因素,扩大其影响力,提升其旅游观赏价值是人们很熟悉的开发思路。因此,我们在创意写作教学过程之中,教授同学如何选题,如何结合地方文化的需要进行策划,并且根据策划的基本思路设计相关的写作构架也是创意写作必须关注的地方。

四是地方现代出现的新人新事。地方文化的元素不只是属于过去,属于自然,也属于活生生的社会现实。每个地方每个时代,都会有独具自身特色的故事或人物。对于这些非常具有时代特色同时又有着比较强的地方特性的内容,进行 IP 创意开发,其对于地方的宣传乃至对于市场特色的塑造都具有不可代替的价值,也是创意写作教学必须关注的方面。

IP 的创意设计开发是一个非常复杂的学问,里面有着非常多的产业的、社会的因素需要考虑。我们这里仅仅是从创意写作教学出发谈论 IP 创意开发的可能性和思路。事实上,对于经济学来说,IP的创意最主要的是对市场的研究和发掘。如果创意写作地方文化IP的设计开发要离开地方政府独立行走,在市场上发掘出IP,才是真正的道路。但是这条路很难走,就像一个作家总需要一个代表作,才能在文坛确定相应的影响力。如果学生创意过程中IP设计到位,或许可能因此一炮走红。所以风险和收益总是对等地存在,人们的选择往往是个人根据自己的能力爱好进行利益的均衡化。

第三节　教材框架体系与教学内容

教材在实现教学目标,实施课程教学,推进课程改革中具有重要地位。从满足、回应写作课程改革、应用型人才培养和文化产业发展的需要出发,我们基于自身教学经验和课改实践,经过精心策划,编著这部基本理论体系和基本训练体系符合自身教学需要的教材。我们确立的教材编写原则和方针是:立足教学、写作本位、挖掘潜力、激发创意、理论精要、突出实训,一切从教学的可行性、操作性、实用性出发,一切以学生的创意写作实践为核心,力争在理论框架、训练设计等方面有所创新。

一、教材特点

本教材名为《创意写作——叙事与评论》,意在突出叙事与评论在创意写作基础训练中的重要性。叙事与评论是叙事类、析理类文章最基本、最常用、也是最重要的表达方法,是写作各类文体的基础,易学而难工。因此,以叙事涵盖叙事类文体,以评论涵盖析理类文体,可以取得突出重点,以少总多的效果。本教材的突出特点是立足教学,编写体例更加符合教学实际和教学规律,突出可行性、操作性、有序性。现有的许多教材往往表现为两种极端化倾向:一种是几乎不讲理论,重在写作训练和个体经验的传授,引进的国外创意写作教材大多如此;另一种是过度执着于理论的系统、全面、深刻和逻辑严谨鲜明,却较少顾及具体教学中的可行性,大而无当,操作性、针对性不强。应该说,只强调理论知识讲授或只强调实践训练都是片面的。既要避免没有理论指导的支离破碎的读读写写,又要避免理论面面俱到的高头讲章。因此,要有效区分写作学与写作教学,学理性研究和应用性研究的关系。一门写作课,多则百余学时,少则几十学时,过多的内容,显然难以完成。所以必须考虑具体教学中,哪些是可教的哪些是不可教的;哪些是该教的哪些是不该教的。写作学、创意写作学研究自然应该全面系统深刻乃至玄奥精微，而以实践性操作性区别于其他学科的写作教学则不能大讲幽深玄妙的理论。写作教学的中心是怎么写，重在方法的传授而不是内容的教授。应该把有限的学时用于具体方法的教授和实战训练，集中于能在写作课教学中得以培养提高的素质、能力，而那些难以或无法进入课堂教学的内容，不能在写作课中直接培养提高的能力，应该通过具体问题的讲解，评点讨论环节，加以提示引导、渗透熏染，而不是设立专门章节研究讲授。必要性与可能性之间往往存在巨大差距。写作是主体人格、思想、道德、学问、审美趣味等的外化，是主体的综合文化思想素质的体现；而从写作的心理机制看，写作又和人的兴趣、动机、需要、习惯、性情、意志、毅力、气质密切相关，因而有"冰山理论"和"功夫在诗外"之说。理论研究中，应该涉及上述方方面面，可以将写作行为拓展延伸到前写作、后写作，但课堂教学中对从主体智能结构到智能转化再到动态过程、静态文章这样汗漫无际的内容往往无能为力，不具备可操作性。一是这些内容不是一门课程可以承担的，二是学时不允许。比如，写作能力构成中，智能成分要高于技能成分，关于主体智能结构、人格控制对写作控制的研究，当然很好地揭示了写作规律，但具体教学中却很难具体讲授，否则写作课将成为无所不包的巨无霸，成为道德讲堂和各类专业知识的贩卖场。再如学识阅历对个人写作能力至关重要，人们历来强调读万卷书行万里路，但万卷书还是要学生自己读，万里路也必须学生自己走，课堂教学作用有限。所以，切合课堂教学的教材，要避免自我膨胀、自我迷惑，不可陈义过高，要充分考虑可行性、有效性、操作性，有所为有所不为，避免成为面面俱到的通论、无所不包的高头讲章。在这方面，许多创意写作的引进教材很有启发性，它有一个预设，即每一个学习者都具备了相应的智能和素养，因此极少强调诸如提高道德修养、读万卷行万里之类，而是专注于调动已有的经验和智能，专注于具体的方法和技能。写作活动涉及的众多素质和能力，其养成是一个漫长的潜移默化过程，要在一门具体课程教学中完成，这是难以承担之重。某种程度上，写作教学训练只是主体已有的素质的激发、引导及书面表达组合的指导。因此，必须集中在针对写的核心能力的系统训练上，告诉学生如何写，包括具体的步骤、程序、方式、方法、技巧。所以，我们在综合考虑规定学时中的可行性和本课程与后续课程及专门工坊的关系的前提下，全面优化重构教学内容结构。理论框架上，不求高深全面，但求精简实用，力争以少总多，以简驭繁；训练体系上，重方法技巧，强化基本技能，最大化地激发学生的写作潜能和写作才华。

二、框架体系

全书在绪论之外,分为上下两编,共 9 章。上编创意叙事与评论能力培育,设第一章创意观察与描摹、第二章创意感受与表达、第三章创意想象与描述、第四章创意理性思维与评论,分别为基本理论、基本能力和基本表达方法,意在提高感知采集、联想想象、综合分析能力,为叙事与评论奠定坚实基础。基础差,任何文体都写不好。学生初学创意写作,缺乏社会阅历是普遍现象,也是其写作的短板。虽然创意写作强调写自己熟悉的事、从身边事写起,但这只能是过渡性的权宜之计,长期如此势必形成写作的封闭狭隘,何况即便是身边事也涉及采集感知。提高写作能力,无论文学还是应用,无论传统写作还是新媒体写作,都应从巩固提高基础能力,尤其是叙事与评论能力入手。我们认为,"作家可以培养、写作人人可为"是建立在技巧方法之上的。因此,上编的基本框架是:以理论为前提,以训练为途径,以能力提高为中心,重点落实在采集—表达这一轴线上。下编创意写作文体训练,设第五章非虚构叙事——散文写作、第六章虚构叙事——小说写作、第七章网络新媒体叙事、第八章网络评论及其话语方式、第九章论文写作。既有文学文体,也有析理性文体,既有传统文体,也有新媒体文体。而每章皆循创意写作从成规出发的理念,具体展开着重于各类文体的规范和文体核心要素训练,以文体成规为纲,以文体技巧为本,以期培养学生较强的文体感。同时,配合诗歌写作工坊、戏剧与影视创作工坊,使学生对主要文体有基本掌握。综观全书,既有采集、思维的系统训练,又有文体写作训练。各章在理论阐释追求准确、简明、务实、创新的同时,遵循在实践中激发创意、提高写作能力的原则,依据教学经验,在每章后精心设计一定数量的切合学生实际、侧重技能提高、实用性强的思考训练题。训练题穿插情景性与提示性材料,注重序列性、阶段性和内在联系,体现易—中—难的层次差,力求抓住重点、突出难点、关注特点。

三、教学方法

本课程教学中应注意如下几个方面的问题:

1. 以写促讲,写作本位。创意写作重点是培养脚踏实地的文创产业应用型人才。这就规定了创意写作是关于行为的科学而不是关于事物知识的科学;创意写作教学不是理论知识的传授,而是以实践为导向的经验共享、能力训练。教师对理论的阐释要简明扼要、深入浅出,依据理论指导组织操作训练,引导学生动脑思考、动手写作,而不能停留在传授写作理论知识层面做理论的传声筒。要抓住学生的实践能力和行为要素开发教学创意设计,在写作能力训练上下大功夫。写作是主体的能动行为,是脑手并用、心理操作和行为操作相互交融向前推进的活动。只有写才能促使思维成果物态化、外观化;只有不断地写,才能检验所学的写作理论。离开了实践和操作的写作理论如同镜花水月,是无用的空头理论。有写的实践,才会有写的产品,才会积累写作经验写作技巧,并逐步深化对写作原理的认识,掌握一定的写作技法技巧,在理论与实践的结合上掌握写作规律,提高写作能力和水平。

2.精心设计训练方案。写作训练是写作知识、写作方法转化为写作能力的必由之路,立足于具体可行的训练操作系统,这是写作教学成败得失的关键所在。没有科学可行的具体的实施方案、方法,所有的观念、设想都是空洞虚幻的。要精心研究设定训练的原则、途径、方法。写作训练是一个有序、渐进的持续过程,平面巡回和同态反复是创意写作教学的大忌,训练设计要注意各专项训练之间的内在联系,体现易—中—难的递进梯度。各专项训练可以有所侧重,但总体应以成文训练、实战训练为主。要不断总结行之有效的训练方法。注意提高教学效率、课堂效率。

3.课内课外有机结合。课堂教学并不能提供多少实践训练机会,而主要是一种引导养成教育。所以必须充分发挥课外实践实训功能,形成把课外训练纳入教学的大课程观。指导学生参加学校和社会上的各种活动,参加工坊活动,根据实际需要,制定好课外写作目标、具体方案,激发学生课外练笔的积极性、主动性,在教师的指导下完成特定的写作任务,强化实战训练,真正实现课内课外有机结合。

4.挖掘潜能,激发创意。教学中要遵循创意写作"自我发掘"和强调创意创新的观念,立足于创造良好的激发创意的情境,在讲授、评点、讨论以及写作实践中,有意引导学生突破写作障碍,挖掘自身潜能,引导、激发创意,并对学生的意志、动机、情感、道德、审美、非逻辑思维、直觉、灵感等各方面在训练中加以点拨引导,从而训练学生的思维,培养健全的人格、高尚的情操,坚强的意志,认真的态度,实现既提高写作能力又提高学生素质的双重任务。

本书吸取了近年我校写作教学改革的成功经验,荟萃了国内外写作研究的最新成果,结合新媒体写作的新情况新问题,从应用型创意写作人才角度培养学生良好的写作素质和写作习惯,提高创意写作能力。"法乎其上,得乎其中",理念、设想与现实之间总存在一定距离,我们深知这本教材距我们的设想还有相当大的差距,只能寄希望于使用中广大师生的积极反馈和方家的批评指正,使其臻于完善。

思考与训练

1. 如何理解创意写作？
2. 新媒体传播如何改变写作？
3. 如何认识创意写作的学科形态？
4. 如何理解和认识创意写作的教学体系？
5. 如何理解和认识创意写作教学校企合作形式？
6. 充分理解和认识 IP 的设计与出现。

上　编

创意叙事
与评论能力培育

第一章　创意观察与描摹

第一节　创意观察的内涵

一、创意观察的内涵

所谓观察,"就是指在有目的、有辨析地看的同时,调动其他感觉器官,去感知、认识对象事物,是获得所需要的写作材料的一种方法"。①

观察首先不是随意的,而是具有特定的目的。如果没有目的,而且不持久,只能走马观花,成为一般性地观看。观察最后的任务就是要捕捉对象的主要特征,这要求观察者集中自己的注意力,长时间地注意观察对象,才能发现别人没有发现过的特点。

观察不仅是单纯地通过视觉感知信息,还需要开放五官,调动听觉、嗅觉、味觉、触觉等信息通道,全面地感知事物,才能充分地了解被观察物。正是因为五种感觉的相互作用,人们才感觉到了一个立体丰富的外部世界。

观察作为一种综合性的感觉活动,并不只单纯地表现为对对象事物的一种生物性感知,而且它是一种由外而内、由表及里、由浅入深的感知活动。观察具有思维性,融进了人的独特思维和认知能力。虽然对象是客观的,观察也强调客观性,但是同样的事物,每个人的观察发现会有差异,这里牵涉到人的政治立场、思想感情、社会阅历、年龄差异等问题。但有一点十分重要,即感觉是否敏锐,这是可以通过普遍性的观察方法加以训练的。而个体的内在素养则只能依靠个人的积累来完成。②

---

① 马正平.高等写作思维训练教程[M].北京:中国人民大学出版社,2002:132.
② 马正平.高等写作思维训练教程[M].北京:中国人民大学出版社,2002:132.

创意观察必然是一个时代的产物。时代的变化变革包括技术的变革和社会文化的变革。所谓的创意观察包含了两个层次的内涵：

（一）新的时代催生了新的观察模式

首先，仰观俯察，从古至今的创作者们都善于通过观察来采集写作素材。而每一个不同的时代，人们观察事物的方式是不一样的。在中国早期文献《周易·系辞下》中阐述了人通过自然万物的观察获得对世界的认识："古者包牺氏之王天下也，仰则观象于天，俯则观法于地，观鸟兽之文与地之宜，近取诸身，远取诸物，于是始作八卦，以通神明之德，以类万物之情。"王国维在《人间词话》中提出了"以我观物"和"以物观物"两种观察方式："有我之境，以我观物，故物皆着我之色彩。无我之境，以物观物，故不知何者为我，何者为物。"前者强调主体对于观察结果的作用；而后者则强调一种超功利，忘我的观察。19世纪时，随着自然科学的发展，欧洲作家观察生活的方法产生了巨大的变化。创作者们受到了"精确科学"的影响，强调观察对象的客观性、精确性、细致性，代替了之前较为主观、印象式的观察。由此，涌现了一批像巴尔扎克、左拉等现实主义甚至是自然主义创作风格的作家。

其次，随着各种学科的发展，如心理学、社会学、人类学、美学、电影学等其他学科的发展，也会影响作家观察生活的方式。

到了 21 世纪，非常明显的是媒体技术对人类的观察方式又产生了巨大的冲击。尤其网络技术、电影技术的发展，包括数字媒体技术的日臻完善，VR、3D 电影等新事物的出现，以及电脑、手机等电子设备的普及，对人类的观察行为产生了巨大的影响。具体表现为：多样化、符号化、技术化、互动性。[①]

多样化是指人类通过媒体技术看到的对象越来越多，包括文本、图片、视频、动画等不同元素组合的多媒体艺术形式，形成了一个多元化的对象世界。而这些多元化的媒体世界构筑出的是人造世界，这是一个与现实社会、自然环境相似却实质不同的视觉文化符号世界。由此，我们观察的世界扩大为自然环境、现实社会、媒体符号环境三部分构成的新世界。这个新的世界，比原来的世界更加缤纷多彩，给人类提供了可观察的海量信息。

此外，在新媒体环境下的观察更多地依仗技术，比如摄影机的观看，可以有慢镜头、快镜头、镜头回放、微距镜头等技术性的观察方法，又大大推进了在

[①] 肖婉,张舒尔.新媒体环境下人类"观看"行为透析[J].现代远距离教育,2015(6):66-72.

人类观察的频次、细腻程度等方面的进步。"机械之眼"拓展了人的"肉眼之眼"的时空局限性,弥补了"心眼之眼"的个体封闭性,使得我们的观看更加便捷、更具有共享性。

再次,新媒体环境下观看方式的这种技术性的一个重要影响便是使得观看主体之间更具有互动性。观察者可以借助媒体技术对观察对象进行互动、反馈。新媒体环境下的观者,已不仅仅是信息的接收者,更可以直接参与到信息的传播与创作中来,成为信息的传播者与创造者。如我们在观察微博、微视频等新媒体节目,我们可以进行点评、及时反馈等。这使得观察者能够更大程度发挥自己的能动性,通过反馈渠道,获得更多的信息。

综上所述,多元化的媒体新世界环境必然影响到人类的观察方式以及写作方式。相较于之前的观察,创意观察的对象不仅包括山川河流、花草树木的自然景观,以及群体化的社会生活,个体化的人生状态,同时也增加了由图片、视频、音频、文本等媒体元素构筑的多元化媒体世界。而后者与互联网技术的结合,为人类创造了一个信息爆炸的新时代。这个时代提供了海量的信息供人们采集,而且非常便捷,只需轻轻一点,整个世界就会出现在你的眼前。因此,对人观察能力的训练而言,这是一个充满了机会的时代。同时,这样的时代对人的注意力和专注力、鉴别力都提出了严峻的考验。一方面,信息垂手可得,铺天盖地,但是过多的信息冲刷,使得大多数人只是停留在碎片式浅层次的观察,无法进行深入而持续的观察。另一方面,随着"机器之眼"代替"肉眼""心眼"进行观察,大量地占据了人们接触和观察真实的自然世界和现实社会的时间和精力,使得很多人把媒体塑造的世界误等同于真实的世界。

当然,如果人类能同时意识到新世界所带来的机遇和问题,更好地把"机械之眼"同"肉眼""心眼"等相结合,警惕视觉媒体文化符号系统无法代替真实的自然世界与现实社会世界,那么人类将会获得一种全新的观察方式。这种新的观察方式要求人类合理利用直接和间接的双重信息,并学会在信息的海洋中提升自己的辨别力、专注力。人类由此将获得一个观察能力和思维能力极大提升的机会。人人都是观察者,人人都是创作者。从铺天盖地的微信朋友圈、微博写作、自媒体创作中,我们已然看到一个表达和创作的大众狂欢世界。

(二)通过变化观察角度去发现对象或事物新的特征

由于个人的局限性,观察者观察事物或对象往往容易形成比较固定、有局限的观察视角。这样,就无法发现新的观点,而是比较陈旧的观察结论。要进行创意写作,首先就是进行创意观察。而创意观察则要求变化观察角度去发现对象或事物新的特征。客观事物都是具有多元性，同一个事物或对象，由于观察者的角度不同，往往有不同的发现。苏轼的经典诗歌《题西林壁》中写道"横看成岭侧成峰，远近高低各不同，不识庐山真面目，只缘身在此山中"，很好地说明不同的角度，我们看到不一样的风景。而新的观察角度的获得，不仅因人而异，也会因为观察者的情感态度、思维方法、认知结构、生活阅历不同而发生变化。

二、创意观察的价值

从广义写作的角度来讲，观察实际上就是一种前写作行为，即为了动笔写作之前的准备行为。而这一写作准备行为对于写作具有非常重要的意义。鲁迅在谈到写作经验的时候，曾说："此后如要创作，第一须观察。"在作家格非看来，作家就是观察者。可见，观察是创作者必须要掌握的一种最基本的能力。它对写作的意义，主要有如下几个方面：

（一）观察是获得写作材料的重要途径

所谓巧妇难为无米之炊，平时多注意观察记录，写作的时候才能有丰富的素材供你调遣。大多数人感到最困惑的是下笔时感觉没有什么可写。笔者在自己的写作教学课堂中，让学生分析两篇以故乡为主题的散文，一篇是冰心的《故乡的风采》，另外一篇是周作人的《故乡的野菜》。通过分析两篇文章的素材清单，我们发现文章的内容大部分是由作者观察而收集来的材料。

《故乡的风采》的素材清单：

（1）祖父的画像与对联√

（2）端午节的民俗活动√

（3）故乡的树√

（4）严复的书√

（5）林纾的书√

（6）林纾的轶事

（7）林则徐的对联√

《故乡的野菜》的素材清单：

（1）回忆浙东妇女小儿的采荠菜情形√

（2）典籍记载：《西湖游览志》《清嘉录》

（3）植物学书籍

（4）回忆清明时节用黄花麦果作供的情形√

（5）如今品尝"草饼"滋味√

（6）回忆清明时节的紫云英✓

（7）引用《俳句大辞典》

（8）回忆扫墓时船头篷窗下露出的紫云英和杜鹃的花束✓

为了获得更多的鲜活的第一手写作素材，创作者要走出书斋接触更鲜活的社会生活，更真实的自然风物。同时，平时也要注意留心观察，记录生活中的点点滴滴，才能在下笔的时候不愁无米可炊。此外，回忆也是调动素材的一种很好的方法，而回忆则是来自于平时的积累。

（二）通过对生活和事物的观察而激活写作心灵、激发写作动机

写作是一项辛苦的脑力劳动，需要创作灵感来激发创作者产生表达的欲望，并在强烈的写作动机的推动下完成写作。灵感的汲取与释放是一个非常复杂的过程，牵扯到很多因素。《作家的灵感宝库》一书提到："无论对哪一类型的写作者来说，'借鉴'与'外界刺激'都绝对是激发灵感的有效方式。"[①]借鉴可以通过阅读他人的经典作品来激发灵感，而"外界刺激"则需要借助外在机缘触发内在的创作动机，帮助写作者探索写作创意。美国作家福克纳，加拿大女作家门罗都是通过自己"邮票般大小"的生活地，以及观察家乡周围的人而获得写作灵感和动机。美国女作家斯托夫人在创作《汤姆叔叔的小屋》之前，目睹了美国黑奴的悲惨生活，有了大量的写作素材，并产生了写作灵感。但是由于缺乏外在机缘的刺激，一直隐而不发。直到《逃奴法案》公布和弟媳来信呼唤，以及她不断地看到更多处于水深火热的黑奴的生活，创作动机才迅速地被激发并明确起来。[②] 应该说，对生活的深入观察，不仅为创作者提供了写作材料和写作灵感，持续的观察也给作家提供了持续的创作动力，推动作者完成写作这样艰巨的脑力任务。

第二节　创意观察的要求

我们在进行观察的时候要注意以下几点：

一、通过观察来把握生活或事物的外部特征和内在本质规律

无论是文学写作，还是非文学写作，其终极目标就是展示出生活或事物的

---

① 弗雷德·怀特.作家的灵感宝库[M].张铮,译.北京:文化发展出版社,2018:2.

② 童庆炳.文学理论教程[M].北京:高等教育出版社,2007:131.

主要特征。在文学创作中,我们要塑造文学典型,刻画人物性格和灵魂特征,描摹自然风光或者社会场景的特点。在非文学创作中,如广告创意文案的写作,其首要的原则——相关性原则,就是"对产品深入了解的基础上,广告创意应当是产品内在属性及其价值的充分展现"①。此外,无论天马行空的创意还须把握"目标顾客"与"社会环境"的相关特征,才能创作。

所谓特征,就是一事物区别于他事物的特别显著的征象和标志。世界上没有两粒蛋、两片叶子是完全一样。对事物特征的把握,即使在人类的一般认识过程中也极为重要。创作者要有意识地训练自己,培养内行观察者的特殊敏感,能在生活当中一下子捕捉到事物富有个性的表征。就内涵而言,特征包括两种属性:其一,它的外在形象是具体、生动、独特的;其二,通过外在形象所表现的内在本质又是极其深刻和丰富的。②

二、有意观察和无意观察相结合

观察要求有一定的目的,如果没有目的就成为一般性的观看了。观察只有在有目的的条件下,才能拾取相关的信息。并且进一步通过持续的观察,逐步在整体上把握住对象的特征。

但是,由于人的注意力有限,且有意注意因为其自身的局限性,即对目标以外的信息完全阻断,在注意范围内往往容易先入为主,心灵内在的信息阻断了外来信息的输入。这就可能造成错觉,他所感知的信息并非来自于外界,而是来自于他主观上的一种心理习惯。文艺创作理论家孙绍振研究了从狄更斯到杰克·伦敦,从鲁迅到高晓声等中外作家创作自传性作品时的观察方式。这些作家往往把无心当作家的那段生活变成了最好的创作素材。虽然无意注意可能会导致记忆空白,但是它却会和情感发生奇妙的反应,积淀在人的意识深处,一旦受到外部的刺激,就会被唤醒。无意注意的有效性,就是要求人们怀着独特、新异的情感去观照生活。所以,孙绍振指出:"无意注意,无目的的观察比有意观察还有效,这一点带有深刻的规律性。"③

三、多样化的观察方式相结合

在数字媒体时代,人类可以观看的对象更加多样化,包括视频、音频、动

---

① 蒋旭峰,杜俊飞.广告策划与创意[M].北京:中国人民大学出版社,2006:438.
② 童庆炳.文学理论教程[M].北京:高等教育出版社.2007:216.
③ 孙绍振.文学创作论[M].福州:海峡文艺出版社,2004:60.

画、图片等多种媒介信息。我们要善于利用这些数字媒体时代的产物,而不是被其冲击得七零八碎。在数字媒体的今天,我们的环境是由来自真实世界的自然环境和社会环境以及被符号化了的人造环境所组成的。数字媒体时代的产物是人造环境,它是来自于实实在在的真实世界,是对我们世界的加工,但是并不能完全取代自然环境。人造的媒体世界一方面提炼、整合、加工了现实世界,另一方面,由于其信息的高度浓缩性和便捷性,它为我们对现实世界的观察提供了大量可供选择的很好的材料。例如,很多作家在游历他国之前,就翻阅了很多相关的媒体资料,包括文字、图片,甚至该国的纪录片。这使得作家在观察这个国家的时候,储备了大量的信息,令其在进行现场观察的时候能够透过一些细微莫辨的、瞬息万变的情境、气氛等表面信息抓到更参差不一的文化信息。再比如,现在的电影技术的发达,通过航拍、影像虚拟技术能超越人眼的局限性,给人类提供了更多的观察的角度。但有一点,我们必须明确,无论何种高超的媒体技术,都无法代替人眼的观察,代替人现场的感受。所以,我们需要将二者进行更完美的结合,以便获得更多的信息,为我们的写作服务。

第三节 创意观察的生动描摹

下面列举几种重要的观察方法,读者可以根据这些观察方法展开观察,将观察的过程记录下来转化为对事物进行生动的描绘。

一、整体观察

整体观察法强调对事物进行全局整体的观察。观察的最终任务是抓取对象的特征,而完成这个任务需要对事物有一个整体的把握。由于对象的信息量太多,一时把握不了,这就要进行分解。观察点从整体到局部,从局部回到整体,这样往返多次,最后得出个较为清晰的总体印象。在运用整体观察法时需要注意以下几点:

(一)要有大局观,不要沉溺于局部与细节

任何事物或对象都是由多个局部或部分组合成整体。观察者要有大局观,在观察时不能顾此失彼,专注于某些局部和细节,而忽略对事物全貌的把握。此外,这种观察还应十分注意事物构成的各部分以及被观察的各个事物之间的关系,像老舍所说的那样:"必须从头到尾的寻根究底,把它看全。"本节以鲁迅先生的经典短篇《孔乙己》为例,分析作者是如何运用整体观察法对环境进行观察并加以描摹。

> 鲁镇的酒店的格局,是和别处不同的:都是当街一个曲尺形的大柜台,柜里面预备着热水,可以随时温酒。做工的人,傍午傍晚散了工,每每花四文铜钱,买一碗酒,——这是二十多年前的事,现在每碗要涨到十文,——靠柜外站着,热热的喝了休息;倘肯多花一文,便可以买一碟盐煮笋,或者茴香豆,做下酒物了,如果出到十几文,那就能买一样荤菜,但这些顾客,多是短衣帮,大抵没有这样阔绰。只有穿长衫的,才踱进店面隔壁的房子里,要酒要菜,慢慢地坐喝。

(节选自鲁迅短篇小说《孔乙己》)

在这个段落中,作者介绍了咸亨酒店的整体布局,一个当街的柜台,同时包括短衣帮的活动区域,以及里面专为穿长衫者服务的雅间。这样就给了读者一个非常清晰的全貌,对于故事的发展,人物活动的展开提供了一个完整的环境。

（二）找到制高点,建立网络关系

在完成了整个布局的描摹之后,并没有完成整体观察的任务。在构成整体的各个局部中,有些局部对整体而言,具有关键性的引领作用。好比一个群体之中有领导者作为核心人物带领所有人的行为活动。在空间关系中,这个关键性的引领点我们称之为制高点。制高点是某一局部范围内的最高点。通常引申为:作战时,在某一范围内可居高观察敌情和压制敌人火力的最高地形、地物;同时也是对政府直接控制经济中具有战略意义的领域,甚至更多领域的简称。概括地讲,有战略意义的高地。如在《孔乙己》一文中,柜台就是制高点,能够纵观全局的战略要地。所以作者巧妙地把"我"安排到这个战略高地,一方面可以观察到整个酒店的情况,无论短衣帮聚集的柜台外,还是隔壁穿长衫的内间。另一方面,柜台里面的情况也可以了解得清清楚楚,可以近距离地观察掌柜,并且拥有大量的机会直接接触主人公孔乙己,从而更深层次地发现其生活的窘境。一旦确定了这个制高点,便能将环境中或近或远,或虚或实的各个部分和角落统一起来,形成环境叙事的凝聚点。

除了空间关系中的制高点,在我们观察人物群体的时候,也可以通过观察群体中的领袖人物来把握整体的关键所在。

（三）认准重点,把握主次轻重

此外,注意在整个布局中,不仅有战略意义制高点,还有观察的重点,也就是作者花了大力气描摹的对象所在。制高点和重点不尽相同。制高点更像是一个重要的观察位置,而重点是被观察点,且主体投入最多关注力的要点。那么,在咸亨酒店当中,相较于柜台内以及里面的雅间,柜台外绝对是重中之重。作者花了大量笔墨进行描摹的是柜台外及其人物活动。作者描绘了重点人物孔乙己的衣着外貌,言行举止以及三次来店的情况,也包括一些看热闹的酒客。作者之所以将其列为描摹的重点,是因为这里是全文主要人物的活动场所,因为全篇文章正是通过孔乙己这个人物反映封建时代知识分子的悲惨而又尴尬的命运。

那么,在一个整体布局中,有重点就有次重点。相对于柜台外,柜台内以及里面的房间是次重点。作为有全局观的作家,是不会因为突出重点,而遗漏了其他部分。在文章中,作者不经意的笔触,通过一句"店内外充满了快活的空气",点出了里面的情况,揭示了无论是短衣帮,还是穿长衫的人都具有麻木冷漠的看客特质。

通过以上的分析,我们发现,整体观察法不是简单地纵观全局,而是在把握大局观的基础上确定好制高点,并形成主次轻重的网络关系。如此,才能进行有序而紧凑的观察,在对对象进行环境描摹以及人物群像描摹的时候也要大致遵循这样的安排。

二、细节观察

如果说,整体观察法是着眼于宏观层面的观察安排,那细节观察法则是用放大镜,更确切地说是用探测仪来寻找微观层面的细部。无论人物观察,还是自然景物、社会环境的观察,都可以从很多细节观察入手。所谓细节观察,则是强调对个别、局部、细部的特点的抓取。

在进行细节观察的时候,应该注意两点。其一,所有的细节必须与事物对象的特点勾连起来,跟对象的特点没有关系的细节就会流于琐碎,同时也是没有意义的。其二,善于寻找对象的核心细节,在众多的细节中,某一个细节具有代表性,统摄对象的核心特点,反映其精神实质,并能够使这个对象与其他对象鲜明地区别开来,这就是典型细节,也可以称为灵魂细节。下面,以冰心的《故乡的风采》中对福州农妇的描摹为例:

现在我要写的是:"天下之最"的福州的健美的农妇!我在从闽江桥上坐轿子进城的途中,向外看时惊喜地发现满街上来来往往的尽是些健美的农妇!她们皮肤白皙,乌黑的头发上插着上左右三条刀刃般雪亮的银簪子,穿着青色的衣裤,赤着脚,袖口和裤腿都挽了起来,肩上挑的是菜筐、水桶以及各种各色可以用肩膀挑起来的东西,健步如飞,充分挥洒出解放了的妇女的气派！这和我在山东看到的小脚女人跪在田地里做活的光景,心理上的苦乐有天壤之别。我的心底涌出了一种说不出来的痛快！在以后的几十年中,我也见到了日本、美国、英国、法国和苏联的农村妇女,觉得天下没有一个国家的农村妇女,能和我故乡的"三条簪"相比,在俊俏上,在勇健上,在打扮上,都差得太远了！

（节选自冰心《故乡的风采》）

文章开篇就点出了福州农妇的特点是"健美"。而这个人物特征的抓取就是从以下细节观察得出来的,包括其白皙的皮肤、乌黑的头发、"三条刀刃般雪亮的银簪子"等外貌服饰的细节,以及她们挑菜,挑水健步如飞的动作特征。这些细节都体现了农妇健硕、干练、美丽的特征。然而这些细节中最有代表性的就是"三条簪"。首先,这个"三条簪"具有鲜明的地域特色,是世界上任何地方的农妇都没有的装扮。其次,三条簪本身所具有的"力"与"美"的特性正好高度概括福州农妇外在特征和内在气质,统摄了其他细节,这一个特点的抓取一下子使得福州农妇的形象非常独特鲜明。所以,在进行细节观察的时候,不仅要投入更多的注意力进行细节观察,还要善于在众多的细节中筛选出核心细节。在进行事物描摹的时候,注意对一般细节进行生动描摹,同时着力描摹核心细节。

三、比较观察

观察的目标就是要抓住事物的特征和独特性,而抓住事物特征最好的方法就是比较。比较的方法有很多种,最核心的两种比较方法则是通过此物与彼物的比较,找到二者的差异性或发现其共同性。

通过观察找到二者的差异性,应尽量寻找两个近似的事物进行观察。黑格尔说:"假如一个人能见出当下显而易见之异,譬如,能区别一支笔与一头骆驼,则我们不会说,这个人有什么了不起的聪明。同样,另一个方面,一个人能够比较近似的东西,如橡树与槐树,或寺院与教堂,而知其相似,我们也不能说他有很高的比较能力。我们所要求的,是能看出异中之同,或同中之异。"[①]前面所举《故乡的风采》一文对世界各地农妇的比较;《故乡的野菜》中北京和浙东的野菜味道的比较。而在《水浒传》中,即使只写人粗鲁处,便有许多的写法。如鲁达粗鲁是性急;史进粗鲁是少年任气;李逵粗鲁是蛮,武松粗鲁是豪

---

① 黑格尔.小逻辑[M].北京:商务印书馆,1957:362.

杰不受羁绊;阮小七粗鲁是悲愤无处说;焦挺粗鲁是气质不好。通过同中之异来捕捉对象之间细微的差别,能更深入地了解其特征所在。

此外,敢于在通常人看来风马牛不相及之处,发现一点相通之处,具有高度概括性。梁实秋的《脸谱》透过一张张形态各异的脸概括其共同之处:

> 古人云"人心不同各如其面",那意思承认人面不同是不成问题的。我们不能不叹服人类创造者技巧的神奇,差不多的五官七窍,但是部位配合,变化无穷,比七巧板复杂多了。对于什么事都讲究"统一"、"标准化"的人,看见人的脸如此复杂离奇,恐怕也无法训练改造,只好由它自然发展!……人的脸究竟是同中有异,异中有同,否则也就无所谓谱。就粗浅的经验说,人的脸大别为二种,一种是令人愉快的,一种是令人不愉快的。凡是常态的、健康的、活泼的脸,都是令人愉快的,这样的脸并不多见。令人不愉快的脸,心里有一点或很多不痛快的事,很自然的把脸拉长一尺,或是罩上一层阴霾,但是这张脸立刻形成人与人之间的隔阂,立刻把这周围的气氛变得阴霾。
>
> （节选自梁实秋《脸谱》）

经过一番对形形色色的脸的描述,作者概括了人的脸分为两种:一种是令人愉快的,一种是令人不愉快的。这样能从千千万万的现象中进行归纳,更便于读者去把握纷繁的世界。

四、动态观察

人或物的特征往往不会在静态中呈现,而是在动态的行为过程之中得到充分的呈现。时间能使观察更深入。动态观察实际上就是长时间观察。所谓日久见人心。只有通过不同时间段的观察,才能更深入地发现事物的本质特征。中国作家何大草和日本作家村上春树都是在人到中年的时候写出了青春小说中的经典,一部是《刀子和刀子》,一部是《挪威的森林》。何大草提及为何自己会在不惑之年来写一部青春小说:"我觉得要真正写好一部青春小说,是要在走出青春之后,走到一个高度来回首往事,那时候,我们会发现当初只看到表象的东西,都露出了它们的真相。这个高度是由年龄、生活以及写作的技巧积累起来的。小说中的主人公还是迷惘的,而作家的心里已经雪亮了,因为他熬过了青春期,成了一个成熟的男人。"正是这么长时间的沉淀我们才发现生活的本质。当然,我们不是每一种观察都需要这么长的时间,我们也可以采取不断时间点去观察一些物体。孤篇盖全唐的《春江花月夜》就是观察描绘了月在一夜之间经历了升起、高悬、西斜、落下的过程,诗人的诗情也随着月轮的生落而起伏曲折。

史铁生瘫痪之后对着地坛整整观察了十五年,在这十五年中,他不仅看到了每一天中时光的变化,看到四季的更替,还看到生与死,看到整个人生,宇宙和永恒。正是由于长久的观察,史铁生参透了生命的本质。在下面段落中,他更是用文学家的奇思妙想来感受地坛在不同时段的美,将一个在他人看来单调乏味的古建筑描写得缤纷灿烂,绚丽夺目。

> 如果以一天中的时间来对应四季,当然春天是早晨,夏天是中午,秋天是黄昏,冬天是夜晚。如果以乐器来对应四季,我想春天应该是小号,夏天是定音鼓,秋天是大提琴,冬天是圆号和长笛。要是以这园子里的声响来对应四季呢?那么,春天是祭坛上空漂浮着的鸽子的哨音,夏天是冗长的蝉歌和杨树叶子哗啦啦地对蝉歌的取笑,秋天是古殿檐头的风铃响,冬天是啄木鸟随意而空旷的啄木声。以园中的景物对应四季,春天是一径时而苍白时而黑润的小路,时而明朗时而阴晦的天上摇荡着串串杨花;夏天是一条条耀眼而灼人的石凳,或阴凉而爬满了青苔的石阶,阶下有果皮,阶上有半张被坐皱的报纸;秋天是一座青铜的大钟,在园子的西北角上曾丢弃着一座很大的铜钟,铜钟与这园子一般年纪,浑身挂满绿锈,文字已不清晰;冬天,是林中空地上几只羽毛蓬松的老麻雀。以心绪对应四季呢?春天是卧病的季节,否则人们不易发觉春天的残忍与渴望;夏天,情人们应该在这个季节里失恋,不然就似乎对不起爱情;秋天是从外面买一棵盆花回家的时候,把花搁在阔别了的家中,并且打开窗户把阳光也放进屋里,慢慢回忆慢慢整理一些发过霉的东西;冬天伴着火炉和书,一遍遍坚定不死的决心,写一些并不发出的信。还可以用艺术形式对应四季,这样春天就是一幅画,夏天是一部长篇小说,秋天是一首短歌或诗,冬天是一群雕塑。以梦呢?以梦对应四季呢?春天是树尖上的呼喊,夏天是呼喊中的细雨,秋天是细雨中的土地,冬天是干净的土地上的一只孤零的烟斗。

(节选自史铁生《我与地坛》)

如果能从时间运动的进程中,即从过去、现在、未来三个维度去观察去发现,创作者就能更透彻地搞清事物的来龙去脉,参透生活的真谛,写出不朽的经典之作。

思考与训练

一、通过整体观察法来观察某一个空间（校园、街区、城市），或者某一个社会群体并进行描摹，描摹的时候注意其整体性以及制高点和重点的安排。

二、赏析阿城《棋王》片段中的细节观察，并指出其核心细节所在。

听见前面大家拿吃时铝盒的碰撞声他常常闭上眼，嘴巴紧紧收着倒好像有些恶心，拿到饭后，马上就开始吃，吃得快，喉结一缩一缩的，脸上绷满了筋。

常常突然停下来，很小心地将嘴边或下巴上的饭粒儿和汤水油花儿用整个儿食指抹进嘴里。若饭粒儿落在衣服上，就马上一按，拈进嘴里。若一个没按住，饭粒儿由衣服上掉下地，他也立刻双脚不再移动，转了上身找。这时候他若碰上我的目光，就放慢速度。

吃完以后，他把两只筷子吮净，拿水把饭盒冲满，先将上面一层油花（量感）吸净，然后就带着安全到达彼岸的神色小口小口（量感）的呷（动感）。

有一次，他在下棋，左手轻轻地叩茶几。一粒（量感）干缩了（质感）的饭粒儿也轻轻地小声跳着（微动感）。他一下注意到了，就迅速将那个饭粒儿放进嘴里，腮上立刻显出筋络（实感）。我知道这种干饭粒儿很容易嵌到槽牙里，巴在那儿，舌头是赶它不出的。果然，呆了一会儿，他就伸手到嘴里去抠。终于嚼完，和着一大股口水，"咕"地一声儿咽下去，喉节慢慢地移下来，眼睛里有了泪花。（吃到一个人的精神）

他对吃是虔诚的，而且很精细。

（节选自阿城《棋王》）

三、通过片段赏析，看看作者是如何使用异中之同和同中之异两种比较观察的方法，并用这两种方法观察一个群体的人，比如同学、老师、同事等，发现他们的共同点和不同点。

记忆的尽头——读福克纳
何大草

海明威与福克纳的关系略似中国诗人李白和杜甫。海明威貌似李白，年少得享盛名，傲视天下，浪游八方，身边美女如云，出手挥金如土，就连死亡都带有行为艺术的色彩：海明威吞枪，李白在传说中死于下河捞月。而福克纳仿佛杜甫，瘦小、拘谨、内敛，也相对拮据和失意，杜甫穷到待客只能用没有过滤的村酒，而福克纳不得不去好莱坞打工，包括不留姓名地把海明威的小说改编成剧本。福克纳婚姻不幸，却始终没有勇气离婚，而杜甫到了 60 岁后，才紧巴巴凑钱娶了一个小妾。福克纳早在二三十年代就写出了自己的代表作，但在美国却一直不受重视。而杜甫也是在死后多年，才被谥以和李白同等的殊荣，并称为"李杜"。而他们的死亡非止干巴无味，而且让人心酸：福克纳心绪恶劣、积劳成疾，死于心肌梗死；而杜甫据说是饥饿中狂啖友人馈赠的干牛肉，被活活噎死的。但杜甫和李白的关系却很友好，见过几次面，相聚甚欢，杜甫留下过十几首为李白写的诗，有盛赞，"斗酒诗百篇""白也诗无敌"；有怀念，有扼腕，"佯狂真可哀"。李白也为杜甫写过两三首诗，却平淡无奇，也就鲜为人知。杜甫小李白十一岁，他们能友善相处，大概取决于杜甫在李白面前的谦卑。也许在李白看来，杜甫还是一个新手，小兄弟，是他无数崇拜者中的一份子。但福克纳和海明威的关系却是紧张的，对抗的，从这种对抗中，我们能看到福克纳内在的骄傲，和海明威本质上的脆弱。福克纳为海明威的《老人与海》写过一篇短评，但这不表明他对海明威抱有杜甫对李白的那种仰慕，也许恰好相反，是有着牧师布道般的居高临下。

1947 年 4 月，福克纳应密西西比大学学生的请求，列出了一个当代最重要的美国作家的名次，排名为：一、托马斯·沃尔夫，二、威廉·福克纳本人，三、多斯·帕索斯，四、海明威，五、斯坦贝克。福克纳称海明威缺乏探索的勇气。在这里，勇气本指写作而言，但海明威大动肝火，请求自己在二战中的朋友兰姆将军给福克纳写信，证明自己在战争中是如何勇敢。海明威的过度反应，近于孩子气，也进一步证实他总是缺乏安全感，有某种程度的受迫害妄想症。李白以狂放闻名天下，杜甫说他其实是"佯狂"；而福克纳在海明威自杀后也对朋友说过，"他所显示的无畏与男子汉气概在某种程度上是一种伪装"。他们都点到了对方的要害，不同的是，杜甫怀着悲悯，而福克纳带着讥讽。

四、不同时段观察某一景物，某一动物、某个人，并将其在不同时段的情况记录下来。

延展阅读

1. 马正平:《高等写作思维训练教程》,中国人民大学出版社,2002 年版。

2. 孙绍振:《文学创作论》,海峡文艺出版社,2004 年版。

3. 董小玉主编:《现代写作教程》,高等教育出版社,2000 年版。

4. 葛红兵、许道军:《创意写作教程》,高等教育出版社,2017 年版。

第二章 创意感受与表达

第一节 创意感受的内涵

一、创意感受的内涵

感受是写作主体对客观事物的刺激产生相应的感觉、知觉所形成的对事物主观把握的心理活动。心理学上对感觉、知觉的解释是,"客观事物作用于人的感觉器官,人脑中就产生了对这些事物的个别属性的反映,这种反映叫做感觉"①。"客观事物直接作用于人的感觉器官,人脑就产生了对这些事物各个部分属性的整体的反映,这种反映叫做知觉。"②感觉与知觉的区别是,感觉是对外界事物的个别属性的反映,知觉是对外界事物的整体属性的反映。知觉是在感觉的基础上形成的,它是多种感觉相互联系和综合活动的结果。感觉与知觉密不可分,在认识世界的过程中,往往是同时进行的。但相同的感觉并不意味着相同的知觉。人们已有的知识经验对知觉有重要影响,知识和经验不同的人,对同一事物的知觉往往是不同的。

日常生活中,人们对事物的感受通常相似。人们通常以认识的、实用的价值观念看待生活、事物,因而感受常常是惯常的、雷同的。而写作需要的是创意感受。关于感受,作家王蒙曾经以"下雨"为例作过形象的说明。春天里,下雨了。平常,人们的直接反应常常是:哦,赶紧把晾晒在外面的衣物收起来。这种对春天下雨的自然现象的反映即停留在实用的层面。这样的反映显然没有自己的感受,如果用于写作,则难有新意。而对于一个创作者来说,对于下

---

① 曹日昌.普通心理学[M].北京:人民教育出版社,1980:100.
② 曹日昌.普通心理学[M].北京:人民教育出版社,1980:147.

雨的反应,往往比一般人复杂微妙得多:

王蒙在《谈谈短篇小说的写作》一文中谈道:我们仔细观察一下,"下雨了"这样一个现象,它给予人的是一系列多么复杂、多么微妙的感觉。你怎么知道下雨了呢? 首先,或者你看到了雨丝,这是一种视觉的形象,这雨丝可能是细细的,因为我刚才说了,这是场春雨,不是夏天那种倾盆大雨。也可能感到一种凉意,一般地说,下雨总要凉一点吧。有时你也会闻到由于下雨泥土潮湿的气息,甚至下雨以后连树叶连花,它们的颜色,它们的气味,都会发生变化。下雨的时候,还包括阴天所给你的视觉的感觉,这种阴沉天空的感觉,也许在某些人身上引起的是一种快乐。

视觉中的雨,细细的;触觉中的雨,有凉意;嗅觉中的雨,有泥土潮湿的气息,树叶、花的气味会变化;视觉中,树叶、花的颜色会变化。这里,视觉、触觉、嗅觉等五官的感觉丰富而活跃,合起来成为一种知觉。可见,写作主体的感受要比一般人灵敏得多,细腻得多,丰富得多,伴随着自己内心的情感反应。如王蒙所说的,这种阴沉天空的感觉,也许在某些人身上引起的是一种快乐。这种感受即为创意感受,富于个性化、细致、独特,超越了实用层面而进入审美境界。

创意感受是富于个性特点的一系列有内在联系的感觉、知觉和情感体验。

二、创意感受的价值

写作是一种创造性的精神劳动。写作主体只有全身心投入生活,突破原始的、生理的、物理的层面,才可能真正认识生活、把握生活。因而创意感受是将客观生活转化为心灵化生活的重要环节,为写作积累素材。

写作冲动是写作主体在各种因素作用下产生的一种不可遏制的勃发性的情感冲动,促使写作主体实施写作行为。写作冲动的产生主要来自于写作主体的感受。鲁迅《狂人日记》的诞生,在很大程度上得力于其敏锐的艺术感受力。狂人的原型是鲁迅的一个表兄弟。有一天,他忽然闯进鲁迅寓所,说有人要谋害他,所以逃到北京,四处躲藏。他终日疑神疑鬼,惶恐不安。深夜里,在客店听到脚步声,就说捉他的人已埋伏好了,于是马上要求换房子。一大清早,在路上看见荷枪的士兵,便神情大变,跑到鲁迅那里,说他要被处决了。这个表兄弟显然是一个精神病患者,像他这样的人在旧社会并不少见,从未引起人们的特别注意;他的突然来临,乍看起来并无特别的意义。然而,鲁迅却不能平静了,于是,他开始了《狂人日记》的酝酿。托尔斯泰有天躺在沙发上午憩,忽然,在他面前出现了安娜。托尔斯泰说:"她好像用她那忧郁的目光恳求式地凝望着我。幻想消失了,但我已经不能再摆脱这个印象,它白天黑夜追逐着我,我应该想办法把它体现出来,《安娜·卡列尼娜》就是这么开始的。"①这是感受长期积累引发的创作冲动。托尔斯泰曾耳闻目睹了许多类似安娜这样女性的生活经历,其中一个叫比比可娃的女子,因为和丈夫争吵,卧轨自杀。托尔斯泰曾赶到出事地点,目睹了这一惨景,受到极大震动。这些感受积累、孕育,产生了《安娜·卡列尼娜》的创作冲动。

创意感受对于写作有着极为重要的作用,积累写作素材,引发写作冲动,激发写作热情,捕捉写作的契机。创意感受形成创作者的风格。一个作家的风格,常常是通过这样一些独特的个人感受建立起来的。只有自己独特的感受,才能让作品有新意、有活力。

第二节 创意感受的要求

通常,人们对外界事物的感受是粗疏的,相似的,并且大都停留在实用层面上,而创意感受是独特的,超越实用层面进入到审美层面。只有独属于自己的独特感受,才有新意,才有活力。因为每个人的成长环境、人生经历、个性和当时所处的环境、心情不同,所以面对同一事,同一物,同一景,不同的人,其感受也是不同的,所留下的印象、记忆也不尽相同。如,同是游览西湖,钟敬文《西湖的雪景》、庐隐《秋光中的西湖》、俞平伯《西湖的六月十八夜》、林语堂《春日游杭记》中的西湖呈现出不同的景致,不同的情调,皆为不同的"有我之境",其不同的主要原因就在于写作主体的感受不同。

创意感受是自我的个性化感受,追求感受的独特性、深刻性。而这"个性化"实际上是寻找自我,寻找生活特征与自我情感特征的统一。写作主体在观察生活时,要善于发现自我感知世界中与众不同的成分,将它与某种生活特征融合起来。这样,客观生活便被写作主体打上自己个性的烙印而呈现独特的风采。这时,他对客观生活的感受,便具有了独特性。我们在生活、写作中,要积极去寻找、获得属于自己的个性化感受,从而展现创作的艺术魅力。

写作主体往往从个人的感官世界找到自己的感受,而写作主体的风格常常就是通过这些独特的个人感受建立起来。川端康成写一个母亲看着自己死

---

① 康·诺穆诺夫.托尔斯泰传[M].天津:天津人民出版社,1996:192.

去的女儿,说女儿生平第一次化妆,就像是将要出嫁的新娘;卡夫卡笔下的乡村医生,觉得有时看病人的伤口像玫瑰花;鲁迅笔下冬日里的枯草,一根根像铁丝一样。这些感受奇崛、独特,但合乎人物那个时候的异常心理。

汪曾祺写一个农村的孩子在大草原上看到各种各样的花,觉得像"上了颜色一样",这是很平常的感受,可这种平常的感受,才合乎人物的身份。起初,汪曾祺曾想到"到了童话世界",而后一想,没有受过教育的农村小孩,他的世界里没有童话这一概念,他的记忆里也不可能有姹紫嫣红之类的词。当这孩子第一次看到大草原上那么多美丽的花,感觉像是上了颜色一样,显得朴素、真实,符合他的认知、身份特点。有位前辈作家告诫年轻的作家说,写小说的时候,要贴着人物写。这个"贴"字,就是强调要用人物自身的感觉来观察世界,用人物自己的心来感受世界,让人物的语言、行动、心理符合其身份特点。

阿·托尔斯泰在《感觉·视点·结构》中说,当你描写一个人的时候,要努力找到能概括他内心状态的手势。比如你描写一个人走进屋子,应当怎么描写他呢?你不会说:他有两条腿、两只手、一个鼻子,这些用不着说。你必须看出这个人最主要的东西——他用手势表现出来的内心状态。走进来一个心情激动的人,你就说:"走进来一个头发蓬乱的人。"这句话就说明了关于这个人你主要想说的东西。或者你说:"走进来一个人,他直拧自己的扣子。"显然,一个人直拧扣子不是没有原因的,这说明他内心发生了什么事。阿·托尔斯泰这段话的意思是要找到准确的感觉,把人物的特征写出来。而这个感觉应被分解到各种心理动作之中,以特定的动作生动描绘出一个人的内心状态。

因而,写作中,应学习开放五官,用自己的心去体察,寻找生活特征与自我情感特征的统一,其感受才不会流于庸常、肤浅而没有深度,其感受才是写作主体自己的独一无二的情感体验,即创意感受。

要获得创意感受,应做到以下几点:

一、开放心态,融入情感

感受是一种心理活动,一种情感体验。它超越了外在的、生理的、物理的层面,是主体对表现对象情感性的把握。

要获得独特的感受,对这世界、社会、生活应有着浓厚的兴致,以开放的心态,接受外界信息的刺激,用心体会,融入自我的情感。设想,一个对生活冷漠,对什么都没啥兴趣的人,他的感觉迟钝,感受也是庸常乏味的。反之,一个情感丰富,对生活充满兴致的人,"物色之动,心亦摇焉",他的感觉敏锐,感受往往新鲜独特。正如《文心雕龙·物色》中所说:"山沓水匝,树杂云合,目既往还,心亦吐纳。春日迟迟,秋风飒飒。情往似赠,兴来如答。"对于情感丰富的写作主体来说,外界信息的刺激,往往能激发他内在的情感,激发他倾吐的欲望,即不仅接受信息,也释放情感,在这一过程中融入自己的情感体验。朱光潜在《诗论》中说,无论是欣赏风景还是读诗,各人在对象中取得多少,就要看他在自我中能付与多少,无所付与,他便不能取得。[①] 朱光潜强调的无论是欣赏自然风光还是艺术作品,只有融入自我的情感体验,才能有所收获。对于感受,亦是如此。能否有独特的感受,关键在于既要有生活,还要有丰富的情感,并融入自我的情感体验。这一个性化的感受独属于你自己的,独一无二。当然,要在生活中获得自己的感受并不是那么容易。许多人都习惯从前人的创作中去挪用,但借用或挪用来的感受,只能使文章失去生动的光泽。

二、捕捉原初感受、瞬间感受

人们对事物的感受,通常会随着重复次数的增加而钝化。见的次数越多,所见就愈少,所谓熟视无睹。而当人们接触新事物时,产生的原初感受是独属于自己的个人感受,应注意捕捉。"特殊感觉是步入艺术殿堂的敲门砖。"原初感受往往是个人的,充满个性色彩。现实生活中,因语言有着极为强大的惯性,人们的表达,包括许多感觉都带上惯常的概念性成分。捕捉原初的感觉,应注意不要让现成的惯性观念束缚了原本新鲜独特的感觉。原初感觉可能是朦胧的,应注意捕捉它,尊重且重视它,细加琢磨,努力使之明晰,得以表达。

泰山雄伟巍峨,是历代文人墨客颂扬的五岳之首。汪曾祺游览泰山,对泰山的书写和捕捉,遵从自己原初的感觉,写出对泰山另一番的体味。"我这人和泰山不合适,泰山太伟大了,又是秦始皇,又是汉武帝,又是唐朝的皇帝来朝拜,历史那么多,山那么雄伟,可是我这个人,就我本身的气质来说,我是一个小桥流水的性格。我喜欢道家和佛家的自然、通达,那么雄伟的山跟我不合适。"

感受是由于外界事物的刺激而引起的一种心理反应和情感体验,具有很强的主观性。只要情感发生变化,感受也随之变化,因而感受往往有时间性。有的感受深刻,持续的时间长,可从从容容地写。如对故乡、亲人的怀念、眷念,刻骨铭心,一辈子都难以忘怀。有的感受因情境触动而瞬间产生,这种感受往往也容易转瞬即逝,应及时捕捉并加以表现,否则便很难寻觅,即使还有

---

① 　朱光潜.朱光潜美学文学论文选集[C].长沙:湖南人民出版社,1980:142.

一些朦胧的印象,也不像当初那么真切了。

张晓风的散文《雨荷》,表现瞬间感受,篇幅短小,却耐人寻味。

有一次,雨中走过荷池,一塘的绿云绵延,独有一朵半开的红莲挺然其间。

我一时为之惊愕驻足,那样似开不开,欲语不语,将红未红,待香未香的一株红莲!

漫天的雨纷然而又漠然,广不可及的灰色中竟有这样一株红莲!像一堆即将燃起的火,像一罐立刻要倾泼的颜色!立在池畔,虽不欲捞月,也几成失足。

生命不也如一场雨吗?你曾无知地在其间雀跃,你曾痴迷地在其间沉吟——但更多的时候,你得忍受那些寒冷和潮湿,那些无奈与寂寥,并且以晴日的幻想度日。

可是,看那株莲花,在雨中怎样地唯我而又忘我?当没有阳光的时候,它自己便是阳光。当没有欢乐的时候,它自己便是欢乐!一株莲花里有怎样完美自足的世界!

一池的绿,一池无声的歌,在乡间不惹眼的路边——岂只有哲学书中才有真理?岂只有研究院中才有答案?一笔简单的雨荷可绘出多少形象之外的美善,一片亭亭青叶支撑了多少世纪的傲骨!

倘有荷在池,倘有荷在心,则长长的雨季何患?

雨天,路过荷池,漫天的雨中,一塘的绿荷叶,一朵半开的红莲挺立其中,张晓风为之惊愕驻足,这瞬间的感受强烈迅疾:"看那株莲花,在雨中怎样地唯我而又忘我?当没有阳光的时候,它自己便是阳光。当没有欢乐的时候,它自己便是欢乐!一株莲花里有怎样完美自足的世界!"这莲花全然不像那些在无奈、寂寥中以幻想度日的人,由此,作者感悟到:"倘有荷在池,倘有荷在心,则长长的雨季何患?"人应像雨荷一样,积极乐观面对一切。这是由雨天见到雨荷引发的瞬间感受,及时捕捉并加以表达,鲜活生动,且意蕴深刻。

三、开放五官

人的五官是感知外部世界的主要通道。外部世界立体而丰富,感受外部世界应充分调动各种感官,通过眼、耳、鼻、舌等感觉器官,获得对外部世界的真切、丰富的体验。

(一)视觉感受

人的视觉中最敏感的是光线。眼睛所见的光线,其强弱明暗往往带来不同的视觉感受。一般情况下,明媚的阳光使人心情舒畅、愉悦;暗沉的阴天使人郁闷、烦躁。不同处境中的主体,对同一光线的视觉感受往往不同,如月夜悠闲漫步于庭院,会觉得月光温柔、浪漫;月夜长时间赶路于荒郊野外,会觉得月光凄清、凄凉。

色彩给予人的感受十分鲜明。通常,红色使人感到热烈、喜庆;黄色使人感到温和、成熟;蓝色使人感到清新、安宁;绿色使人感到生机、朝气;白色使人感到纯洁、神圣;黑色使人感到肃穆、沉重;紫色使人感到高贵、典雅;橙色使人感到活泼、华丽等。将色彩灵活运用于创作中,往往巧妙表达了创作者的情感、思想。如张爱玲对服装色彩有一种偏好,特别喜欢鲜亮的颜色,大红、水红、鹅黄、宝蓝、桃红、橙黄等,而这浓艳的色彩与当时上海的流行色背道而驰,是"过时的""俗气的"。从民国开始,上海女性的服饰就追求一种淡雅,忌讳浓艳。而张爱玲却偏偏喜欢浓艳色彩,喜欢穿色彩鲜明的服装,实际上她以着装的方式传达了对美好生命的追求。而有意思的是,张爱玲小说中人物的服饰经常是黑白两种色彩。白色在我们看来,纯洁、干净、美好,而张爱玲笔下的白色,往往传递着疾病与死亡的气息:

"(吴翠远)穿着一件白洋纱旗袍,滚一道窄窄的蓝边——深蓝与白,很有点讣闻的风味。"(《封锁》)

"半闭着眼睛的白色的新娘像复活的清晨还没醒过来的尸首,有一种收敛的光。"(《鸿鸾禧》)

"(孟烟鹂)白把她周围的恶劣的东西隔开,像病院里的白屏风,可同时,书本上的东西也给隔开了。"(《红玫瑰与白玫瑰》)

"(吴翠远)手臂白倒是白的,像挤出来的牙膏,她的整个的人像挤出来的牙膏,没有款式。"(《封锁》)

白色传递的疾病、死亡、无趣味无个性的讯息,从服饰延伸到皮肤(身体),甚至渗透到了精神层面。在张爱玲笔下,身穿白色服饰的人,常常是那些生命特征特别微弱的人,那些缺乏活力、青春已逝、生命之火即将熄灭的古老家族的妻子、女儿们,身体单薄、羸弱,精神世界干枯、单调、乏味。黑色系列的服饰总是给人一种恐怖之感。像老年的曹七巧,《第一炉香》中的梁太太一出场就是"一身黑"。小说中,黑白占主导地位的色彩系列凸显了张爱玲对封建社会的批判以及对人性近乎残酷的解剖和拷问。色彩在张爱玲的笔下幻化出丰富的内涵和寓意。色彩不再单单是一种颜色,它可以是创作主体的一种生活信念,一种生活姿态,是表达情感思想的一种很好的方式。

（二）听觉感受

科学研究证明，人的耳朵在辨析声音方面有着巨大的潜力，能从数以千计的啼哭声、咳嗽声、脚步声中，区辨出自己亲近的人的声音。耳朵能辨识的声音层次，多达几千种，远远超过眼睛所能辨识的色调和光度的总数。大自然和生活中充满着各种各样的声音：风声、雨声、涛声、鸟声、虫鸣声、说话声、撞击声、机器声等，不同的声音带给我们不同的情绪反应，有的令人愉悦，有的使人烦恼，有的让人振奋，有的令人烦躁等。在写作中，我们充分发挥听觉功能，要善于辨析、体味声音带来的感受，通过听觉感受来表情达意。

大自然的雨声，在常人看来，也许司空见惯，在余光中的感觉中，在《听听那冷雨》中，听雨，听到的是一种美感，一种凄迷，一种岁月的流逝，从自己文化记忆中冒出来的"亡国之音"以及古典文学中的回响，甚至听到了诗。

> 雨不但可嗅，可亲，更可以听。听听那冷雨。听雨，只要不是石破天惊的台风暴雨，在听觉上总是一种美感。大陆上的秋天，无论是疏雨滴梧桐，或是骤雨打荷叶，听去总有一点凄凉，凄清，凄楚。于今在岛上回味，则在凄楚之外，再笼上一层凄迷了。饶你多少豪情侠气，怕也经不起三番五次的风吹雨打。一打少年听雨，红烛昏沉。二打中年听雨，客舟中，江阔云低。三打白头听雨，在僧庐下，这便是亡宋之痛，一颗敏感心灵的一生：楼上，江上，庙里，用冷冷的雨珠子串成。十年前，他曾在一场摧心折骨的鬼雨中迷失了自己。雨，该是一滴湿漓漓的灵魂，窗外在喊谁。

> 雨打在树上和瓦上，韵律都清脆可听。尤其是铿铿敲在屋瓦上，那古老的音乐，属于中国。王禹偁在黄冈，破如椽的大竹为屋瓦。据说住在竹楼上面，急雨声如瀑布，密雪声比碎玉，而无论鼓琴，咏诗，下棋，投壶，共鸣的效果都特别好。这样岂不像住在竹筒里面，任何细脆的声响，怕都会加倍夸大，反而令人耳朵过敏吧。

> 雨天的屋瓦，浮漾湿湿的流光，灰而温柔，迎光则微明，背光则幽黯，对于视觉，是一种低沉的安慰。至于雨敲在鳞鳞千瓣的瓦上，由远而近，轻轻重重轻轻，夹着一股股的细流沿瓦槽与屋檐潺潺泻下，各种敲击音与滑音密织成网，谁的千指百指在按摩耳轮。"下雨了！"温柔的灰美人来了，她冰冰的纤手在屋顶拂弄着无数的黑键啊灰键，把晌午一下子奏成了黄昏。

众多感觉中，余光中主要选择听觉，听出了诸多丰富、深邃的感觉，关于情绪、时间、历史、文学等。这是创作主体的高明且独特、深刻的地方，听大自然的雨声，融进了自己内心世界的情感、文化积淀、生命体验。上面引用的三段文字,对雨声的描写,听觉上的美感,通过时空的对比,大陆的秋雨,"听去总有一点凄凉,凄清,凄楚,"台湾岛上听,"则在凄楚之外,再笼上一层凄迷了"。少年、中年、老年听雨,分别于楼上、江上、庙里,寥寥几句,写出时间的流逝,空间的变迁,写出一生的经历、生命体验、家国感慨。听雨,实则是听内心的情感,心灵的呢喃。听雨,"尤其是铿铿敲在屋瓦上,那古老的音乐,属于中国"。听雨,听到是中国古典文学特有的韵味。听雨,还听到了诗:"温柔的灰美人来了,她冰冰的手指在拂弄着无数的黑键啊灰键,把晌午一下子奏成了黄昏。"余光中对雨声敏感、细腻,这雨声在他听来,读者读来,饶有韵味,关键在于这雨声,融入了创作主体情感、生命的深度、文化的厚度,从而耐人寻味。

陈冠学《大地的事》是日记体散文,笔下的乡村、大地,充满生机,充满韵味。如写雨声,贴着自然写,"雨声之美,无如冬雨。冬雨细,打在屋瓦上几乎听不出声音,汇为檐滴,滴在阶石上,时而一声,最饶韵味"。朴素的文字,描绘冬雨的状貌,让人不知不觉一同进入冬雨的情景中。写秋虫的鸣叫,倾听着,感受秋虫鸣叫声音的长短、轻重缓急,细致地描摹它,我们读着文字,似乎也听到了这秋虫的鸣叫,而后一句,"这是老友最后的道别,真真是向我说一声珍重再见,不免一阵悲思袭上心头……"这般写秋虫的鸣叫,可谓为有境界。

(三)嗅觉感受

气味常常影响人的情绪。气味对人的影响,有其普遍的一面,例如,酷热的夏夜飘来一阵晚风带着丝丝缕缕的花香,顿时使人神清气爽,而腥臭使人烦躁不安。气味对人的影响,有其特殊的一面,由嗅觉引起的感受常常因人的不同偏好或因人的处境,迥然不同。这种不同体现了写作主体不同的个性特点。我们可以通过对气味的辨析,对气味的描写,直接或间接表现、突显某人、某物的特点。

对于气味,张爱玲的感受独特。散文《谈音乐》中,张爱玲谈到别人不喜欢的许多气味她都喜欢。

> 雾的轻微的霉气,雨打湿的灰尘,葱,蒜,廉价的香水。像汽油,有人闻见了要头昏,我却特意要坐在汽车夫旁边,或是走到汽车后面,等它开动的时候"布布布"放气。每年用汽油擦洗衣服,满房都是那轻刚明亮的气息;我母亲从来不要我帮忙,因为我故意地把手脚放慢了尽着汽油大量蒸发。

潮湿的霉味,雨后的泥土气味,葱,蒜,廉价的香水,特别是汽油味,人家闻到汽油味就头晕,可张爱玲却跟着汽车后面去闻那排出来的废气。牛奶煮糊了,木材烧焦了,都使她胃口大开。火腿、卤肉、花生油搁久了,走了油,变了味,她也喜欢。这些使她想起过去岁月里霉变了的大米和陈旧的谷仓。在香港沦陷期间,用椰子油炒菜,起初她忍受不了那种肥皂味要呕吐,但后来她发现这种肥皂味中有一种清凉的香味。战争期间,牙膏买不到,她就用粗制的肥皂刷牙也不在乎。张爱玲的感觉无疑是独特的。当我们了解了她的经历,可以体会到,这种独特甚至可以称得上是怪异的感觉里包含着一种凄凉,这种奇特的感觉蕴含了丰富的内涵。张爱玲在写这种走了油的感觉中表现出对往日"走了油"的生活的回忆,对走了油的感觉的偏爱与她对旧式家庭的"走了油"的情绪是统一的,还有肥皂的气味与战争时期的情绪不着痕迹地统一起来,正是有了这种统一,感觉独特而深刻。

(四)味觉感受

味觉是指人的口腔和舌头对滋味的感受。味觉有酸、甜、苦、辣、咸、涩、麻、腻、甘等。味觉给人的感受是丰富而深刻的,写作主体可以以味写味,但更多的是以味写境,环境、心境、意境,透过味觉寻找其意义、引申义、象征义,通过味觉表现人的情绪、心境和感悟,这样的味觉往往耐人寻味。如台湾美食家焦桐喜欢品尝各地美食,也擅长做美食,写了许多关于吃的散文,如《台湾舌头》《台湾味道》。一种平常的食物,在焦桐写来,情趣盎然,常常伴随着回忆,伴随着动人的情感,有思考,有领悟。《西卤肉》中写道:

> 是蛋酥和大白菜联手营造了一个宽容的环境,一种任意、自由的氛围;所有的材料分开来都有自己的主体性,结合则是完整的一体。它包容性广大,新的配料添加进来,好像新移民,立刻变成新的本地人,融会、和谐。

> 我们仔细品尝,通过大白菜的清甜,蛋酥的油香,虾米的沉厚,领略其中蕴含的喜悦。在众声喧哗的食堂,互相挨挤着,使用南腔北调和异邦语言,一起经验西卤肉的杂烩美学。

西卤肉的配料、味道融入更为宽广的意涵,由一种菜肴谈及生活情调、社会、时代。

(五)肤觉感受

肤觉泛指肌肤的感觉,包括冷、热、软、硬、酸、痛、痒、麻等。皮肤上有数以万计的触觉末梢,因而皮肤的感觉是极其丰富、敏锐的。如古诗词以肤觉来感知季节的变化:

"竹外桃花三两枝,春江水暖鸭先知"——暖春;"赤日炎炎似火烧,野田禾稻半枯焦"——炎夏;"怀君属秋夜,散步咏凉天"——凉秋;"孤舟蓑笠翁,独钓寒江雪"——寒冬。肤觉不是一种单纯的生理反应,它往往和复杂的心理变化交织在一起。许多小说经常通过肤觉来表现心理、情感的特点、变化。

四、增强对生活的体悟能力

感受要深刻,应增强对生活的理解、感悟能力。理解和感悟是深化感受的重要环节。感受的深刻性是指主体对外物反映产生的一种能透视生活的知性领悟。这种知性领悟往往有着主体丰富的生活情感积累,而后接触新的对象,心物相接时的领悟、顿悟或主观把握评价。

史铁生双腿残疾后回到北京,经常去地坛。他熟悉地坛的一草一木,熟悉地坛的一切。对地坛深刻的情感体验,也有独特的感知,特别是对死亡的感觉有其自身的知性领悟。

> 无论是什么季节,什么天气,什么时间,我都在这园子里呆过。有时候呆一会儿就回家,有时候就呆到满地都亮起月光。记不清都是在它的哪些角落里了,我一连几小时专心致志地想关于死的事,也以同样的耐心和方式想过我为什么要出生。这样想了好几年,最后事情终于弄明白了:一个人,出生了,这就不再是一个可以辩论的问题,而只是上帝交给他的一个事实;上帝在交给我们这件事实的时候,已经顺便保证了它的结果,所以死是一件不必急于求成的事,死是一个必然会降临的节日。这样想过之后我安心多了,眼前的一切不再那么可怕。

(史铁生《我与地坛》)

死亡之思,许多人都有过,常常是听闻与死亡相关的人或事,引发一些感慨、思考,慨叹生命的短暂、无常。而对于史铁生来说,生与死,是曾经面临的痛苦抉择。正当青春好年华的史铁生,突然间失去双腿,内心的痛苦可想而知。地坛成了他每天要去的地方,史铁生在地坛,看天看地看人看动植物看找自己的母亲,看四季变化,思考生与死。因其身体状况,死亡的感觉曾一度一直笼罩在史铁生的心头。如此近距离的接近死亡,使史铁生对死亡的感知更为真切,更为透彻。经历了迷惘、颓废、无助,经历了痛苦的情感历程,史铁生终于想明白,"死是一件不必急于求成的事,死是一个必然会降临的节日。这样想过之后我安心多了,眼前的一切不再那么可怕。"这是深刻的领悟,悟透生死,洞悉人生。

第三节　创意感受的巧妙表达

　　一般人对外界事物的感受常常是粗疏的,相似的,并且大都停留在实用的层次上,而创意感受常常是精细的,独特的,并且超越了实用层次进入到审美境界。创作者在更多地激活自己情感的同时,还特别注意激活自己的想象、联想、幻觉以及潜意识活动等,这样,往往能获得更多的审美体验,并且将这种复杂的体验转化为创意感受,极大地丰富了作品的内涵,增强作品的艺术感染力。如何表达创意感受,对于这种个性化的心理体验,直接表述往往难以做到清晰生动,只有要落实到形象上才能予以呈现,一般可以通过以下方式来巧妙表达。

一、推想

　　推想包括联想和想象。在感受事物的过程中,往往离不开联想和想象。写作者在感知客观事物的过程中,通过联想和想象,设身处地,与对象融为一体,加深体验,从而获得切身的感受。

　　张抗抗在《小说创作与艺术知觉》中谈到,"我在西双版纳温暖如春的密林里,曾感到时间好像在这里凝固了。我在夜晚的景山顶上,看到北京城灯火辉煌街道怀抱中的黑沉沉的长方形的紫禁城,曾感到像是一块几千年里封建皇权的化石。我在欣赏一幅江南春的水彩画时,感到自己也像被淋湿了。我在一次痛苦的选择中,感到周围世界像一堵高墙,虽然到处是门,门上都布满铁锁……"要表达所见所感,通过描述触物而引发的联想,往往能更加充分形象地加以表达。写作主体由黑沉沉的长方形的紫禁城,联想到几百年来帝王在这里的权利争夺,感到这紫禁城像是一块几千年封建皇权的化石;面临痛苦的选择,联系到世界像一堵高墙,门上布满铁锁,形象地写出了写作主体迷惘困惑、无奈苦闷的感受。

　　余光中在《不朽,是一堆顽石?》中的结尾处写道:"这世界,来时她送我两件礼物,一件是肉身,一件是语文。走时,这两件都要还她,一件,已被我用坏,连她自己也认不出来,另一件我越用越好,还她时比领来时更新。纵我做她的孩子有千般不是,最后我或许会被宽恕,欣然被认做她的孩子。"作家借助想象,用比喻的手法把自己倾一生心力从事文学创作的感受形象地予以表达。

二、通感

通感是一种感知的挪移现象。一般情况下,人的感官所获得的感知都是反射式的,眼睛得到视觉映象,耳朵得到听觉映象。但是,感官作为大脑的分支,都听命于大脑,各种感觉器官在分析器中枢部分形成感知的相互作用,可以使诸种感觉相互转换。五官感觉是互相独立的,又是可以打通的。通感的特点是调动各种感官从不同角度感受事物、表现事物,将难以表述之景、难以言传之情,淋漓尽致地表现出来,富于感染力。

钱钟书这样论述通感:"在日常经验里,视觉、听觉、触觉、嗅觉、味觉往往可以彼此打通或交通,眼、耳、舌、鼻、身各个官能的领域可以不分界限。颜色似乎会有温度,声音似乎会有形象,冷暖似乎会有重量,气味似乎会有锋芒。譬如我们说'光亮',也说'响亮',把形容光辉的'亮'字转移到声响上去。"[①]例如:"寺多红叶烧人眼","红"是眼睛看到的,"烧"是肌肤触到的,由视觉向触觉挪移,突出红叶颜色的热艳,给人强烈的刺激效果。"风随柳转声皆绿",风是看不见摸不着的,声音也是没有色彩的,但诗人用"绿"来形容,视觉代听觉,生动表现了风中杨柳满满的绿意。"方鸿渐看唐小姐不笑的时候,脸上还依恋着笑意,像音乐停止后袅袅空中的余音。"(钱钟书《围城》)笑意像袅袅的余音,由视觉感知的"笑意"移到听觉感知的"余音",生动形象刻画了方鸿渐痴迷唐小姐的情态。

五官感觉中,视觉、听觉可以在较大的范围发挥作用,嗅觉味觉和触觉只能近距离或直接接触才发挥作用。因而,在表达感觉时,嗅觉、味觉、触觉受到较大的限制。如触觉中的痛觉,在直接表达时,所说的"很痛""疼死人了"等,都较为抽象,而在鲁智深三拳打死镇关西中,将这痛感通过嗅觉、视觉、听觉加以表现,逼真地表现了这痛感。

人们对某些客观事物的感受,如果直接加以描述,往往是比较困难的,即所谓"只可意会不可言传",而通感则可以将这种不可言传的感受言而传之。

三、变异突出

人由于心境、生活遭遇等方面的特殊原因,有时会产生不同于正常的、一般的感受,即感受的变异。这种变异可以突破惯常思维的局限,有利于将感受

---

① 钱钟书.通感[C]//百年经典文学评论.武汉:长江文艺出版社,2004:268.

更为生动、深刻地表现出来。如天并没有下雨，但是因为心情不好，你竟觉得"信笺已经潮湿了"；通宵失眠的人会感到"度夜如年"，全神贯注于事业的人会感到"光阴似箭"；失恋的人自怨自艾，就会感受到"在那遥远的天空，星星也会失眠"。这种错觉常常是写作主体在特定情境下情感的作用，或将经验中的错觉强化后注入作品中，增强表现力。舒婷的《路遇》，路上遇到十年前的相知，这般突如其来的刺激引起了感官的错乱。

> 凤凰树突然倾斜
> 自行车的铃声悬浮在空间
> 地球飞速地倒转
> 回到十年前的那一夜

正是这种错觉，反映了情感受到极深的震动，视觉、听觉的正常功能都给打乱了，而且打开记忆的通道，回到了十年前。

幻觉是瞬间感觉的虚幻异变。创作者借助幻觉，创造一种亦真亦幻，似真似幻的境界，表达特定的情思。莫言的《红高粱》中，最后奶奶在生命将结束时运用幻觉情景来表现。

> 奶奶的眼睛又朦胧起来，鸽子们扑愣楞一起飞起，合着一首相当熟悉的歌曲的节拍，在海一样的蓝天里翱翔，鸽翅与空气相接，发出飕飕的风响。奶奶飘然而起，跟着鸽子，划动着新生的羽翼，轻盈地旋转。黑土在身下，高粱在身下。奶奶眷恋地看着破破烂烂的村庄，弯弯曲曲的河流，交叉纵横的道路；看着被灼热的枪弹划破的混沌的空间和在死与生的十字路口犹豫不决的芸芸众生。奶奶最后一次嗅着高粱酒的味道，奶奶的脑海里忽然闪过了一个从未见过的场面：在几万发子弹的钻击下，几百个衣衫褴褛的乡亲，手舞足蹈躺在高粱地里……

奶奶与人世间的联系即将挣断，小说以幻觉予以表现。她的生命随着鸽子歌曲的节拍，在蓝天里翱翔。"奶奶飘然而起，跟着鸽子，划动着新生的羽翼，轻盈地旋转"，飞向天空，飞向宇宙。伴着鸽子交响曲，奶奶一一告别这片黑土地、村庄、河流、芸芸众生，还有那高粱酒，躺在高粱地里的衣衫褴褛的乡亲们。这是奶奶的安魂曲，也是亿万人民的安魂曲，交织着，形成了民族凤凰涅槃之歌。

这些文字所表现的感受，都异于客观事物的常态特征。这种异常感受，常常是下意识地出现在头脑中，及时将它们捕捉住，并且让它们突现出来成为显意识，从而简约、精妙地表达独特深邃的情感思想。当然，还有其他的如形象表达、贴切比喻等。

写作主体在观察生活时,善于发现自我感知世界中与众不同的成分,将它与某种生活特征融和起来,这样,客观生活便被主体打上自己个性的烙印而显示独特的风采。这时,写作主体对客观生活的感受,具有了独特性。我们在生活、写作中,要积极去寻找、获得自己的创意感受,只有这样,作品才能显示其独有的艺术魅力。

思考与训练

一、深夜,假设你独自行走在空无一人、黑漆漆的乡间小道上,请写出此时你的感受。

二、写一则自然笔记,要求开放五官,写出自己在森林中,或在草原上,或在田野里的创意感受。

延展阅读

1. 陈冠学:《田园之秋》,中信出版社,2018年版。

2. 苇岸:《大地上的事情》,广西师范大学出版社,2014年版。

3. 孙绍振:《文学解读基础——孙绍振课堂讲演录》,福建教育出版社,2017年版。

第三章　创意想象与描述

第一节　创意想象的内涵

一、关于中国人"想象力"的调查数据

（一）国人想象力堪忧

2009 年教育进展国际评估组织对全球 21 个国家进行调查,结果表明:在全球 21 个受调查国家中,中国孩子的计算能力排名第一,想象力排名倒数第一,创造力排名倒数第五。此外,在中国的中小学生中,认为自己有好奇心和想象力的只占 4.7%,而希望培养想象力和创造力的只占 14.9%。

美国几个专业学会共同评出的影响人类 20 世纪生活的 20 项重大发明中,没有一项由中国人发明;中国学子每年在美国拿博士学位的有 2000 人之多,为非美裔学生之冠,但美国专家评论说,虽然中国学子成绩突出,想象力却非常缺乏。

著名教育家、武汉大学原校长刘道玉曾表示,中国孩子的想象力状况令科学界忧虑,"一考定终身"的应试教育严重束缚了学生的想象力和创造力,中国教育的解放必须从解放孩子的好奇心开始。刘道玉拿世界上两个最重视家庭教育的国家——中国和以色列做比较。以色列家长教育奉行狮子育儿法:母狮让小狮子离开独自学会生存;中国的家庭教育则走向两个极端:要么娇宠,要么棒喝。结果是,以色列的诺贝尔奖获得者有近 10 位,而中国却一个人也没有[①]。(刘道玉教授此番言论在莫言和屠呦呦获诺贝尔奖之前。)

[①]　许二多,汤寒锋.21 个国家调查显示:中国中小学生想象力倒数第一(组图)[N].羊城晚报,2010-11-24(A14).

（二）国人想象力随年龄及知识的增长而递减

2010 年重庆晚报记者就"想象力教育"对成人和孩子做了一个实验：记者让不同的人看一幅抽象图，问他们"你看它像什么？"

南坪实验小学的学生看着这幅图画，大声嚷嚷开了。"好像一只漂亮的金鱼在水里游！""不是，是一只猫头鹰在树上打瞌睡。""我看是神兽金刚吧！"……在 1 年级 8 班，记者邀请 10 名刚满 6 岁的小朋友走上讲台，在黑板上写出自己眼中这幅画的内容，结果得出"外星人""动物园"等 8 个答案。王梓臣同学特别告诉记者："这是画的两头牛，人们正在进行斗牛比赛。"他还一边指着图画，一边告诉记者这里是什么，那里是什么，描绘出一幅活生生的斗牛图。

重庆工商大学 10 名大学生中，有 6 人回答是"人脸""人头""鬼脸"等，有两人回答是"河流"，另两人的答案是"马"和"瀑布"。一个男生笑着说："这是两个头像，一对情侣正在面对面地亲热。"

在南坪步行街记者问了十多名三四十岁的路人，一半以上都说是张"人脸"。"这个有什么好看的，就是一个调色板打倒了。"卖小食品的张先生说。而 36 岁的高女士歪着头看了半天，肯定地说："就是一个人在流眼泪。"

其实这一幅抽象画，无标准答案。"正是因为一种寻找标准答案的心理，让我们的想象力流失了。"重庆十八中心理教师邹红说，这幅画说是什么像什么，每个人都可以有自己不同的看法，但成年人都会去猜测标准答案，因此得不到比孩子更多的答案。邹红认为，想象力本来不应该随着年龄的增长而减弱。相反，因为经历的更多，看到的更多，成年人应该比孩子的想象力更丰富。"问题在我们的学校教育中，一直教孩子寻找标准答案，束缚他们独立的思想；在家庭教育中，家长都不允许孩子有异常的想法，慢慢地扼杀了孩子的想象力。"

中国教育的问题显而易见：给你一个"0"，在数学课上只能是零，在英文课上只能是"O"，不能有别的答案。挑战了老师的权威，便会受到戒尺或类似戒尺的训导，中国孩子受教育的路径，就是在填鸭式死记硬背中"装满知识"的过程。如此教育理念，必然出现上述调查结果：中国学生的考试能力全世界第一，想象力却是倒数第一的极端现象。[1]

---

[1]　许二多，汤寒锋. 21 个国家调查显示：中国中小学生想象力倒数第一（组图）[N]. 羊城晚报，2010-11-24（A14）.

二、国内关于"想象力是什么"的大讨论

关于想象力是什么,目前学界多是阐释性的说明与解说,尚未形成缜密而周延的定义。2018 年 4 月 6—7 日,南方科技大学人文科学中心科学与人类想象力研究中心举办"追寻想象力的本源——2018 人类想象力研究年会",与会专家从不同角度对"想象力是什么"给出了自己的答案。

福建师范大学潘新和教授认为,想象力具有主观性,是知性加智性的主观真实,是人的元机能和元素养。想象力可以分解成基本想象力和特异想象力。低端想象力可以培养,高端想象力则是天成的。想象创造第二自然,它体现为超逻辑、异逻辑思维,其基本方法是对已知事物、经验的奇妙重组与猜测。山东师范大学潘庆玉教授认为,想象力的本质是符号能力,他被用来建构合法的客观性。想象力是跨语境/情境的逻辑/知识洞察力。苏州大学汤哲声教授认为现有所有认可的想象都是既有知识的向前跨越,而文学想象则具有宏观性、偶然性和具象性,并不为既有知识所束缚,就是作家利用语言无边界地对人生的拆解和组合能力。深圳大学王晓华教授指出,想象是直观不在场,是生产盈余,是新颖意象的凸显,是身体的出位之思或以身体为中心组织世界的一种方式。他引用罗勒·梅的观点说,"想象是将某种新东西带入存在"。北京师范大学田松教授指出,想象力是思想超越现有概念框架所达到的自由的状态;想象力是向下思考,如潜水般进入意识深处,打破缺省配置所达到的沉静的状态。

译言网首席执行官赵嘉敏博士采用数学家的逻辑思维方式指出,想象需要以记忆(知识/经验/数据)为基础,借助网络(神经网络/人际网络/跨界网络)的激发,用重混的方式,创造出新的形式(艺术/理论/工具/……)。从抽象的层面上说,想象是在所有可能的形式库中所做的漫游或搜索。深圳大学心理学院张浩波博士从脑科学角度区分了组织性想象和创造性想象,讨论了表象跟想象、记忆之间的区别,并通过脑认知成像的展示,介绍了近年来脑科学对想象力相关操作的定位情况。中国科普研究所研究员陈玲通过对一个样本超过四千人的青少年创造性想象力发展调查得出结论:想象是一种特殊的思维形式。青少年创造性想象力发展具有明显的阶段性特征:小学阶段高速增长,初中阶段平稳增长,高中阶段进入稳定期。

三、创意想象的本质——旧材料的新合成

从潘新和教授的"对已知事物、经验的奇妙重组与猜测",潘庆玉教授的

"想象都是既有知识的向前跨越……作家利用语言无边界地对人生的拆解和组合能力",赵嘉敏的"想象是在所有可能的形式库中所做的漫游或搜索",田松教授的"想象力是思想超越现有概念框架所达到的自由的状态"的观点,我们可以发现他们都强调了想象力是对已有经验与记忆的搜索、拆解与重组。也就是说,不管想象出来的事物多有创意多么新奇,它都源于对已有经验与知识的奇妙的拆解与重组,因而心理科学认为,想象是对过去经验和已有记忆表象①加工改造,构成新意象或新观念的心理过程。从认知心理学来说,想象就是外在信息和内在信息重新整合的过程。所以我们认为,只要想象出来的事物有别于以往的任何同类事物,我们就可以称这种想象为创意想象。

　　想象创造出来的虽然是人们未曾知觉过的事物,但它却不是凭空发生的。"想象不过是展开的或复合的记忆。"(亚里士多德)它是人们在某一契机的诱发下,以已往曾经知觉过的有关的事物为物质前提,即以回忆的表象为材料,经过分析与综合、加工与改造,而创造出来的新事物。因而,有人称想象为"记忆的女儿",是"经验的新综合"。它是从已知的事物中孕育出未知的甚至未曾存在过的事物。

　　创意想象是"旧材料的新综合",它的源头是大脑储存的外界事物的表象。创意想象是思维对表象进行加工和改造,并且重新将它们组合成新的形象的过程。创意想象的形象不管新奇到什么程度,归根到底还是来自对客观现实的感知和重组。鲁迅在谈论创作的时候也说过:"天才们无论怎样说大话,归根到底,还是不能凭空创造。描神画鬼,毫无对证,本可以专靠了神思,所谓'天马行空'似的挥写了,然而写出来的,也不过是三只眼,长颈子,就是在常见的人体上,增加了眼睛一只,增长了颈子二三尺而已。"②

　　神话是远古时代的人们对其接触的自然、社会的奇异现象,幻想出来的富有形象的艺术解释和描述。在原始社会,生产力低下,人们不了解也没有掌握自然的规律,就认为自然界的各种变化莫测的现象都有一个神在指挥着、控制着。于是,他们在生产劳动中依照自己心中英雄人物的形象,创造了许多神的故事,在口头流传,这就有了神话。神话虽然是由人们幻想构成的,但这种幻想并不是毫无根据的,而是以现实生活为基础的。

---

① 这里的"表象"指的是人脑在知觉基础上形成的感性形象,是外界刺激在记忆神经中留下的印迹或图像。表象是想象加工的材料,是想象的基础。
② 鲁迅全集・且介亭杂文二集[M].兰州:甘肃民族出版社,1998:178.

玉皇大帝的形象其实是人们根据现实中的皇帝创造的,阎王爷凶神恶煞的模样其实也是现实生活中恶霸的化身,慈眉善目的观音菩萨则是人们按照心目中美、善、慈、爱的尺度来塑造的。《创世纪》和《女娲造人》是东西方远古人类对人类诞生过程的错位反映,《诺亚方舟》和《女娲补天》则是东西远古人类对世纪灾难的解释与补救方案的想象。《山海经·海外南经》讲讙头国的人有翼、鸟喙,在海中捕鱼,杖翼而行。是由于原始社会还没有发明渔网等捕鱼工具,人们看见水鸟捕鱼,非常灵活,十分快捷,就很羡慕水鸟。于是就希望人也可以长上翅膀,嘴也同鸟喙一样,自由自在地在海上捕鱼。

可见,想象创造的结果虽是新的,但其基础是记忆中储存的"旧材料",心理学的研究为我们指出培养和发展想象力,必须以扩大自己的"内在图式"为基础。所谓"内在图式"就是以信息形式储存在大脑中的种种表象,它们是想象生成的原料。扩大"内在图式",不仅要增加记忆表象的数量,还要尽量扩展认知的范围。人类个体的"内在图式"越丰富多彩,想象力才有可能越丰富。要获得丰富而有创意的想象力,就得"读万卷书,行万里路",不断地获得间接与直接的经验与知识。

四、创意想象的作用

就创意写作而言,创意想象就像飞鸟需要翅膀。通过它,可以让概念的化为形象,物质的变为精神,静止的继续行动,片断的两头延伸,浓缩的使之扩展,散漫的加以集中,并列的相互联结,对立的从中沟通……简言之,小至打个比方,形象地说明事理,大至塑造典型,进行艺术概括,以至构思通篇文章,都需要借助想象。习作者如果经过有意识的训练,具备了一定的创意想象,在对素材进行加工时,就能根据构思的需要,或是跨越时间的限制,预见未来,逆睹往昔;或是冲破空间的阻隔,升天入地,登月潜海;或是摆脱类别的界限,从而把事物缩短或延长,缩小或放大;或是把两个相近的、相似的、相关的、相对的、相反的事物,甚至多个看起来毫不相干的事物,加以联结、沟通或组合,使之演化成另一种新事物,以便更加充分地反映生活,更加深刻地表达思想。

创意想象是一切创造的原动力。就社会科技发展和文明进步而言,创意想象犹如社会这架机器的马达。当今世界的发展速度可谓日新月异,而推动世界如此飞速发展的核心动力是科技,科技已经成为第一生产力。一个国家、民族、经济体的发展速度取决于其科技创新的速度,而科技创新的原动力源于人类富有创意的想象力。一个民族的想象力几乎等同于本民族文化的全部生命力,一个国家的想象力是本国生产力发展的核心动力,富有创意的想象力,是智慧之光,创造之泉。爱因斯坦曾说过,想象力比知识更重要,因为知识是有限的,而想象力概括着世界上的一切,推动着进步,成为知识进化的源泉。人类之所以能够成为地球上的主宰归功于其丰富的想象力。

第二节 创意想象的要求

创意想象就是要标新立异,但这"新"与"异"要标得合情合理。创意想象必须突破一般的常规,制造"超常"新奇感,但这"超常"并不是"离谱",而应是合理的令人信服的"超常"。换一句说,想象既要"超常"又要"合理",超常的偶然与巧合之中必须巧妙地镶入必然的合理性因素。

一、创意想象首先要"超常""新奇"

想象的创意首先在于如何超越常规视域展现奇妙景观。想象要有创意,要让人有新奇之感,就必须超越人们常规的视听,突破人们现有的视域,展示人们尚未见识的人世景观,这样才能吸引好奇的世人,从而获得创意想象的效果和价值。

现代主义小说通过大胆的想象呈现出奇异而又荒诞的生命景观。《变形记》中的主人公一早醒来竟然变成了一只大甲虫,原来他所拥有和看重的亲情随之烟消云散,让人唏嘘亲情的虚伪。神魔小说通过奇幻的想象创造离奇的魔幻世界。《聊斋志异》将人们完全陌生的仙鬼世界镶入平常的现实世界,演绎了一出出人鬼狐爱恨情仇的故事,吸引了多少读者为之神伤感喟。穿越小说(穿越剧)通过想象突破时空重返历史,将现代人送回古代,今人与古人截然不同的价值观与不同等级的智力撞击出了奇异的人世景观,现世郁郁不得志的今人重返历史去大展身手实现此生绝难实现的梦想,引得无数年轻人神魂颠倒。科幻小说创造的是异星球或未来世界的可能景观,它们或极端恐怖或极端发达,不管前者还是后者均超越现世人们的常规想象,其极端程度无法让现世人们坦然接受,让受众心惊胆战却又难以释怀。玄幻小说创造的是一个完全不同于现世的魔幻世界,其内部结构关系诡异奇绝,步步惊心,处处佳境,令人叹为观止。

二、"超常新奇"的创意想象之中必须镶入"合理"因素

想象不论多么新奇诡异,最终都必须接受因果关系的检验。当这种因果

关系落实于某种社会范畴时,故事情节必须由可信的细节与可解的社会关系作为后援。不然,一切新奇都将化为不可信的离奇,为人所唾弃。

《变形记》让人一夜之间变成了大甲虫,这一情景太超常荒诞,但随后其家人的一系列冷漠而残酷的反应却是事所必然,从而揭示出人间亲情的悲凉真相,所以这荒诞情景就有了堪破现实的穿透力。《聊斋志异》的鬼狐世界稀奇怪异,各路鬼怪狐仙凭着各自超常的异能,再续前世的爱恨情仇,其因果报应的叙事内核本身就是一种必然性,另外众多鬼怪狐仙尽管各有异能但也不是全能,并且她们的行为也受到鬼狐世界游戏规则的各种限制,这就将鬼狐的各种戏份限制在一个合情合理的范畴之内。所以历代读者都将《聊斋志异》看作是别样的人世图景,其表面上在说稀奇古怪的鬼狐故事,底子里乃在剖析人情事理。作者巧妙地将人世的必然因果和自己心中不便明言的孤愤镶入看似离奇荒谬的鬼狐身上,堪称神来之笔。欧·亨利的《警察和赞美诗》,构思新奇,结尾尤其反常。小说叙写流浪汉苏比为能进监狱安度寒冬而故意惹是生非,但都未能成功入狱,小说结尾当苏比受到教堂里赞美诗的感化而想改邪归正重新做人时,却莫名其妙无辜被捕入狱。这种"欧·亨利式"结尾出人意料,超越读者的阅读期待,这一情节逻辑实在反常,细细品味则惊艳于这反常中所寄寓的"正常"——秩序混乱黑白颠倒已成为社会的"正常"现象。

三、如何催生"超常合理"的创意想象

创意想象往往通过一种"换元"的方法达成超常的新奇效果。换元就是在生活常态结构中对某个关键性因素进行有创意的置换,从而打破旧结构的平衡,使之表现出另一种新异的生活情景。

"换元"实际上就是在平常的现实生活中设计和植入一种超常规的偶然性因素,即设置某种"巧合",让人物进入"第二环境"并遭遇一种非常人生,从而让读者看到极端异常新奇的生命景观。一般情况下,人们的生命轨迹很少是一条直线或斜线,大都是一条弧线或曲线。人生命运的轨迹往往会在某个重要节点或偶然或必然地发生转向,而这些重要节点即是人生的"岔道口",人们在人生"岔道口"的选择往往会不经意地显露出人物性格的多重性,内在复杂的情感和意识均会在这种重要选择面前暴露无遗,其平常被有意无意遮掩的深层欲望和特殊喜好将最终决定他的选择,而此选择也决定了他此后命运曲线的走向。所以,这些"岔道口"是人物命运转折的关键时刻,也是设计和植入"偶然""巧合"的最好节点。比如有些人物一出生就被作家安排背负报血海深仇的家族使命,其一生注定险象环生,步步惊心。有些人物出身平凡却偶然逆

袭名利双收;有些人物含着金钥匙出身却因一场恋爱倾家荡产身败名裂……一个人也好,一件事情也好,它们的运行曲线由许许多多或偶然或必然的因素决定。我们的想象力所能做的是对这些因素进行重新增删组合,从而使原来平常的人与事展现出一种奇异的生命景观。这种奇异的生命景观也许不是生活里实有的,但却是生活中可能出现的又合乎情理的新奇生命现象。

想象若要出创意,就要寻找这种生命中悬而未决的关键节点,抓住这种关键节点大胆假想,放飞心灵去发掘生命多种的可能性,展现生命的众多奇观。世界文学史许多杰作的题材很多不是作家直接从生活中得来的,常常是前人作品中现成的,王昭君的形象,孙悟空的形象,林冲的形象,白蛇的形象之所以在小说戏剧中不断被重新塑造,原因就在于这些人物都面临着一个命运和心灵的越出常规的"岔道口"。西方古典文学中普罗米修斯、哈姆雷特、浮士德都被不同民族,不同时代的作家反复塑造过,原因也在于,这些形象的原始素材都把主人公推到生活的岔道口。作家的想象在这种情境下最容易被诱发起来,而在这种情境中人物的反应,也往往扣人心弦,且有多种的可能性。巴尔扎克、狄更斯、司汤达、托尔斯泰都把人物放在严重危机中去想象,人物处于一种越出常轨的情境中。这种情境,在生活中带有很大的偶然性,正是这一情境是特殊的,而不是一般的,生活在这个节骨眼上常常要出现一种平常很难出现的面貌。一旦我们找到并用好人生"岔道口"上的特殊偶然性,那想象不出奇都难。

第三节　创意想象的独特描述

一、象形想象的独特描述

象形想象是以抽象事物的一般属性为起点,让思路朝着与该属性有某种吻合的具象之物跃迁。最后把这种抽象属性凝聚在具象之物上,落定的具象之物越新鲜,越奇特,想象的质量越高,价值也越高。

宋徽宗痴迷书画,不但亲自创建皇家画院,还亲自授课,制订考试制度,出题批卷。有一次宋徽宗出题"深山藏古寺",要求画作笔意俱全。收上来的画作有的在山腰间画座古寺,有的把古寺画在丛林深处。寺,有的画得完整,有的只画出寺的一角或寺的一段残墙断壁……他看了很多幅,都不满意。就在他感到失望的时候,有一幅画深深地吸引了他,他再仔细端详了一番,便连连点头称赞,说:"好,好,这才是'魁选'之作呀!"

那幅画好在哪里呢?好就好在构思巧妙,那位高明的画家,根本就没有画寺。画的是崇山峻岭之中,一股清泉飞流直下,跳珠溅玉。泉边有个老态龙钟的和尚,一瓢一瓢地舀了泉水倒进桶里。就这么一个挑水的和尚,将"深山藏古寺"这个题目表现得含蓄深邃。和尚挑水,当然是用来烧茶煮饭,洗衣浆衫,这就叫人想到附近一定有寺;和尚年迈,还得自己来挑水,可以想象那寺应该规模不大且香火不是很旺,所以隐藏在深山中,画面上看不见,这就把"藏"字表现出来了。这幅画比起那些画寺的一角或寺的一段墙垣的,更切合"深山藏古寺"的题意。那些落选之作皆败于构思平庸,想象贫乏,而那魁选之作胜在构思巧妙,角度奇特,画面含蓄,启人联想。可以说,夺魁者若无超常的创意想象力,定不可能完成此佳作。

那我们将如何为自己的创意想象赋形呢?我们可以从寻找有创意的比喻开始,采用生动可感的形象为自己的创意想象赋形。

比喻是最基础的创意想象,也是最见智慧与才情的创意想象。文学上的一些比喻妙不可言,它们往往使用另一套符号系统的逻辑,解释与之相关的既相似又相异的符号逻辑,既启人思考,又给人恍然了悟的欣喜。

"闹得如同倒了鸡鸭笼子",这比喻句中的人的"闹"与鸡鸭笼子倒了那一刻的"闹"在生理刺激上具有相似性,但这两种"闹"的性质不同,人的"闹"是一种争执,"闹"的各方都想占据有理的高地,但道理不可能通过争执吵闹获得,于是各方就想在声势上压倒别人,争执难免升级为一种无理的吵闹,这个时候吵闹的性质就演变成了与鸡鸭等动物一样的非理性的吵闹,本来为理而"闹"最终变成了无理而"闹",至此,这个比喻的妙处尽出。"穷得像一根刺",这个比喻句中的喻体与本体不似前一句的喻体与本体之间有直观的相似性,它们之间的相似性需要通过多重的逻辑转换才能获得心理的体认,而受体一旦获得体认,就会感到一种无理而妙的审美快感。

写作主体可以通过想象创造妙喻来形象传达内心微妙的情感。写作主体内在独特而奇异的思想感情都属于抽象的心理认知。从传播学角度说,这些独特的内在心理认知都要落实到相应的独异形象上才能吸引受体的注意力,达成它的传播价值与艺术效果。创意想象也只有赋形于新奇的形象,物化为独一无二的艺术载体之后才能最终达成创意想象的价值与目标。

二、象征想象的独特描述

象征想象是一种托物寄意,揣摩嫁接事物象征意义的创意想象。它以具体的事物为媒介,嫁接创作主体内心的某种观念,表达某种独特的情感。换言之,它根据事物外在或内在的某种具体特征,想象出某种与之相应的精神、品格或含义。

中国文学强调"文以载道",文学写作通过具体生动的形象隐喻指称某种抽象的观念和思想,甚至有些作者直接在文章中表达自己鲜明的观念。如茅盾《白杨礼赞》:"当你在积雪初融的高原上走过,看见平坦的大地上傲然挺立这么一株或一排白杨树,难道你就只觉得它只是树? 难道你就不想到它的朴质,严肃,坚强不屈,至少也象征了北方农民?"①

象征想象的关键,在于打破"以物观物"的思路,从具体的物象超脱出来,往它的某种内蕴意义上跃迁,从"果实埋在地底"的花生,看到那种"有用的,不是伟大、好看的"品质(许地山《落花生》);从"真是丑得不能再丑的丑石",感悟到"它那种不屈于误解的寂寞的生存的伟大"(贾平凹《丑石》)。这种由实入虚地对事物象征意蕴的揭示,体现了强烈的主观情感色彩,充分展示了写作主体的想象力与才情。

三、联想的独特描述

联想就是将两件以上的事物的相同(相似)或相异之处加以关联嫁接,以简单的此物说明彼物中所隐含的深邃事理或深刻人生命题的一种创意想象。联想能打破时间、空间、类别的限制,想象力可以自由穿越时空与生死,实现无限制的创意搜索,让写作主体的创意想象能力大大跃升。

钱钟书在《围城》中用吃葡萄来比喻人的处世态度:"天下只有两种人。譬如一串葡萄到手,一种人挑最好的先吃,另一种人把最好的留在最后吃。照例第一种人应该乐观,因为他每吃一颗都是吃剩的葡萄里最好的;第二种人应该悲观,因为他每吃一颗都是吃剩的葡萄里最坏的。不过事实上却适得其反,缘故是第二种人还有希望,第一种人只有回忆。"这一类比联想新颖独特、风趣盎然,而且耐人寻味。

对处于相近空间、时间中的事物,或对性质相似的、相反的、对立的事物等的集纳与表现,类比联想思路也能起到由此及彼、"触类旁通"的作用。王勃《滕王阁序》中"落霞与孤鹜齐飞,秋水共长天一色",便体现了对时空相近且性质相似的事物的关联想象;左思《咏史》(其二)中"郁郁涧底松,离离山上苗。

---

① 茅盾.茅盾代表作·白杨礼赞[M].郑州:河南人民出版社,1988:537.

以彼径寸茎，荫此百尺条。世胄蹑高位，英俊沉下僚"，即是对相反（对立）事物的想象，这种思路在诗文中也极常见。

四、合成想象的独特描述

加拿大著名摄影家帕特森的高徒通过奇妙的想象将一个鸡蛋与不同景象组合成了各种富有创意艺术照片。有一个学生将鸡蛋放在裸体雕像旁，用侧光突出人体与鸡蛋形态与质地上的相似性，突出了生命的共同特征；有一个学生将鸡蛋小头向上与众多墓碑拍到一起，用广角镜突出鸡蛋的向上挺立，强调新生必将战胜死亡的主题；有一个学生更是独辟路径地将鸡蛋放在正向前飞驰的一辆大卡车车轮的前方路上进行抢拍，让观众从即将发生的险情上体会千钧一发的惊险，以这种特别组合画面警示人们关爱生命。这种合成想象的思路，要求我们把平日的生活积累打乱、分割，然后按照艺术创作的需要，杂取种种的人、事、景、物，通过想象，重新排列组合将其揉成一体，创造出一个全新的图景；另外，我们也可以用某一人物、故事、环境做骨干，吸收同类型事物的有关特点，"集众美于一身"（或"集众丑于一身"），塑造出一个新的人物形象。鲁迅说，作家的取人为模特儿，有两法。一是专用一人；二是杂取种种人，合成一个。这是创作中两种较为典型的塑造人物的方法。

专用一人，指以生活中的某一人作为原型，对人物的经历和命运作适当的推想、加工而成为艺术典型。这时，要注意舍弃原型中不能表现人物性格特征的部分，适当地、合理地补充一些同人物相近的特征，创造出比原型更集中、更具有代表性的典型形象。如契诃夫的《套中人》，塑造了一个胆小而又保守、顽固的典型人物——别里科夫。他的生活原型就是契诃夫家乡的初级学校的教员兼学监狄珂诺夫。狄珂诺夫是个保守、僵化、刻板的人。他在这所初级中学干了三十多年的教员兼学监。他教出的学生，有的做了学校的校长或教员，成了他的同事，可他的思想和生活方式一直没有任何变化，总是说着同样的一套话，穿着同样的外衣，一直住在那间屋子里。他在学校里并不严厉，但也不放松任何规则，他对待一切新生事物，总是那句口头禅："见你的鬼！"不论晴天、雨天，总是穿着套鞋，带着雨伞，他的行动总是轻手轻脚，因此，学生都叫他"蜈蚣"。契诃夫就将狄珂诺夫这样一个生活的原型进行了改造，使其不只是表面的守旧、刻板，而且成了俄罗斯专制统治的象征。

"杂取种种人，合成一个"，指作者对生活中大量同类型的人，进行观察、体验，通过想象，将分散在各个人身上的具体特征，综合起来，创造出艺术典型。这就是文艺理论讲的塑造典型。鲁迅在《我怎么做起小说来》中讲道："所写的事迹,大抵有一点见过或听到过的缘由,但决不全用这事实,只是采取一端,加以改造,或生发开去,到足以几乎完全发表我的意思为止。人物的模特儿也一样,没有专用过一个人,往往嘴在浙江,脸在北京,衣服在山西,是一个拼凑起来的脚色。"①《三国演义》的诸葛亮是作者集众人才智于一身的艺术形象;《西游记》的孙悟空是人性、猴性、神性艺术化身,猪八戒则是人性、猪性与神性的集合;童话中的美人鱼是人和鱼的集成;神话故事中的小天使是小孩和鸟的集成。中国 2010 年上海世界博览会——福建展馆设计就是一个合成创意想象的作品(见图 3-1)。

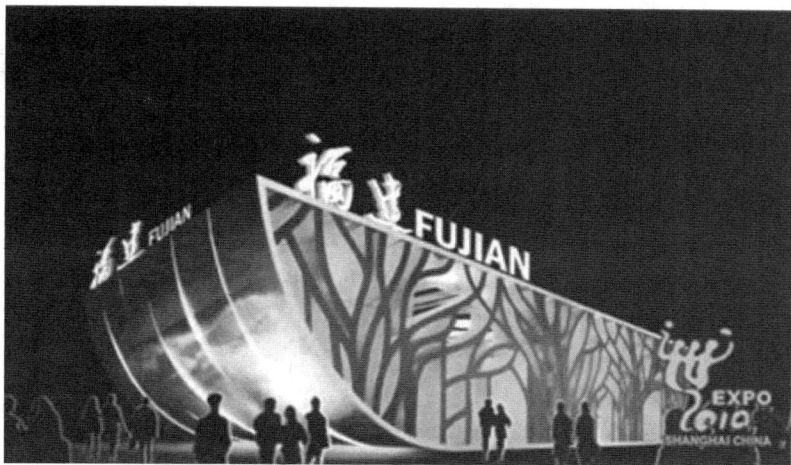

图 3-1　2010 年上海世博会福建展馆

五、推测想象的独特描述

推测想象是一种通过对已知事物加以拟测、延伸、虚构的创意想象。它根据事物的发端和过程,推测它的未来;根据熟悉的事物,推测生疏的或不存在的事物。要推测未知,必须熟悉已知。如果没有类似的经验或知识,违背了事物间内在的逻辑联系,推测的结果就难以令人置信。

推测想象要求调动自身经验,结合对象的了解,作合乎生活逻辑的延展。人们常说的"以己度人""设身处地"说的也是推测想象。威廉·福克纳说:"对

---

① 　鲁迅全集·南腔北调集[M].兰州:甘肃民族出版社,1998:825.

我来说,往往一个想法,一个回忆,脑海里的一个画面,就是一部小说的萌芽。写小说就无非是围绕着这个特定的场面设计情节,或解释何故而致如此,或叙述其造成的后果如何。"①推测想象可以弥补人们直接经验的不足,可以窥视感官无法达到的事物。由于作者的思想、情趣、经历的不同,对同一事物的推测可能存在差异。但是,只要不违背生活的逻辑,各种各样的推测都是可以成立的。

有一年秋天,著名作家果戈理和几个朋友从莫斯科到彼得堡去,路上肚子饿了,就到一家饭店去吃煎肉饼。大家正吃得津津有味,突然几乎同时停止了咀嚼,每个人都从嘴里拉出一根根头发丝来。就在大家面面相觑的时候,果戈理以幽默的口吻推测说:"这个厨师大概喝醉了,没有睡足觉就被老板叫醒,于是他在做肉饼时气得直揪头发;也许他并没有喝醉,是个极规矩的人,可是不久前害了一场热病,所以脱头发了,做肉饼的时候不断地摇动那头淡黄色的卷发,头发便掉进肉饼里。"果戈理讲得绘声绘色,好像亲眼在厨房里见到过似的。一个朋友将信将疑,去叫服务员。这时,果戈理又说:"服务员来的时候一定会这样回答:'头发吗?这里怎么会有头发呢?怎么会把头发弄到这里来呢?不会是鸡毛吧!'"②服务员来了,果然不出所料,有几句话简直说得完全一样。大家都哈哈大笑起来。大笑过后大家都不禁佩服起果戈理丰富的想象力。

六、幻想的独特描述

幻想是指以理想或愿望为依据,对还没有实现的事物所做的想象。幻想往往超越常规的理据,带有超拔虚幻的异时空的逻辑,常被人们贬为不切实际的空想。但实际上幻想是激发科学发明的神奇动力,世界科技史证明历史上的每一项发明往往来源于人类最初不切实际的幻想,飞机(飞船)的发明制造就源于古代人的"飞天"幻想。幻想对于科学发展的推动作用自不待言,幻想对于文学创作的作用历来受到充分肯定。文学世界本身就是一个虚拟的第二世界,在文学的虚拟世界里什么都可能发生。文学创作要有游戏精神,要有梦想精神。文学创作具有部分的梦与幻想的性质,它可以用文字建起一个与现

①　杨那人. 福克纳谈写作[DB/OL]. 2016-01-25[2018-09-16]. https://www. douban. com/note/536756264.

②　昆滇剑影. 收集有关想象力的一组文章[DB/OL]. 2013-03-09[2018-09-16]. http:// blog. sina. com. cn/gzddff.

实相对应的彼岸世界。写作的创意来源于对现实的突破,要有创意就得超越生活常规,就得有奇异的幻想才能造出新奇的艺术形象。

（一）科学幻想

百度词条对科学幻想的解释:科学的幻想,即根据有限的科学假设（某些东西的存在,某些事件的发生）,在不与人类最大的可知信息量（如现有的科学理论,有据可考的事件记录）冲突的前提下,虚构可能发生的事件。

科学幻想既然不能与现有的科学理论和现实产生冲突,那么它就必须在现实的基础上进行符合现有科学逻辑的想象,所以,科学幻想实际上属于一种科学的推测想象。历史上的一些科学幻想后来都部分或全部变成现实。日本的科幻灾难片《日本沉没》是根据小松左京的同名小说改编拍摄的,讲述由于日本东面海底地壳大规模变化引起了多次 8 级以上大地震,地震引发巨大的海啸冲入陆地导致日本列岛沉没海底的巨大灾难。小说文本的科幻想象拍摄成影片的画面十分惊悚,海啸过处所有建筑摧枯拉朽地倒塌,汽车像火柴盒一样浮在水面上。而这一惊悚的画面与 2011 年日本"311"9.1 级大地震引发大海啸的情景相似到令人恐怖的地步。西方的一些机器人科幻动漫现在正在慢慢变成现实。

所以,科幻想象虽然是一种"前无古人"的全新大胆想象,属于最富创意的想象,但它必须要以一定的现实为依据,想象推理也要符合科学的理性逻辑。

（二）文学幻想

这里的文学幻想指思维突破时空界限的创意穿越想象。穿越想象所要突破与穿越是现实时间与空间的界限与规范。简单来讲,"穿越是不遵循正常时空规律下的人在时间和空间上的一种位移。"[①]"穿越是指故事中的人物,因为某些可知或不可知的原因,到达了现实世界之外的另一个时空,如人类世界的古代或未来,或者与我们所在时空平行的另一时空。"[②]"穿越题材呈现的是异时空的想象世界,能够为故事内容提供丰富的可能性,将历史、战争、宫斗、魔法、修真、仙侠、玄幻、夙世因缘等无数吸引眼球的元素集结在时空转换的隧道中,形成一种前所未有的想象力'场域'。"[③]

---

① 余晨.浅析中式"穿越"和欧美"穿越"题材影视作品的差异性[J].名作欣赏,2015(5):149-150.

② 康桥.论网络小说中的穿越、重生、架空问题[J].中国现代文学研究丛刊,2012(10):146.

③ 闫雪.穿越题材文艺作品热潮的社会心理分析[J].电影文学,2011(22):6.

　　"穿越"的基本含义在于"尊重现实又通过个体化理解改造既定现实的结构、从而建立起不同于既定现实的个体化世界"①。也就是说,文学性的穿越想象虽然按照彼岸世界的异时空逻辑运行,但也应遵循此岸世界的物理逻辑、伦理逻辑和心理逻辑。痴人曹雪芹用文学话语构建了一个梦幻般奇异的"红楼世界"——大观园,令读者痴迷,几代研究者前赴后继也挖掘不完其内在的寓旨与精神,堪称中国文学的巅峰之作。《红楼梦》实际上是曹氏编造的一个穿越故事,它之所以能辗压历代五花八门穿越题材的作品而几百年"红"色不褪,是因为它穿越得合情合理又奇幻超拔。所以真正高水平的穿越想象并不是只图满足内心的"意淫"而天马行空的胡思乱想,它必须遵循一定的规则运行才能具备相应的艺术生命力。

思考与训练

　　一、梦境描绘:请每位同学们详细描述自己近期某一记忆清晰的梦境,并分析此梦组成表象的可能来源,教师随机抽一两位同学上台分享他们的梦境。

　　二、请同学们描绘某日傍晚的天空,要有联想和想象的情景。

　　三、请根据下列故事的开头接着编一个故事,故事至少要有三个重大逆转。(注意:每插入一个新的偶然元素,就得让人物进入一个新的"岔道口")

　　在一个细雨蒙蒙的傍晚,一对情侣依偎着共撑一把伞在公园里散步……

　　四、分析解读下列比喻句并自选对象进行创意比喻,每种比喻类型至少造出三句富有创意的比喻句。

　　(一)明喻案例

　　1.“他用简单的记忆,回顾小时候的那些暑假,当夏天懒洋洋地长着,肥硕而迟钝的如一只南瓜,而他悠闲如一只蝉。”(余光中《塔》)

　　2.方鸿渐失恋之后,赵辛楣在他面前提起唐晓芙,鸿渐的心里“仿佛黑牢里的禁锢者摸索着一根火柴,刚划亮火柴就熄了,眼前没看清的一片又滑回黑暗里。譬如黑夜里两条船相迎擦过,一个在这条船上

---

① 吴炫,乔媛媛.文学穿越生活现实[J].文艺理论研究,2012(3):59-67.

瞥见对面船舱的灯光里是自己梦寐不忘的脸,没来得及叫唤,彼此早距离远了。"(钱钟书《围城》)

3. "他那剃得光光、轮廓鲜明的圆下巴看上去像脚后跟。他脸上最有特色的一点是没有唇髭,只有光秃秃的、新近剃光的一块肉,那块肉渐渐过渡到像果冻一样颤抖的肥脸蛋上去。他风度尊严,动作从容,态度温和。"(契诃夫《挂在脖子上的安娜》)

4. "有人失恋,会把他们的伤心立刻像叫花子的烂腿,血淋淋地公开展览,博人怜悯,或者时过境迁,像战士的金疮旧斑,脱衣指示,使人敬佩。"(钱钟书《围城》)

5. "苦里带涩,那滋味侵入脾胃时,小小的冷噤会轻轻在背脊上爬过,用不着丝毫锐性的感伤! 也许他可以说他在那夜进入某某城内时,看到一列小店门前凄惶的灯,黄黄的发出奇异的晕光,使他嗓子里如梗着刺,感到一种发紧的触觉。"(林徽因《彼此》)

(二)暗喻(隐喻)案例

1. "娶了红玫瑰,久而久之,红的变成了墙上的一抹蚊子血,白(玫瑰)的还是'床头明月光'。娶了白的便是衣服上粘的一粒饭粒子,红的却是心口上的一颗朱砂痣。"(张爱玲《红玫瑰与白玫瑰》)

2. "早晨出去还是个人,这时候怎么变成刺猬。"(钱钟书《围城》)

3. "三粒苦松子/沿着路标一直滚到我的脚步前/伸手一抓起/竟是一把鸟声"(洛夫《随雨声入山而不见雨》)

4. 一名穷亲戚是什么? ——那是天底下最不亲不戚的人了,——一种迹近渎犯的相应关系,——一件令人作呕的近似事物,——一桩缠人要命的良心负担,——一个荒谬已极的身边怪影,愈是当你好运的太阳当头高照,它就伸得愈长,——一位你钱袋上的漏洞,——一声对你荣誉上更为难堪的催索,——一件你事业上的拖累,——一层你升迁上的障碍,——一种你血统上的不纯,——一个你家声上的污点。——一处你服装上的破绽,——你家宴上的死人骸骷,——阿迦索克里的讨吃锅盆,——它门前的底凯,——堂门上的拉匝斯,——一头拦路的狮子,——一只乱室的青蛙,——一只兰芷芸泽中的苍蝇,——一撮你眼睛里的灰尘,——在你的冤家,是他的一场胜利;——在你的朋友,是你的一番解释,——一件谁也不要收留的杂物,——一阵收获季节的冰雹,——一团甜蜜中的一瓢苦水。……

（[英]查理·兰姆《穷亲戚》）

（三）借喻案例

1.不是东风压倒西风,就是西风压倒东风。

2.忽如一夜春风来,千树万树梨花开。(岑参《白雪歌送武判官归京》)

3."她的话一部分是真的,加上许多调味作料,鸿渐没法回驳,气哼哼地望着窗外。"(钱钟书《围城》)

4.她(鲍小组)只穿红霞色抹胸,海蓝色贴肉短裤,漏空白皮鞋里露出涂红的指甲,……,有人叫她'熟食铺子',(cloarruterie)。因为只有熟食店会把那许多颜色暖热的肉公开陈列;又有人叫她"真理",因为据说"真理是赤裸裸的"!(钱钟书《围城》)

五、赏析下列闽江学院中文系学生习作,并完成一篇虚实相生,既有写实又富含幻景的想象性习作。

石板青又青(节选)

闽江学院 人文学院 2009 级汉语言文学师范 1 班
施蓉蓉

……我敢说,这是一场预谋已久的雨,在久经压抑、沉闷的湿热里,终于迎来一场凉爽夏雨。豆大的雨滴下落,一点一点,并不着急。我从新场赶回,经过健桥,看见雨点湿在石板上,才猛然发现,这一小段路并不是水泥路。

我像一个得到糖的小孩,内心窃喜着一个不为人知的秘密。石板砌的路,横竖成格,不规则的大小,有一种随性的美和纯朴的率真。凹凸不平的板面,不是纯粹的白,还杂糅着灰的、青的、黑的点。它无法和瓷砖一样反射强烈的光,但我无论何时看它,总觉它闪闪有光。干净、无尘且不失亲切。石板、石桥、落雨,我突然觉得自己像极了一位上京赶考的江南书生偶经石桥。登上石桥,就见岸左荷叶田田,岸右垂柳依依。雨落河中,打出一个个小圈,却又立即消逝,犹如一个个来不及触摸的梦,我用手触碰桥栏,粗糙的石面,让我感觉一下子掉入遥远的记忆中……

对　望

闽江学院 人文学院 2009 级汉语言文学师范 1 班
吴晓颖

　　至诚桥下的景致是一派水墨丹青的写意,三分秋水,二分尘土,一分流水。

　　天边被浮云隔断,阳光偶然从云层里面晃了出来,射向远处青黛连绵的旗山。光影交错着,加深了山峦皱襞处的层次感。

　　九月,水风轻,蘋花渐老,梧叶枯黄……

　　流水与垂柳深情对望着,在飘逝的暮景中。

　　一泓秋水,巧笑如倩。碧玉炼的湖面上尽是柔柳的姿态,多了几分水漾的温情与羞赧。若是心中无她,怎会任她在眸上闪耀? 风掠过水面,水光从湖心乍起如跳跃着的音符汇成欢乐的旋律涌向水汜旁的伊。怎奈,堤岸无情将满湖的愉悦拦下,在水与柳相距最近的地方,旋律化成伤心的涟漪慢慢退了回去……

　　垂柳,静立水汜。压低姿态蹁跹地晃动着枝蔓,拉成一缕缕细细的长条,挂在岸边,竭力探入追来的碧水中。恰如青衣,水袖长甩妩媚生姿。只是风太急,将快要触到水面的末梢卷起,向岸上扬去。苍绿如泼墨的叶,像极了她的泪,在风中飘散……

　　杨柳处总是水烟,杨溪畔还细柳! 千百年来文人墨客,只将她们拆开,各为意象以道离情正苦,却未曾发现,她们只在彼此的眼波流转处顾盼生姿。即使,这样的爱情换不来只言片语的提及,即使未曾相聚,她们仍凝眸相望。

　　水的漾动声,柳的婆娑声在耳畔细碎响起是她们对可望不可即的爱情的嗔怨,还是一生相望的誓言?

　　金色的平安蝶翕翼翩飞,静默不语。

乌镇情怀

闽江学院人文学院 2018 级汉语言文学师范 1 班
赵秋婷

　　那年六月,我终与乌镇邂逅。对我而言,乌镇是心中向往已久的美好，纵然有万千感慨，却久久未提笔写乌镇，只怕我的拙笔写不出它的岁月静好。

直至今日，为了完成老师布置的习作，也为了对自己内心的情怀有个交代，终于提笔写下一直萦绕于心的感念。

初入乌镇，一切景致仿佛似曾相识，内心瞬间溢满惊喜。杨柳依依，碧波荡漾，木船悄行，无声无息，只留下圈圈涟漪。行于古老的长巷，爬山虎缀成满墙青绿，带来了一巷的清凉。天是艳阳天，遗憾无缘偶遇雨巷中的丁香姑娘，却也喜于这样的好天气，天朗气清，怎样构图都是一幅美景。青瓦白墙连绵，是脑海深处最原始的乌镇印象。行于古朴的屋檐下，一家家古色古香的小店都让人忍不住驻足停留。店中陶瓷，纸伞，灯笼都带着独有的江南气息，目光所至都是欢喜，怎么都逛不够，也览不尽这乌镇的风情，我的乌镇情怀在这一条条老街中书写。

华灯初上，晕着金黄灯光的乌镇更是别有一番韵味。归行的船一排排整齐中又透着随意，也提醒着我们是该归家了，可熙熙攘攘的游客仍流连于这别样倾心之景致，难舍这一份悠游之闲适。微风轻起，临河而食，桌上火爆的小龙虾与这份娴静没有丝毫的违和感，映着小店的霓虹，摇曳着点点星光，有的是全身心的满足。偶尔被风吹落的柳叶落到桌上，倒也成了一份点缀。天空已成深蓝色的幕布，晚灯明亮，照映着这一处水乡，给人万家灯火的温暖，忽然想在乌镇来一场美丽的邂逅。许是多情的乌镇勾起我心中对江南故事中一生一世一双人的向往，才生出这思绪。确实也想与这世间的江南女子一般借着一柳，一旗袍，一纸伞，在这杨柳岸边，吟风弄月，写尽这似水流年里的纸短情长。

乌镇于我，不只是风景，而是一种情怀，从向往到炙热的喜爱，这一份喜欢无须时间的沉淀，只需一场接触，置身其中，你的心灵便会与之怡然交融。你的满心欢喜都因这片安宁祥和之景而起。

这一份对水韵悠长的情怀因乌镇而起，也永远属于乌镇。听流水，任年华，一往而深，情怀不改。

六、赏析下面这篇短文，并以自己身边的小物件为对象写一篇富有隐喻性的短文。

不要丢掉自己的小伞

王亚慧

在岁月的风雨中踽踽独行时,我有一把脆弱的小伞,风雨飘摇中,为我遮风挡雨。

一日遇上了他,他高大的身躯像座山。我靠上去,顿时头顶的一方天幽蓝幽蓝。

我丢掉了自己的小伞,专心去画那个以他为圆心的圆。用大海做底色,青春做笔,心血做墨,采摘来七彩阳光镶嵌出一道似梦似幻的风景。

有一天,这风景突然海市蜃楼般地消失了。凄风苦雨中我睁开久闭的双眼,没有了炫目的阳光,我才发现那曾经像山一样的身躯早已萎缩。我的心浸泡在风雨中渐渐凉透了,才想起那把脆弱的小伞。

迈出那个自己精心勾画的圆,捡起那把脆弱的小伞,我踽踽独行于岁月的风雨之中。

不再祈求风住天晴,不再期盼搭车同行。只记住,再也不要丢掉自己的小伞。

《读者》1994 年第 8 期卷首语

七、赏析下列作品,并选择一组合适的具象作为联想跳板对自己感兴趣的命题进行形象化的描述。

男兽女禽

李玉宾

男如兽,女如禽。

男为有足兽,女为无翅禽。

男人是兽人,女人是禽人,鸟人。

讲科学点,或许远古时,男就是兽,女就是禽。宗教点儿,或许男人由兽类轮转而来,女人由禽类转化而来。男人前身是兽,女人前身是禽。投生到今生今世都仍然本性难改。男人有时便忍不住“兽性大发”,女人有时又免不了“禽性大发”或者说“鸟性大发”。如“小鸟依人”时或许正是“鸟性小发”时。

先人知道这一点,所以一群男男女女离散才叫作“如鸟兽散”,所以形容一个人不配做人时总说此人"禽兽不如"。言下之意，如禽如兽即是人，然则何如禽何如兽？

女如禽，男如兽。

于是在精神上：男人总是四足着地雄赳赳走在现实主义大地上，女人则是双翅轻扇飞翔在理想主义蓝天上。男多理智，女多情感；男多现实，女多幻想；男多凭经验做事，女多凭直觉做事；男人多重外在体验，女多重内在体验；男多用脑思，女多用心想。

于是在情感上：男人天生就有兽类世界中的多恋倾向，女人则天生就有禽类世界中的单恋倾向。即每一个男人都有妻妾成群的潜在思想、欲望。每一个男人都想拥有一大群女人，而每一个女人都有想单独拥有某一个男人。矛盾如此，于是很多故事发生了。

女禽男兽，所以恋爱时总是女人在天上轻轻巧巧地飞，男人在地上跌跌撞撞地追。

男如兽女如禽。

兽有窝而禽有巢。

家对于男人来说只是一窝。

家对于女人来说却是一个巢。

男人的世界在窗外，女人的世界在巢里。

窝，让人想到窝囊，肮脏，粗糙，杂乱无章，但坚固。

巢则温馨，干净，精致，细腻……但却脆弱，经不住风吹雨打。

所以最好的家仍然是男主外而女主内，外面看是个窝，里面却是个不折不扣的巢。坚固而不粗陋，温馨而不脆弱。

如果男的或女的一手遮天，这个家就要么少了坚固要么少了温馨，终归不再完整。不再是一个家，而只是一个窝或一个巢。

人或许就是兽加禽。

人性或许就是兽性加上禽性。

这里"加"是水乳交融。

男人身上兽性占的比例大一点，女人身上禽性占的比例大一点。

男兽女禽。所以男人的舌头大而笨，笨嘴笨舌不会说话。明知与女人吵架门儿也没有，便转动笨脑筋好歹找了个借口"好男不与女斗"。男人互相吵不了几句便开始咆哮，然后就是打翻在地开打，舌头上见不了高低拳头上见。

女人的舌头天生灵巧，说得比鸟叫还好听。每个女人便都是吵架高手。互相之间吵架简直是艺术创造。每每吵得抑扬顿挫有板有眼有腔有调有韵有味有招有势有根有据有捶胸有顿足有水深火热有手拍大腿头撞南墙有假戏真做装腔作势有天昏地暗语无伦次有胡说八道满嘴白沫,有时舌头上见不了高低或已经见了高低而低的一方认为舌头非己所长,这时便用上了手即爪子。女禽,当然抓挠很厉害。另外"拧"这个动作也最适合爪子使用。个别不要脸的男人常在拥挤的公共汽车等处使用"拧"这个纯女性化的动作,真无耻。

男人与女人吵架仅限于最亲密的一男一女——夫妻之间——即被婚姻这只笼子装在一块互相逃避不了的一男一女之间。女禽脑袋瓜小而聪明,为了以己之长攻彼之短,让脸比较薄的男兽自动缴枪,便发明了一句"君子动口不动手"。想当君子的人们只好乖乖收起拳头,缩起脖子挨骂。

女人与男人共同用一系列的属相是一个延续至今的错误。在现用的十二属相——子鼠、丑牛、寅虎、卯兔、辰龙、巳蛇、午马、未羊、申猴、酉鸡、戌狗,亥猪——中。只有鸡与禽沾点儿边儿,是退化了的鸟。作为属相出现的却还是雄鸟。所以说现在所用的属相只是男人的属相,最纯粹男性文化产物。女人们应该有自己的属相系列。男兽女禽,所以那些走兽不适合当女人的属相,女人们的属相应该是飞禽。

现推荐一组属相供女同胞——禽人、鸟人们对照更换:

子雀、丑鹃、寅鹊、卯鸽、辰凤、巳鸦、午鹤、未燕、申莺、酉鹏、戌鸥、亥鹰。

就像男性十二属相有其特性一样,此系列的女性十二属相也各具特色。

属麻雀的肯定能说会道,整天叽叽喳喳嘴不停,扑扑棱棱到处乱飞。

属杜鹃的则深情重义,容易被情迷住眼睛。

属喜鹊的为典型的乐观主义者,很难让她发愁超过五分钟。

属鸽子的性情温柔可人。

属凤凰的则气度高贵,仪态万方。

属乌鸦的一般心里有眼里有口里没有——这指好的东西。或者说有嘴无心——这指坏的东西。恶口善心,没有太多心机。

属鹤的高蹈出世,超凡脱俗,清雅骄傲,喜欢临水照影,孤芳自赏。

属燕的乡土观念强,善于持家。

属莺的能歌善舞。

属鹏的志向高远,意志力强,多女中豪杰。

属鸥的是理想主义者,她的精神经常生活在水云乡里,想象力丰富。

属鹰的精明,聪明而又高明,眼光超人。识别与把握机会的能力均强。缺乏温柔,往往把兽男们吓得退避三舍。

男兽女禽。

兽有齿则禽有翅。

不男不女之人,即阴阳人,两性人。也兽也禽。是蝙蝠,有齿得翅。

所以在男性十二属相与女性十二属相之外还应有一个单列的属相:蝙蝠。不禽不兽也男也女之人即是属蝙蝠的。

因此总和起来人类应该有二十五个属相,男性十二个:鼠、牛、虎、兔、龙、蛇、马、羊、猴、鸡、狗、猪;女性十二个:雀、鹃、鹊、鸽、凰、鸦、鹤、燕、莺、鹏、鸥、鹰;两性人一个:蝙蝠。

禽中的鹏与鹰常被用作男性的象征。

兽中的狐狸与猫常被用作女性的象征。

鹏鹰是禽中的勇者,狐狸与猫是兽中的智者。

由此可见,男多用勇,女多用智。

女比男智明、精明、清明、开明、高明,而且一文明。

因此她们是禽,飞翔在白云沧桑之间,栖息在花叶簇拥着的高巢里,离太阳月亮星星近。

原载《家庭科技》1998 年第 8 期

八、推测想象训练:请续写下列情节。

天下着雨,一位男子湿淋淋地站在楼下空地上,仰望着某公寓的窗口……

九、穿越想象训练:改写〈牡丹亭〉中生死穿越情节。

十、科幻想象训练:续写世界上最短的科幻小说:

地球上最后一个人独自坐在房间里,这时忽然响起了敲门……

延展阅读

1. 莎克蒂·高文著,符泉生译:《创造思维的全新路径》,中国青年出版社,2004 年版。

2. 吕金祥、刘世杰:《想象力》,白山出版社,2004 年版。

3. 赵明:《卓越想象力开发与培养》,江苏教育出版社,2011 年版。

第四章 创意理性思维与评论

第一节 创意理性思维的内涵

一、创意理性思维的含义

"理性思维"在百度百科上的定义为:理性思维是一种有明确的思维方向,有充分的思维依据,能对事物或问题进行观察、比较、分析、综合、抽象与概括的一种思维。说得简单些,理性思维就是一种建立在证据和逻辑推理基础上的思维方式。我们这里所说的创意理性思维,指的是一种超越习惯思维方式的理性思维模式,它突破常规思维逻辑鞭辟入里地揭示事物的真相,是富有创造性的理性思维。

创意理性思维不迷信权威、不拘泥于定论,勇于破常求新。它的最终目标就是推陈出新,化腐朽为神奇,不断地推出令人振聋发聩的"陌生化"卓越新见。

二、创意理性思维的逻辑推理方式

创意理性思维常用的一种逻辑推理方式是绕开现有的习惯思维方式,改变思考问题的方式和角度,另辟蹊径,直捣问题要害,切中肯綮地挖掘对象命题之中久被遮蔽的本质,提出自己的真知灼见,从而推陈出新。传说美国有一家生产牙膏的公司,产品优良,包装精美,深受广大消费者的喜爱,每年营业额蒸蒸日上。记录显示,前十年每年的营业增长率为 10%～20%,令董事局雀跃万分。但十年后销量一直停滞不涨,董事局投放大量资金多方论证并实施各种营销策略,均无法拉升销量。最后董事会决定以 100 万重赏能拉升销量的员工,结果有一位销售部小经理只给出了一个小小的建议:把牙膏管口放大 1 mm。这一建议获得董事会肯定并实施,事实证明改造牙膏管口后的本品牌牙膏销量大增。就这个案例而言,一个老品牌的牙膏经过十年时间,其消费群体已基本稳定,各种各样的促销基本上无法拉升较大的销量,因为消费群体基本稳定的情况下其消费量也是稳定的,促销只能让消费群体提前购买消费品并慢慢使用,从较长时间周期来看消量并未增加。所以,走促销的各种路径基本上已行不通了,这个小经理避开这个常规的思路,扩大牙膏管口直径,让消费群体每天不知不觉多用牙膏量,消费量自然就多了,销量也就拉升了。这一案例说明,有时候创意思维很简单,不过是拐了一个弯走另一条人们不常走的小径到达目的地罢了。这就是另辟蹊径的创意思维。

创意理性思维常用的另一种逻辑推理方式是逆向推导、反弹琵琶,即反向分析某些已然的理论和观点,从中发现其逻辑漏洞,从而解构旧理论旧观点,提出新理论新观点。人们往往只认为美丽是女人的天赐财富,是女人一生幸福与否的重要砝码,但人们往往忽视了另一种可能性——美丽也可能给女人带来灾难和不幸。因为,美丽的女人,人人喜欢,追者云集,难免会出现打架、决斗甚至战争的祸端。海伦是古代西方的绝世美女,但因了她的美丽整个希腊卷入一场长达十年的战争,这不能不说是美丽带给这个女人和希腊人的灾难。正常情况下,我们都赞同科学技术是推动社会进步的重要生产力,但实际上科学技术也可能是毁灭世界的潘多拉魔盒。二战时美国在日本仅投下的两颗小当量的原子弹就几乎夷平了日本两座大城市,若当量数十倍数千倍的更高精尖的武器在未来战场上使用,那必将是地球的末日。就人类的认知而言,人的认知是有局限的,当人们发现事物的某种可能性的时候往往遮蔽了另一种可能性。逆向思维一定程度上可以帮助人们克服认知上的局限,抵达一种新的可能。就已然的定论而言,逆向思维必然会超越既成定论,拓展已有视域去捕获新的可能,据此,我们认为逆向思维也不失为一种很好的创意理性思维模式。

不过,不管是另辟路径还是逆向推导,创意理性思维都不能违背基本的客观事理与科学原理,只有在尊重事实尊重科学的前提下,才能保证创意理性思维推论的正确性。总之,创意理性思维的方式方法可以不断地创新求异,但其内在的推理逻辑则必须严格遵循基本的客观事理与科学原理,并保持高度的自洽,才能保证其推理结果的周延与严谨。

三、创意理性思维的本质

上述提及的另辟蹊径、逆向推理的思维模式实际上都属于创意理性思维的范畴。创意理性思维是一种突破传统思想窠臼、超越常规思维模式的创造性思维模式。创意理性思维本质上属于质疑思维（怀疑思维），质疑思维的核心在于对传统思维与常规思维的超越与突破，而这种超越与突破往往会带来创造性的新见。

质疑思维的内在逻辑大体上属于波普尔提出的证伪逻辑思维。波普尔的证伪主义（源于休谟的怀疑主义理论）坚持认为现有的一切科学理论均为猜测，一切旧有理论都有可能被证伪。从思维的操作程序上看，证伪的核心在于理论预测和已确证的任意事实不一致，所以，证伪与平常所说的证明及普遍性不是一个概念。

（一）证伪≠证明

质疑，就是要用挑剔、审视的目光看待一切已有的观点，包括权威观点。而证明则是在无条件认同已有观点的基础上证明其正确性。两者的根本区别在于，质疑是对已有的观点（包括权威观点）的正确性持怀疑态度，并尽可能地检验其正确性，因而，质疑实际上是证伪；而证明则是全盘接受已有的观点，毫不怀疑其正确性，并尽可能地证实其正确性。

由此可见，证明并不发展已有观点，而证伪则会在考证已有观点的过程中发展更新观点。所以证明并不具备创造性，而证伪才会有创造性的发现。

证明的原则是"观点与材料的统一"，实际上就是论述自己论点（已有论点）的正确，这根本上是一种选择性的论证，因为你根据自己的论点去选择与之统一的材料，就意味着排除了与之不一致的材料，这种的证明实际上是一种例证法，具有很大的或然性。

孟子在《生于忧患，死于安乐》一文中通过有限的六个成功逆袭的名人来证明"天将降大任于斯人也，必先苦其心志，劳其筋骨，饿其体肤"这一带有普遍性的论点："舜发于畎亩之中，傅说举于版筑之间，胶鬲举于鱼盐之中，管夷吾举于士，孙叔敖举于海，百里奚举于市。故天将降大任于斯人也，必先苦其心志，劳其筋骨，饿其体肤，空乏其身，行拂乱其所为，所以动心忍性，曾益其所不能。"[①]

孟子的举例论证实际上犯了证明的通病：因为普遍和特殊是一对永远的矛盾，任何一个普遍性的观点都需要无限的特殊个案来证明，而例证的案例并不能涵盖无限的特殊个案，因此例证就有明显的漏洞，是不周延的。不管孟子举出再多成功逆袭的名人，世界上同样存在更多并未遭逢苦难而一帆风顺的

---

① 孟子·告子下[M].长沙：岳麓书社，2000：222-223.

成功者。这样的正反例子举不胜举,根本无法穷尽。所以,波普尔特别强调,只有证伪才能发现真理。爱因斯坦也特别倡导"两面神"的思维方法,亦即总是把事物放在正反两极中检验,举例时通过正例肯定论点,通过反例发展论点。

波普尔说,证明永远是不可靠的。一个最著名的命题是:一切天鹅都是白的,即使你列举古今中外一切资料证明天鹅都是白的,你也不能排除在你经验之外或者未来会出现一只天鹅是黑的。而一旦一只黑天鹅出现了,你的命题"一切天鹅都是白的"就不能成立。相反,"并非一切天鹅都是白的"却因此而成立了。因而问题就出来了,任何的权威理论的正确性只是一种相对的正确,它在特定的历史条件下是正确的,而随着时空的转换,它可能会演变成不正确的言论。所以光会证明,是远远不够的,我们要大胆地质疑,证伪,面对权威理论要用审视的目光去发现漏洞并弥补发展旧的权威理论。

(二)"多数"≠全称

逻辑学上有一个一直争论不休的"黑乌鸦"命题。假如只有一个人在某处看到过一只黑乌鸦,当然不能确证"一切乌鸦都是黑的"这一命题,而人们常常通过"有相当多的观察者都看到黑乌鸦"来证明"一切乌鸦都是黑的"。这里,"相当多"的观察者并不包含着"一切"观察者为真这样的全称陈述。这里"相当多"是一个极为含混的概念,"多数"其实根本无法证明全称命题。证伪对全称归纳最有力的批判就是"多数事例不能证明普遍命题"。

四、创意理性思维的价值

理性逻辑思维对于科学发展作用巨大,自然科学和社会科学的新理论都是通过理性逻辑思维建构和确证的,理性逻辑思维是科学殿堂的基础。《大英百科全书》把逻辑学列在五大学科的首位;联合国教科文组织编制的学科分类,将逻辑学列在七大基础学科的第二位。这足以证明理性逻辑思维的基础性作用。在当前中国文化产业化的语境下,理性逻辑思维尤其是创意理性思维是文创产业创新的原动力。一定程度上,创意理性思维的强弱决定了一个人工作与事业的高度,决定了一个人未来生活的质量。不论在校学生是否有这方面的天赋,它都必须成为学校教育的重中之重,并贯穿整个教育过程。

(一)理性思维达成人类认知需求

人在"知其然"的情况下必定要探求"其所以然",这是人的求知本能。亚里士多德曾在《形而上学》开篇说过:"求知是人的本性。"他所说的"知",指的是超越于感官之上的"智慧",就是了解事物的"所以然"。故"求知"即是对"所以然"的追寻,这是基于人类本能的好奇心与探究心。"求知"——探求"所以然"的过程实质上就是一种科学的确证过程,也就是上述所提及的理性思维的推理过程。比如曾经出现过人掉进死海里沉不下去的奇怪现象,于是就激发了人们的好奇心,最终经过科学的论证得出让人信服的结论:因为死海里的海水的密度比人体的密度要高,所以人沉不下去。再如,经过科学的论证,人们在沙漠里看到的海市蜃楼是由于空气密度的差异而导致光线的折射而产生的幻影。诸如此类的日常经验与智慧无不是经过理性逻辑思维的论证而获得。

人的成长过程实际上就是一个未完成的认知过程,人的一生都在不断"求知",不断地在论证"所以然"的过程中获得经验与智慧。推而广之,社会文明的进步发展也是一个不断通过论证而获得真知的过程。所以,我们可以毫不夸张地说,论证(议论)过程中的理性思维是每个人立足社会必不可少的第一素养与能力,而创造性的理性思维则是精英人类通向成功的基本能力。

(二)理性思维达成人类交流需求

亚里士多德认为"人在本质上是一种社会动物"。马克思则强调"人是一切社会关系的总和"。总而言之,"社会性"是人的本质属性,是人之所以为人的标志之一。

"自然人"只有进入社会参与公共活动,并与他人交流、互动才能社会化为真正意义上的"人。"这里所说的"社会化"不仅仅指人在日常行为上的协调与互动,主要指的是人们在思想上、精神上的交流与互动。人们这种思想、精神的交互性主要通过自身的理性思维与交互辩论达成。物以类聚,人以群分。三观不同的人为何无法走到一块,根本的原因是他们永远无法互相说服,如鸡同鸭讲,根本无法交流,自然就散了,即所谓的"道不同不与为谋"也。除了思想交流,人们的日常生活和工作交流也是通过互相说服才能协调和谐地进行。

人类社会不同观点的碰撞,不同思想的交锋,不同精神的互渗本身就是一种说服与被说服的理性辩论过程。所以,议论(辩论)理性思维是人走向社会,走向成功的必备能力与素养。

(三)理性思维是学习、工作的必备技能

学生所学的各科知识和各项技能只有通过自己的进一步分析、思考、归纳、整理才能深化理解并最终内化成为自己的知识与技能。而这种分析、思考、归纳、整理的过程只能通过理性思维才能整合完成。世界上那些博闻强记出类拔萃的"学霸",他们都是善于分析归纳整理所学知识的高手。大学生若要想成为知识精英,首先必须学习分析归纳整理的理性逻辑思维。

事业上的成功者都有一个共同的特点——勤于并善于反思总结工作经验

与教训。经验与教训属于提纯并定义化了的抽象理论认识,必须通过理性逻辑分析推理才能获得。一个缺乏理性逻辑分析推理的员工即使工作经验再丰富,也无法将自己的经验上升到一定的理论层次,充其量也只能当个一线的班组长。各单位人力资源部门判别一个员工是否优秀,不但看重他的工作经验,更看重他对本专业的研究程度,这主要体现在他的述职报告或研究论文中。在职场,员工的加薪晋级直接与其年度述职报告挂钩,你不会总结不会写述职报告,工作再努力再拼命也白搭。俗话说得好,干得好不如说得好,说得好不如写得好。而这里所说的"说"与"写"主要指的是议论性的言语交流与论说性的述职报告。一定程度上,议论理性思维与创意议论文体写作决定了一个人事业发展的方向与高度。

总之,议论理性思维是在校学生必须学习的基本能力与技能,议论理性思维教育必须贯穿学校教育的全过程。

第二节　创意理性思维的要求

创意理性思维要以科学为基础。创意理性思维要以科学的态度对待问题,要以科学的理论为根据,要以科学的方法为保障。具体说来,创意理性思维必须遵循科学辩证的三大逻辑原则。

一、创意理性思维必须遵循辩证逻辑的全面性原则

这里所说的全面,不仅指矛盾对立的两方面,还包括矛盾的多方面。全面性原则就是要求抓住事物对立两方面及各方矛盾去分析问题。先入为主,抱有成见地证明或否定已然论点实质上都犯了主观片面的错误。全面性原则的另一层意思是指论证方式的多样化,即综合有机地使用各种论证方法。仅采取一种论证方法,就有可能犯"论证方式片面"的逻辑错误。另外必须强调的是,全面性并不等于面面俱到,不分主次,不分青红皂白的折中主义,而是要根据不同条件不同情况进行具体分析。

比如:小孩看电影电视时经常问的一个问题:这个人是好人还是坏人？这个问题常常使大人不知如何回答。因为人是非常复杂的,人性中的许多东西根本无法用好与坏来定义,在一定的历史时期、一定的政治范畴,一定的文化氛围下,同一个人的同一举动可能有着根本不同的判断结果,其价值与意义也可能南辕北辙。所以,辩证全面地分析问题是创意理性思维的一个基本准则,

否则创意就有可能失之片面。

二、创意理性思维必须遵循辩证逻辑本质性原则

本质性原则即现象与本质,较肤浅的本质与较深刻的本质之间的不平均原则。本质性原则要求从感性的表象中透视事物的本质。也就是通常所说的要抓要素、抓根本,抓主要矛盾。议论总是抽象的,总要表现事物的普遍性,但普遍性不一定就是事物的本质。

事物的本质就是事物所固有的与其他事物相区别的根本性质、特征和特点。事物的本质是通过现象表现的,而现象与本质又是一对永恒的矛盾。在理论研究中,要注意这两种情况:一是表面形式正确,但本质却是错误的。美国利用所谓的"人权"对世界上许多主权国家进行各种制裁,甚至不惜发动战争,导致伊拉克、利比亚、叙利亚等国出现了人道主义灾难。所以,美国的"人权"只是个美丽的幌子,其本质是真正的反人权。二是表面形式荒唐,但本质却是正确的。如"西西弗斯不断推石上山的行为"看似十分荒诞,但荒诞的行为背后却隐藏着极其深刻的人类本质——人类永远只能在实现理想的路上。

三、创意理性思维必须遵循辩证逻辑具体性原则

具体性原则指对具体情况作具体分析。具体性有三层含义:一是指论点的内涵是丰富的、具体的、高度自洽的。真理总是具体的,命题总是可以具体确证的。二是指论据是具体的,即论据是真实的,可靠的,论据的具体不一定是感性的具体。如果论据是特殊的,那就要进行特殊的条件分析;如果论据是一般的、常见的,普遍的,也要进行具体分析。后一种论据因为有代表性,故可以从一滴水中看到大海,不需要大量的论据。三是指论证是具体的,是严谨的,是正确的;论证总要借助种种论证方法,它们都有各自的规定,而不能采用跳跃式的,想当然的逻辑去得出某个结论。思维具有多样性和统一性的特点,论证的过程,实际上是表述思维的过程,所以它是具体的,不是抽象的。在议论过程中,一要避免直接从概念到概念的演绎;二要避免无据推理,胡乱联系。

辩证逻辑的三原则是互相联系、互相补充的。违背了其中任何一条,另外两条也不可能真正做到。

第三节　创意评论

在讲创意评论之前，我们很有必要重新评估一下传统的议论（评论）"三要素说"，这有助于我们更好地理顺创意评论的理性思维逻辑。

议论（评论）三要素（论点、论据、论证方法）的传统提法存在诸多问题。实际上，议论（评论）最首要的任务是提出高性价比的论题，论题是议论（评论）的前提，有了这个前提后才能就此展开议论（评论），所以论题应该是议论（评论）的前提要素。其次，论点应该是议论的核心要素，在提出论题的前提下，所有的数据材料和说理方式方法都要围绕论点这个核心展开。"数据材料"是议论的基础要素，没有材料作为基础，论题、论点和说理方法都将是子虚乌有的妄论，而我们这里所说的"数据材料"的外延远远大于传统"三要素说"中的"论据"，因为论据仅仅指只使用论证方法的议论性文章中的数据材料（此处不详论）。议论的另一要素应该是说理方法，因为议论（评论）能否顺利展开并取得良好效果最终取决于巧妙可行的说理方法，所以说理方法属于议论（评论）的功能性要素，这里所说的"说理方法"也远远大于传统"三要素说"中的"论证方法"，论证方法只不过是众多说理方法中之一种（此处不详论）。

创意评论（议论）是对旧有理论提出挑战和质疑，并试图构建新理论的理性论说。创意评论首先要在旧理论的基础上提出富有创意的新论题，同时在这个新的论题框架下大胆提出自己富有创意的新论点，并找到支持新论点的新材料（或对旧材料进行新解释），然后通过严密而有效的理性逻辑方法佐证自己富有创意的新论点。

一、提出有价值的新论题

评论（议论）首先要有论题，要有议论（评论）的对象，提不出富有创意的高性价比的论题，议论与评论就无法展开。要想提出有创意的论题就要有质疑精神，要有证伪的勇气与智慧，质疑与证伪对创意议论与评论至关重要。爱因斯坦曾强调，提出问题，往往比解决一个问题更重要，因为解决问题也许仅仅是一个数学上或实验上的技能而已，而提出新的问题，新的可能性，从新的角度去看旧的问题，却需要创造性的想象力，而且标志着科学的真正进步。

世界上的任何事物都是一个对立统一体，世界上还没有一个命题能把其内在的真相全部揭示出来，每一个命题本身所包含的真理内核，都有一个相反或相对的论证,我们通常称之为"反",而这个"反"与原命题(即"正"命题)互为补充,可能更会让我们接近事情的真相。无论是"正"或是"反"都包含着真理,这才是事物的真相。换句话说,任何一个全称命题(旧有理论)都只能是一种科学假说,即所谓的"一家之言",它们有可能通过"正反合"(黑格尔的三段式逻辑思维:"正"即"正题","反"即"反题","合"即"合题"),正题为反题所否定,反题又为合题所否定。但合题不是简单的否定,而是否定之否定的扬弃。已然的理论可能通过证伪而臻于完善也有可能在被"正反合"的证伪过程中走向谬误。

"地心说"最初由古希腊学者欧多克斯提出,然后经亚里士多德、托勒密进一步论证而臻于完善,最后又被哥白尼的"日心说"所证伪,但这一科学理论的论证还处于未完成状态。许多科学家承认,在人类现有技术条件下只能判断"地心说"在太阳系是错误的,还无法判断"地心说"是否适用于宇宙。

从"地心说"与"日心说"的循环证伪过程中,我们看到真理是在否定之否定的互相证伪过程中不断地臻于完善的。所以我们可以大胆地以质疑精神与证伪的勇气和智慧从已然的权威理论中提出相反或相异的命题,这是提出新命题的最直接有效的议论(评论)理性思维方法。

二、提出富有创意的新论点

提出有价值的新论题后,接下来的议论任务是提出有创意的新论点。议论(评论)价值的高低一定程度上取决于其所持论点的价值,论点的价值取决于议论(评论)主体能否突破旧理论的范畴及其突破的程度。真正意义上的创新是突破元论点从而提出前无古人的原创性新论点,但这往往只有历史上前无古人的大思想家、大理论家才能办到。我们这里所说的富有创意的新论点主要指那些对"元论点""元理论"有所深化、有所拓展的具有增益性的新论点。

论点的出新取决于议论(评论)主体的思维穿透力,思维穿透力一定程度上又取决于想象力(即所谓的"大胆假设,小心求证")。议论(评论)不仅需要推理论证,而且更需要猜测想象。一个新的观点往往通过猜测想象获得,这其中议论主体的灵感、直觉和想象力起关键作用。"相对论"和"潜意识"这两大开创新纪元的科学理论无疑源自爱因斯坦和弗洛伊德的大胆假设与想象,尤其是"相对论"完全来源于爱因斯坦大胆而奇妙的科学猜测与想象。哥德巴赫猜想至今才只有一部分被科学家所证明,其余部分仍然还只是以科学的猜想存世,世界上许许多多科学理论开始时往往以科学猜想存世。

科学猜想是一种有科学根据的想象与猜测。具有创新意义的科学想象与猜测,一定程度上有赖于理论主体的科研禀赋,但禀赋离开了相应的学养积淀也无法开花结果,这其中知识积累,逻辑思维训练就显得尤为重要。

三、发现有价值的新材料(或重新解释旧材料)

找到有价值的新论题并提出有创意的新论点后,接下来议论(评论)任务是发现有价值的新材料(或重新解释旧材料)。发现有价值的新材料是建构新理论提出新观点的关键。在世界科学史上,每一个新论证材料的获得往往直接推翻了旧有的权威理论。伽利略只在比萨斜塔上同时扔下两个重量不同的铁球就一下子推翻了亚里士多德"物体下落速度和重量成正比例"的权威科学理论。世界上的所有科学理论都只能是一种科学的推测,因物质无限,全称的科学判断必然无法"递归确证"。① 我们认为,"递归确证"正好刻画了那些可确证性观察与不可确证性观察的本质区别。也就是说,只要有一个反例就可以推翻某一科学理论的普遍性论断。所谓的"白天鹅"与"黑乌鸦"之辩充分说明了所有科学理论的不可"递归确证"性,所以,找到新证据材料是建构新理论的关键。

同时,世界历史上各种各样有详细记载的极其诡异的灾难的神秘面纱,往往是通过对证据材料重新解释达成的。如美国加州东南部与内华达州的接壤处的"死亡大峡谷"环境特异,自然现象极其诡异,是飞禽走兽的天堂,却是人类的死亡地带。原先人们只能将这种无法合理解释的现象归于神秘的魔力。随着科技的进步及科学探险的深入研究重新解释那些死亡现象:死亡谷夏季平均温度高达 41.6℃,人类进入极易脱水和中暑而死,山谷中有毒矿物众多人类进入容易中毒死亡,另外,山谷中一望无际的盐渍地会出现海市蜃楼般的幻景,使人错误地估计距离和方向,从而误入谷中被大量沉积物所覆盖的大断层而神秘消失。于是"死亡大峡谷"最终被科学的新解释所祛魅。"百慕大现象"就目前人类的科技水平无法得出令人满意的科学解释,科学家们只能用"北纬 30 度现象"等似是而非的推测来搪塞世人。相信随着科技的发展和人类思维的拓展"北纬 30 度现象"肯定会有全新的解释。所以,重新解释一些现象也是证伪旧题提出新论题的一种有效方法。

---

① 科学哲学概念,当某一现象对 n 个观察者为真,它必然对第 n+1 个观察者也为真时,称其为"递归确证"。

四、运用巧妙可行的说理方法

议论(评论)的具体说理方法众多,究其本质都是在做理性分析,分析是议论(评论)的基本说理方法。所以,议论真正的功力不在于"论证",而在于分析(其实"论证"也是一种"分析")。分析就是对论题所涉及的各种因素进行条分缕析,理清其中错综复杂的因果关系,从而揭示论题的主要矛盾、本质矛盾的一种说理方法。一般情况下,具体的议论文本都要通过多种说理方法互补应用,才能将某一命题分析透彻。因具体的说理方法众多,本节只介绍几种可行的说理方法。

(一)逆推理

1. 果因逆推

果因逆推思维逻辑:果——表层之因——深层之因——本质之因——解题。

案例:一般人都怕绯闻,但有些人尤其是娱乐圈中人不但不怕绯闻,反而自己给自己制造绯闻,这是为什么?

正常情况下,某人若绯闻缠身必将影响其生活和事业,基于人类"熵增"①本能,怕绯闻是一般人的正常"熵增"现象。娱乐圈中人给自己制造绯闻则是一种反常的"反熵"行为。这一反常行为背后的表层之因应该是娱乐圈中人想通过"绯闻"吸引大众的注意力。而高注意力的背后则是高点击率,这都直接与收益挂钩,这是利益驱动使然。在当今市场语境下,利益法则跃居所有法则之上,人为了利益已经到了不择手段的地步,有些人尤其是娱乐圈中人绞尽脑汁地找卖点推销自己,以出名渔利。可正道上的出名那得靠硬功夫,资质平庸者恐怕花费毕生的精力都无法出名,于是就有人走"终南捷径"给自己制造耸人听闻的八卦绯闻,因而一夜之间名闻神州,点击率直线上升,利益也滚滚而来。歪门邪道盛行,人性的扭曲如斯,是市场文化之悲哀,更是艺术之悲哀。

2. 现象本质逆推

现象本质逆推思维逻辑:具体现象——浅本质——深本质——核心本质——解题。

案例:莫泊桑《项链》揭示了什么深刻主题?

---

① 热力学概念,人与动物都有趋利避害的本能,这种人类自发的本能在热力学上称作"熵增"现象,那么相反的趋害避利则被称之为"反熵"现象。

要分析《项链》这一文本的内在意蕴,得先分析《项链》的外在的情节结构和人物行为,再通过情节结构与人物行为进一步分析人物性格,最后才能通过其性格透析故事所蕴含的深刻意蕴。

具体情节:一个小资女人玛蒂尔德在晚会上出尽风头以致忘乎所以,结果弄丢了从朋友那里借来装门面的昂贵项链,夫妻俩为了不失信于朋友只好借高利贷购买了极其昂贵的相同项链还给朋友,然后夫妻俩在此后整整十年时间里,省吃俭用,加班加点做粗活累活挣钱才还清高利贷,十年后却从朋友那里获知那借来的项链是赝品,根本不值多少钱。

表层意蕴:造化弄人,虚荣有代价。

本文中的玛蒂尔德天生丽质,她本应嫁个才(财)郎,但命运弄人,却嫁了个低级公务员,生活清贫,倍感不幸,哀怨不绝。

命运怜惜,给了她一个出头露面的机会(教育部长邀请她夫妇参加晚会),却同时为她挖好了一个大坑——丢项链。

她(搭上丈夫)不惜代价(搭上家底加上夫妇十年劳作)从大坑里爬上来,却发现一切是那么不值(原来那借来的项链是赝品)。

一波三折,造化弄人!小资女人的虚荣心付出惨重代价:她因一时的虚荣而丧失了自己还算安逸的小资生活,同时陪葬的还有自己(包括丈夫)一生中最为精华的十年青春,这一点的确令读者嘘唏不已。

揭示深层意蕴:失去同时也是获得。

虚荣的小资女人终因变故而走出无病呻吟、整日哀怨的生活,还债的劳累让她无暇哀怨,生活过得充实。

丈夫的无私及担当让她发现了这个男人的宝贵之处,幸福之感油然而生,患难与共的生活为她赢得了此生迟来的宝贵之爱。

还债的艰辛煎熬如炼狱般净化她的灵魂,当她得知自己的十年努力只是徒劳时,没有情绪激动而是安静地接受命运的安排。最终,她因摆脱世俗负重,勘破无常的命运而攀上了某种精神高度,从而获得生命的真知。

深层意蕴:祸福本相依,无常是常态

综上分析,我们认为莫泊桑在小说中所思考的更深的命题应该是人生之"得与失""祸与福"的关系。当你获得某种具体利益时,其实你正失去无形的更为重要的东西;反之,当你失去看似实实在在的利益时,你可能在某种程度上获得了某种无形的更珍贵的东西。人生得失与祸福,相依相随,这是一对永恒的矛盾与悖论,关键在于人们如何去看待罢了。

其实,这个世界上的许多命题往往不止一个答案,表面答案与深层答案有可能恰恰相反,看问题切不可简单下结论。

(二)差异推理

差异推理逻辑:发现差异现象——找出差异结点——探究差异原因——解题。

1.表里差异推理

案例:长达十年的特洛伊战争是为一个海伦而战?

发现差异:表层现象是为女人而战——深层本质是为男人的权利而战。

战争因为女人而打响是毫无疑问的,但战争的根本目的是否为了女人值得讨论。海伦是世界上最美的女人,而且又是希腊一个城邦王国的王后,无缘无故地被人拐走,这是国家的尊严与财产受到双重的侵犯和掠夺,是希腊人的奇耻大辱,他们岂能容忍?于是希腊人就结成联盟大举进攻特洛伊,于是爆发了西方历史上长达十年的特洛伊战争。

寻找差异结点:希腊的决策者在讨论问题时,故意忽略了一个重要的因素——当事人(海伦)的主观意愿。这就是差异的关键结点。当事人的意愿是被动拐掠与主动私奔的关键点。从整个事件的情况看,海伦无疑是主动跟着帕里斯私奔的,不然深居皇宫的第一夫人身边还有许多随从,帕里斯一个人怎么可能拐掠得走?

探究差异原因——解题:海伦和情人因违背了当时人们默认的准则(女人即使贵为皇后也不过是男人的财产,她不能有主观的意愿选择自己的生活)而受到了惩罚,最终殃及了希腊及特洛伊城的臣民,使所有卷入战争的人民都受到了灭顶之灾。所以战争的导火线是女人,而实质上却是在为男人的权利而战,在为男人的尊严与私有权而战。战争的最终爆发是因为男人的尊严和财产受到了不能容忍的侵犯。

2.情理差异推理

案例1:素来果敢残酷的项羽为何鸿门宴上有妇人之仁,放虎归山?

发现差异:西楚霸王项羽,一生清高自傲,目中无人,杀人无数,残酷果敢,而在鸿门宴中却对刘邦有"妇人之仁",在杀与放之间优柔寡断。

寻找差异结点:西楚霸王项羽残酷果敢的性格深处有致命的裂缝——好大喜功,刚愎自用。

探究差异原因——解题:刘邦在席上处处服软称臣,还信誓旦旦替他看守门户,同时极尽拍马屁之能事,吹得好大喜功的项羽飘飘然以致辨不清形势,看不到严重后果,加上其刚愎自用的性格弱点,这时亚父的劝告根本无法进入他的耳朵,最终放虎归山,为自己挖下葬身的大坑。

案例 2:分析海明威自杀之因

发现差异:海明威是一个响当当的硬汉子。他与自己笔下的主人公无论面对怎样的灾难,都能化解心中的胆怯并最终战胜困难,而当他功成名就生活相对比较安逸后却饮弹自杀,这不符合其性格逻辑。

寻找差异结点:海明威自杀动机及诱因是什么? 既然海明威是一个响当当的硬汉子,按理生活上的灾难是难不倒他的,其自杀的诱因可能来自精神层面,从海明威晚期的作品中,我们可以捕捉到一些蛛丝马迹。《乞力马扎罗的雪》的主人公在神志不清的昏迷状态下的七段看似无序的意识流其实都有一个统一的指向:生命快结束了! 而许许多多值得记录的生命景观没有时间也不知道如何去记录、呈现出来。这些情景无疑隐喻了海明威的精神困境——作为诺贝尔文学奖获得者遭遇了创作瓶颈,看似安逸的生活之下隐藏着巨大的精神危机。

探究差异原因——解题:遭遇了创作瓶颈的海明威陷入精神困境:一方面无论自己如何努力也无法在创作上再上一个台阶,另一方面自己又不愿安于现状默默无闻地打发日子享受成功的生活。凭海明威硬汉的个性只能选择结束生命。其实海明威的这一选择在《乞力马扎罗的雪》的结尾已经很明确地暗示给读者:主人公的灵魂跟着搭载自己尸体的直升机飞越了非洲大陆的最高峰——乞力马扎罗山时看到了雪峰顶端有一具已干透的猎豹尸体。这无疑隐喻了作者的生命选择——要像猎豹一样用尽最后一丝力量爬到最高峰,与生命作一个壮丽的告别。

3. 虚实差异推理

案例:为何林黛玉只能是一个令人敬而远之的文学形象?

发现差异(问题):林黛玉应该称得上是千古美人,是一个艺术的绝对高度,但她若作为现实生活中的恋人,恐怕许多男同胞会接受不了她。

寻找差异(问题)结点:那问题出在哪里呢? 文学是虚构的世界,只适合人类的精神生活,而日常生活真实具体,林黛玉只能在文学的世界中被欣赏,不可能在现实世界中共同生活。第一,林黛玉身体不好,是一个药罐子,这医药费是个沉重的负担,另外身体不好也影响生活质量,各方面的乐趣都会大打折扣;第二,林黛玉修养太高加上性格不太好,时时看不惯别人的行为,与这样的人共同生活纯粹是找罪受;第三,林黛玉太有才,方方面面都挺精通,一般男生都有大男子主义情结,绝大部分不会找这样的女朋友给自己埋雷。看看如今城市中那些单身"白骨精"就知道,林黛玉若活在当下只能比活大观园里更难。话说回来,虽然林黛玉不适合共同生活,但我们在欣赏小说时却都情不自禁地为林妹妹掬一把同情之泪,甚至有时会为她的魅力所倾倒。这就是生活与艺术的区别。

探究差异原因——解题。林黛玉是一个不朽的艺术形象,艺术形象本身就是只可欣赏的,她的种种病态心理,种种独异的行为正让我们看到了她性格中美的一面:不为外在的利害压抑自己的真性情,她宁可失宠也不曲意奉承,宁可牺牲性命也要坚持自己的纯真爱情,她是一个真正为自己的情感而活的艺术形象。而艺术不等同于生活。世界文学史上许多不朽的文学形象都具备这种特征。

4.前后差异推理

案例:《圣经》第一章上帝造人的两个故事中的夏娃形象为何不同?

发现差异:在第一个故事中,上帝同时创造出了夏娃和亚当,结伴守护伊甸园。在第二故事中,上帝先创造了亚当,后来觉得亚当一个人太孤单,才用亚当的肋骨又创造夏娃。[①]

寻找差异(问题)结点:形象差异结点在于夏娃的身份和责任发生了变化。原来夏娃与亚当是由上帝同时创造的两个独立主体,中世纪后的夏娃变成了亚当肋骨的延生物,失去了独立性与主体性。原来上帝让夏娃与亚当结伴守护伊甸园,到了中世纪后夏娃的责任变成了"为亚当消解孤单"。

探究差异原因:基督教发展的最初阶段,使徒受命传教,相对于当时其他宗教,基督教影响力很小,很多成年男性不看好基督教,基督教为了扩大规模和影响就大量招募女性和儿童入教会,并让成年女性信徒在教会内部担任要职。到了中世纪后,基督教的影响力大大超过其他宗教,其他宗教中的成年男性信徒纷纷转入基督教会,教会成员的结构发生结构性变化,占据绝对优势男性教士开始争夺教会内部话语权,于是当时的希伯来教士重写了《圣经》,并逐渐将女性信徒驱逐出教会。所以,中世纪前《圣经》创世纪故事是上帝同时创造了亚当和夏娃并共同守护伊甸园。中世纪后《圣经》创世纪故事是上帝先造亚当并用亚当的肋骨再造夏娃,来为亚当消解孤单。这实质上是女性在中世纪后的男权社会中丧失话语权的文化表征。

(三)还原法

1.历史还原法

历史还原法是回到问题原初的历史语境分析问题。换句话来说,历史还

---

① 吴光正.女性与宗教信仰[M].沈阳:辽宁画报出版社,2000:63-64.

原法就是在历史的废墟中打捞零散碎片,重建沉默而真实的历史记忆。

历史还原法具有的强大生命力,因为人类的思想具有同代性,时间跨度并不能抹去某些命题的同代性。如:生与死,爱与恨,情与仇等命题无疑是人类面临的永恒的终极命题,许多人生命题都具有同代性。任何命题的研究不可能是空前绝后的,任何一个命题都有其本源。所以我们的研究必须溯源追本,当我们回到历史语境,我们就回到了充满了活力的富有启发的起点。更重要的是,我们借此弄清了自己所处的位置,然后就可以"接着"研究这些命题并阐发自己的新观点。

历史还原法思路:

(1)还原历史,重回历史语境。历史语境往往是最新鲜的,最有活力的,最有弹性的,最有启发性的。某些历史问题在原初阶段,本身颇具开放性、多义性,后因许多主客观原因,历史上的一些主流意识形态往往遮蔽、压抑了一些对问题的异己观念,而使问题的解释慢慢变得狭隘且单一。还原就是为了去蔽,找回真实。

(2)重建问题的历史关系。我们研究历史,就是要还原历史真相,更重要的是在还原历史的过程中探究历史问题的内在原因,重建问题的历史关系。最终对历史问题做出我们这个时代的解释

(3)借古鉴今。重建问题的历史关系,最终目的在于借古鉴今——以便给我们当代性的启示。

案例1:杜牧《江南春》的历史沧桑感由何而来? 它能给我们怎样的启示?

江南春
杜牧

千里莺啼绿映红,

水村山郭酒旗风。

南朝四百八十寺,

多少楼台烟雨中。

第一步:还原史实。

南朝政权更迭频繁,战乱不休,导致集体性的庙毁僧去的现象,最终有了"南朝四百八十寺,多少楼台烟雨中"的荒凉景象。

第二步:还原历史关系。

在中国文化视域下,寺庙乃是躲避战乱的世外桃源,一般改朝换代对寺庙的冲击都不大,除非有特殊原因。那到底是什么特殊原因对南朝的寺庙冲击

这么大？

还原历史关系,我们发现,南朝的佛教过分扩张,政教关系十分紧张,最终导致皇帝的灭佛运动。南朝的佛教寺庙众多,按规定每座寺庙都拥有庙田用于香火、灯油、养庙、养僧人等,这一方面压缩了朝廷的土地税收,另一方面众多的僧人压缩了朝廷的劳动力和兵源,而这些人本来还要交税现在不但不要交税,朝廷还要拨付给养给他们,这不但进一步压缩了朝廷的财政收入还增加了朝廷的财政付出,多方因素叠加导致政教矛盾纠缠不休,到了周武帝当政时期,政教矛盾最终激化。周武帝要强国强军以统一南朝,就必然要消灭与朝廷争食争人的佛教,于是开展了大规模清洗佛教的运动。这才是导致"南朝四百八十寺,多少楼台烟雨中"的直接的也是根本的原因。

第三步:挖掘历史问题的当代性启示。

信奉佛教本身没错,错在佛教太过扩张,严重伤害国家政治经济与军事利益。物极必反,这是自然定律。佛教如此,一切皆如此。

2.价值还原法

案例:《儒林外史·范进中举》中胡屠户的一记耳光就扇去了范进的癫狂病,原因何在?

第一步:还原"惊吓"的医学价值。

清代刘献廷《广阳杂记》中记载:明末江苏高邮有一个姓袁的名医,号称神医,一江南秀才中举了喜极而狂,请他诊治。秀才被告知他已无药可治得赶紧回家,不然会客死他乡,同时他还请这位秀才在回家的路上,经过镇江时,务必请当地的一位姓何的名医诊治,于是秀才赶紧收拾东西回家……到镇江,找了何名医诊治,并把袁医生叫他捎带的一封信呈给何医生,何医生一看,原来袁医生在信中说,这位秀才因中举喜极而狂,七窍张开而无法闭合,袁医生为了治他的病必须使他悲痛,以闭合久张不闭的窍门,估计他行至镇江地界,七窍也该闭合了,可以告诉他病已痊愈。秀才听后北向而拜……其实医学上有相似的案例可以证明惊吓对癫狂病有一定的治愈效果。

第二步:重建"一记耳光"的医学价值与文学价值之关系。《儒林外史·范进中举》中胡屠户"一记耳光"的医学价值是扇去了范进的癫狂病。其文学价值在于出胡屠户的洋相,揭示胡的丑陋人格:极端势利,极端藐视穷酸的范进。范进中了个秀才,想向丈人胡屠户借点路费去考举人,被屠户一口啐在脸上说:

不要失了你的时,你自己只觉得中了个相公(秀才),就"癞蛤蟆想起吃天鹅肉"来! 我听见人说,就是中相公时,也不是你的文章,还是宗师看见你老,不过意,舍与你的。如今痴心就想中起老爷来!这些老爷都是天上的文曲星,你不看见城里张府上那些老爷,都有万贯家什,一个个方面大耳?你这样尖嘴猴腮,也该撒泡尿自己照照,不三不四,就想天鹅屁吃![①]

可一旦范进中举了,范进的这个丈人立马换了一副嘴脸:

我每常说,我这个贤婿,才学又高,品貌又好,就是城里头那张府、周府这些老爷也没有我女婿这样一个体面的相貌。你们不知道,得罪你们说,这小老这双眼睛却是认得人的。[②]

第三步:提示"一记耳光"给我们的启示。这前后极其矛盾的言行揭示了胡的极端势利、迷信和自我膨胀。"一记耳光"情节把原来故事的医学价值转化为情感审美价值了。

3.情感还原法

情感还原是还原人的反常行为背后的情感原因。

案例1:叶兆言《蜜月阴影》中写一位新娘和丈夫去蜜月旅行,夫妻俩到了丈夫前女友的城市游玩并受到丈夫前女友的热情招待,晚上竟住到丈夫前女友的家中。结果身体一切正常的新娘当天晚上在睡梦中竟莫明其妙地失禁尿床,并从此落下病根。此后夫妻俩跑了多个城市多家医院,经各家医院检查,妻子身体各项指标都正常,但这一怪病就是治不好。一段时间后,丈夫颇不耐烦,怨言转为恶语,妻子因自己这病确实拖累了丈夫,开始只能忍气吞声,后来忍无可忍,妻子终于大暴发,夫妻大吵一架,在吵架中夫妻互相指责,丈夫指责妻子欺骗自己隐瞒身体缺陷,而妻子却指责丈夫欺骗她的感情,结婚后还一直不忘前女友,就是因为新婚蜜月丈夫把她带到前女友家过夜才导致她突然失禁尿床的。结果吵架后的当天晚上妻子的病突然痊愈。这实际上是情感心理问题以生理疾病的形式出现,吵架时妻子将长期积压的不良心理和情感全都发泄出来,于是病自然就好了。

案例2:《白鹿原》中的白孝文被田小娥引诱至破窑行苟且之事,开始时都兴致勃勃,而每到关键时刻均不战而败,直至他俩被捉奸示众后,白孝文不仅变得主动而且恢复了生理上的功能。其实,白孝文原先的阳痿是因为他是族长的继承人,所受教育和社会身份特殊,加上他身上的人格压力太强大,虽然他生理上情感上无法抵抗田小娥的美色诱惑,但精神上理性上却拒绝不洁的

---

① 吴敬梓.儒林外史[M].杭州:浙江少年儿童出版社,2009:18.

② 吴敬梓.儒林外史[M].杭州:浙江少年儿童出版社,2009:22.

性行为,造成了他暂时性的生理无能。

（四）证伪法

科学的发展,就是不断"证伪",不断"试错"的过程。证伪的贡献在于用可证伪性给出了科学和伪科学的界限,从而确立了科学理性至高无上的尊严。

1.事实证伪

一般说来,要证伪的是理论预测和已确证的事实不一致。在很多场合,当理论和事实不符合时,实际上往往并不是作为全称陈述的理论被证伪,而是事实可以被重新解释。

案例:传说中的"中国百慕大"——鄱阳湖老爷庙水域是一处令当地渔民和过往船只闻风丧胆的神秘三角地带。自古以来这里翻沉了无数的船只,出现了一系列令人们弄不清的怪谜。

据九江市海事部门以及都昌县志有关记载:

20 世纪 60 年代初,从松门山出发的一条船只北去老爷庙,船行不远便消失在岸上送行的老百姓目光之中,至今不知踪迹,10 余人下落不明。

1985 年 3 月 15 日,一艘载重 250 吨,编号"饶机 41838 号"的船舶,凌晨 6 时 30 分许,在老爷庙以南约 3 公里浊浪中沉没。

同年 8 月 3 日,江西进贤县航运公司的两艘各为 20 吨的船只,在老爷庙处先后葬身湖底。

同一天中,在此处遭此厄运的还有另外 12 条船只。

仅 1985 年,在此沉没的船舶就有 20 多条。

1988 年,据都昌县航监站记载,又有 10 余条船只在此水域消失。

另一件言之凿凿的传闻是:

1945 年,侵华日军一方面在战场上进行垂死挣扎,一方面大肆抢掠,准备把从我国掠夺的财富运回日本。

当年 4 月 16 日,侵华日军一艘 2000 多吨的运输船"神户丸号",装满了抢夺搜刮来的金银珠宝、古玩字画等,准备从鄱阳湖下行出海运回日本。

当这艘船行驶到老爷庙水域时,悄无声息地沉没了。

船上 200 多名日本官兵全部沉入水底,无一幸免。

日军得知船只在老爷庙水域失踪后,便命令驻九江的日本海军派人打捞。

但下去的潜水员中,最后只有 1 个人回了岸上,而这个潜水员上岸后惊恐万状,一句话也不说,已经精神失常。

据传，当年的《民国日报》和美国的《旧金山论坛报》曾进行过报道：

美国著名的潜水打捞专家爱得华·波尔曾率领一支潜水队，从1946年夏天开始在老爷庙水域打捞，连续工作了几个月，结果一无所获，而几名潜水员也神秘失踪了。

40年之后，爱得华·波尔把当年打捞沉船时的秘闻讲了出来："事后，我经过多次测试，才明白'魔鬼三角'处于北纬30度的危险水域，这是令世界探险家都感到可怕的数字。"

老爷庙水域的"中国百慕大"称谓由此得来。

于是有关老爷庙水域的各种邪乎论调喧嚣尘上。随着人类科技的不断进步，通过各种先进技术的勘查论证，最终揭开了鄱阳湖老爷庙水域翻船之谜：

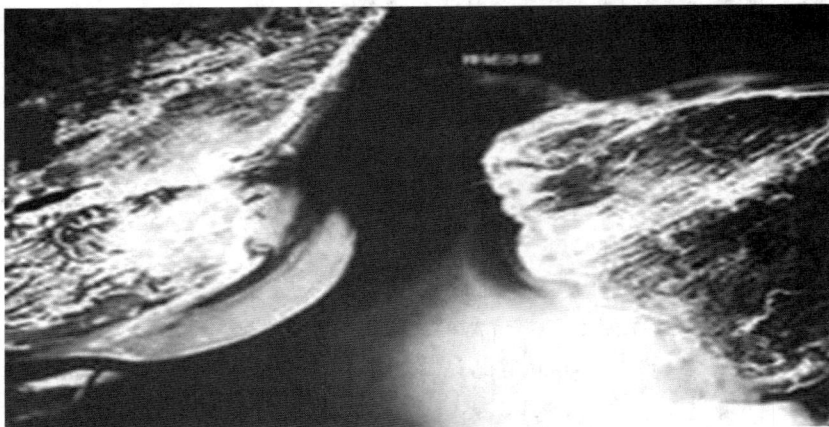

图 4-1　鄱阳湖老爷庙水域宇航红外拍摄湖底图

都昌是个典型的下斜盆地，这里三面环山，呈现一个横 U 字形，只有老爷庙这一面对水，附近山体山上积水却没有溪流，因为山体以硅质岩为主，松散的硅质岩破碎体能够积水，山体没有大的河流，整个 U 形山体就成了"蓄水塔"。

地下的石灰岩遇水慢慢溶解了，就形成了大面积溶洞，而溶洞出口就在 U 形山体的开口——老爷庙中心水域。这些水域湖底被厚厚的砂层覆盖，有的几十米，厚的估计有几百米。

山体积水到一定量就一定要释放，水一翻上来，底下水就往上翻滚，湖底有几十米黄砂盖住了，水冲破砂层喷出来，砂子上翻的地方，如果有船就必然会翻掉。

但船遇到湖底砂层又会往下沉，沉下去就被砂子掩埋掉了，于是就失踪了。①

这一地理科学的新发现，有理有据地解释清楚了多起稀奇古怪的沉船事故，揭开了老爷庙诡秘的面纱，终止了多年来各种邪乎论调，摘去了"魔鬼三角区"的帽子。

2.逻辑证伪

逻辑证伪是揭露对方在推理过程中的逻辑错误，从而推翻对方论点。逻辑证伪可以指出对方论据与论点之间没有必然的逻辑联系，即犯逻辑脱节而推不出的错误，可以揭露对方论证过程中犯自相矛盾的错误，也可以揭露对方在论证过程中犯偷换论题或偷换概念的错误，还可以揭露对方循环论证的逻辑错误。不论采用什么方法，都要紧紧抓住对方逻辑上的错误，给以致命一击，而不可四面出击，分散力量。

（1）揭露对方因果无据

阿Q摸了小尼姑的头，小尼姑抗议。阿Q说："和尚动得，我动不得？"这分明是阿Q强词夺理，胡说八道。一方面和尚并没有摸小尼姑的头，另一方面即使和尚摸了小尼姑的头，阿Q也并不一定就能摸得，阿Q的理由因果无据。

（2）揭露对方自相矛盾

曾经有一位年轻的科技工作者对爱迪生说："我要发明一种溶解一切物质的万能溶剂。"

爱迪生惊讶地叫道："天啊！那么你打算把它放在什么容器里呢？"

爱迪生直接指出年轻人的言论自相矛盾，无法自圆己说。

（3）揭露对方偷换概念

有两个学生来到老师那里，一个身上很脏，一个身上比较干净。但是浴室很小，只能容得下一个人。

老师问："哪个先洗？"

学生答："当然是身上很脏的先洗。"

老师说："错了。是身上比较干净的先洗。"

学生问："为什么呢？"

① 中国百慕大——鄱阳湖[N].华东旅游报,2012-01-31(A09).

老师答：“因为，身上很脏的没有洗澡的习惯，洗不洗无所谓。而躯体干净的那个，不洗澡就很难过。”

学生连忙说：“对，应该是身上很干净的先洗。”

老师却说：“不对，应该是身上很脏的先洗。因为，他太需要洗澡了。”

学生说：“对，应该是身上很脏的先洗。”

老师却说：“不对。应该是两个一起洗。一个是因为有习惯，一个是因为很需要。”

在这段对话中，老师一直在偷换概念，先以身体干净与否论洗澡先后，再换以习惯与否论洗澡先后，最后换成需要与否论洗澡先后……若这样一直换标准，这个命题根本无解。

（4）揭露对方循环论证

明代江盈科《雪涛小说·妄心》：一市人，贫甚，朝不谋夕。偶一日，拾得一鸡卵，喜而告其妻曰：我有家当矣。妻问安在？持卵示之，曰：此是，然须十年，家当乃就。因与妻计曰：我持此卵，借邻人伏鸡乳之，待彼雏成，就取中一雌者，归而生卵，一月可得十五鸡。两年之内，鸡又生鸡，可得鸡三百，堪易十金。我以十金易五牸，牸复生牸，三年可得二十五牛。牸所生者，又复生牸，三年可得百五十牛，堪易三百金矣。吾持此金举债，三年间，半千金可得也。”①

故事中的“市人”也知道，家当的积累是需要不少时间的。因此他同老婆计算要有10年才能挣到这份家当，这似乎也合乎逻辑。但是，他推理完全出于假设，每一个步骤都以前一个假设的结果为前提，犯了循环推理的错误。故事最后让在意念中成了富翁想娶小妾的“市人”老婆“怫然大怒，以手击鸡卵，碎之”。这一击，击中了循环论证的七寸，揭露循环推理的前提是假的，从而推出结论也是假的。

（五）归谬法

归谬法是将对方的观点（前提）进行合乎逻辑的推导而得出虚假荒谬的结论的证伪方法。归谬是根据引申出的结果，由果论因。如果你的前提是对的，那么你的结论就是错的。这就是归谬，由于对方的前提所导出的结论为荒谬，故前提肯定是错误的。

归谬辩论案例1：

A男士热爱着B小姐，他向她热切地表示：“为了你，我愿意替你做任何

---

① 江盈科.雪涛小说[M].上海：上海古籍出版社，2000：14.

事情。"B小姐闪着美丽的眼睛说："真的吗？那么拜托你替我介绍一位比你更加英俊、更加聪明的青年。"

归谬辩论案例2：

妻子做错了一件事，丈夫没好气地说："当初我说什么来着？你偏不听！请你以后记住，男人的思考总是对的，判断准确无误，而女人恰恰相反！"妻子接上说："是啊！你选我做妻子是绝对正确的，而我选你做丈夫是大错特错！"

归谬辩论案例3：

在冯梦龙《笑府》中，一塾师打瞌睡，学生问："老师刚才干什么了？"

塾师答："去见周公了。"

后来学生打瞌睡，老师责备学生。学生说："我也去见周公了。"

塾师继续问："你真见了周公，那周公对你说些什么？"

学生答："他说他刚才没有看见你。"

归谬辩论案例4：

庄子与惠施游于濠梁之上。

庄子曰："倏鱼出游从容，是鱼乐也。"

惠子曰："子非鱼，安知鱼之乐？"

庄子曰："子非我，安知我不知鱼之乐？"

惠子曰："我非子，固不知子矣，子固非鱼，子之不知鱼之乐，固矣。"

庄子曰："请循其本，女安知鱼乐云者，既已知吾知之而问我。我知之濠上也。"

总之，对于任何一个论点，光是达到自圆其说，很难说服对方，首先要证伪对方的论点，才可能进行真正有效的辩论。我们辩论时，一般首先考虑的是用自己的道理来论证自己的立场，而实际上这只是一般的论证。最佳的辩论应该是用对方的道理来论证自己的立场。

❓ 思考与训练

一、因果逆推分析训练

1. 现实生活中的某些痴男情女为爱情而甘于牺牲与奉献，而爱的对象实际上根本不值得他或她去爱，这是为什么？（有兴趣的同学可以讨论一下奥地利作家茨威格的《一个陌生女人的来信》这一篇小说女主人公的一系列反熵行为。）

2. 母亲和妻子同时落水先救谁的命题。在必须作答的情况下，中国男人几乎都选择先救母亲,而西方男人几乎都选择先救妻子。请分析为何会出现这样不同的答案?

二、差异分析训练

1. 表里差异分析:健康能干的祥林嫂应该有很强的生存能力,结果却饿死了,为什么?

2. 情理差异分析

(1)与海明威一样,川端康成在生活极其艰难的情况下都能坚强面对,而当他功成名就生活已完全不成问题的时候却开煤气自杀,这其中又有什么深层的原因?

(2)中国当代诗人海子"面朝大海,春暖花开"的生活方式为读者所熟知,而他为何要以卧轨那样的残酷的方式来结束自己的生命?

(三)试用虚实差异法分析薛宝钗形象。

三、逻辑证伪训练

古希腊有一个自信的诡辩大师叫普罗塔哥拉。他招了一个学生,并同他订了一个合同:学生毕业以后,第一场官司如果打不赢就不收学费。结果这个学生一毕业,就大摇大摆地走了,拒绝交学费。普罗塔哥拉说,学费呢?学生说:咱们打官司好了。如果法官判我赢,我就不用交学费了;如果法官判我输,那根据咱们的约定,第一次官司打输了,同样不用交学费。普罗塔哥拉当场蒙了。只好向自己的大法官朋友求救。如果你是这位大法官,你将如何应对?

延展阅读

1. 田华银:《逻辑基础与日常批判性思维》,西南交通大学出版社,2016年版。

2. 白虹:《思维风暴》,汕头大学出版社,2016年版。

3. 吴寿仁:《创新思维力》,新华出版社,2015年版。

4. 冯玉珍:《理性非理性批判:精神和历史的逻辑考察》,人民出版社,2013年版。

5. 贺壮:《走向思维新大陆:立体思维训练》,中央编译出版社,2005年版。

下 编

创意写作文体训练

第五章　非虚构叙事——散文写作

在不同的国家不同的历史阶段，对于散文有不同的界定。在中国文学发展史上，散文是一种早熟的文体，其源头可以追溯到殷商时代的甲骨卜辞和青铜铭文。在古代，散文是主流文体，经史子集，记传说论，大部分是散文。散文有着很高的实用价值和美学价值。

古今中外，人们对散文概念的理解，一直或广、或狭，众说不一，其主要因素是散文本身的"游离性"。散文是一种游离于文学与非文学之间的文体。一方面具有文学的美质：如形象化，抒情性，描写手法，文字美等；一方面，在选材与写法上，又可以"自由些""随便些"，像家常"闲话"一样。于是，有的散文，文学色彩较浓、较强；有的散文，文学色彩则较淡、较弱。在这浓、淡、强、弱之间，人们根据自己的认识与判断来界定散文，自然就出现了对散文概念不同的理解。

我国古代散文，是指与韵文相对的散行单句的文章。这一散文概念涵盖面极广，包括文学体裁、非文学体裁（如应用文）的文章。根据刘勰《文心雕龙》的统计，属于散文（当时称作"笔"）的有十七种文体，包括记事的历史散文、记言的诸子散文、明理的论说文、施政的公务文和务实的实用文。

西方散文，是指不分诗行不押韵的文章。与韵文相对而言的文章，范围极为广泛。

我们平常所说的现代散文，是指"五四"文学革命以后的散文。现代散文有广义和狭义之分。广义的散文按照文学的"四分法"，即除去小说，诗歌、戏剧之外的文学体裁，都是散文，包括传记、报告文学、小品文、游记、随笔、杂文等。狭义的散文（美文、艺术散文、纯散文、文艺散文），指取材广泛、笔法灵活，通过写人叙事、状物绘景来传情达理的一种文学体裁。现代散文与古代散文的根本区别是突显文学性，排除了非文学体裁。

四大文学体裁中，散文可以说是门槛最低，最容易写的一种文学体裁。但是，要写好散文，却又相当不容易，"散文易写而难工"。要写好散文，要做到这几点：善于捕捉生活中的触动点，梳理行文脉络，深化情思，追求诗性表达。

第一节　捕捉触动点

　　散文题材广泛。正如林语堂在《〈人间世〉发刊词》中所说："内容如上所述，包括一切，宇宙之大，苍蝇之微，皆可取材。"天地自然、社会、历史、人生百态，皆可取材。传情、载道、造境、画人，皆可承担。这么广泛的题材，要写什么，才能写得好呢？要善于捕捉触动点，有感而发。

　　南帆的散文集《辛亥年的枪声》获得鲁迅文学奖散文奖。散文集里的历史散文《辛亥年的枪声》写得精彩，有厚重的历史感，理性的思辨色彩，又有浓浓的人文色彩。当时，记者采访南帆，提出一个问题："为什么不写林则徐而选择林觉民？"我们知道，林则徐是中国历史上著名的禁烟英雄，其知名度、影响力显然比林觉民更大。那么文章为什么没写林则徐，而写林觉民。南帆谈到了写这篇散文的缘由，他回答："（不写的原因是）因为没有找到真正能触动的东西，那种文学上、气节上、气氛上、情趣上的细节真正能触动的东西，文学必须有这样的触动才能够出好。"南帆谈到当时创作时的情形，当时他每天上班，都要经过林觉民纪念馆。那时他 48 岁，而林觉民去世的时候才 24 岁，比自己年纪小一半的人，却有偌大的一个纪念馆。为什么在这寸土寸金的地方没被拆掉？这里头一定有什么不一般的东西。仔细想来，林觉民二十几岁就牺牲了，我们二十几岁懂什么，我们二十几岁敢随便把一条命交出去吗？他们都是富家子弟，家里很有钱的，不是那种草莽英雄，可他们说把命交出去就交出去，这还是大多数人做不到的，所以很感慨。从这些话语中，我们可以看到南帆写林觉民，因为有了触动点，一步步地深入、挖掘下去，进而有了更多的思考和领悟，写出了这篇富有历史厚重感的散文。

　　捕捉触动点，即"动情"，是散文写作的起点。没有情感的触动点，没有感触、感动、感觉，难以进入写作状态。如果是"硬"写，写的过程磕磕碰碰，痛苦不堪。即便写出来，其质量也是可想而知的。所谓"情以物迁，辞以情发"，即强调要情动于中，有感而发。这种触动，或是一组照片，或是一个画面，或是一个场景，或是一件事等，让你感动、欢喜、悲痛、忧愁，感慨万千，无论对象是什么，无论情感是喜是悲，有了触动点，散文写作就有了良好的开端。

　　散文是遵从自己心性的本色写作。读一篇好散文，仿佛走进了作者那敞开的心灵，听他倾诉衷情。贾平凹曾说："我写散文最多的时候，是我心情极不好的时候。散文和小说比，小说是虚构性的东西，散文则更多的是作者跳出来。""跳出来"是指散文书写的是写作主体的真性情,散文里藏着写作主体的真心。三毛看了贾平凹的散文之后,在写给他的信中说:"看到您的散文部分,一时里有些惊吓。原先看您的小说,作者是躲在幕后的,散文是生活的部分,作者没有窗帘可挡,我轻轻的翻了数页。合上了书,有些想退的感觉。散文是那么直接,更明显的真诚,令人不舍一下子进入作者的家园⋯⋯"①散文写作关键是真诚。散文是真情的书写。

　　散文是一种个性艺术。梁实秋在《论散文》中说:"有一个人便有一种散文。"散文写的是作者自己的所见所闻所感所思。从散文里,我们可以了解作者的人生经历、生活习惯、嗜好、个性、思想等。郁达夫说:"现代的散文之最大特征,是每一个作家的每一篇散文里所表现的个性,比从前的任何散文都来得强。古人说,小说都带些自叙传的色彩的,因为从小说的作风里、人物里,可以见到作者自己的写照,但现代的散文,却更是带有自叙传的色彩了,我们只消把现代作家的散文集一翻,则这作家的世系、性格、嗜好、思想、信仰,以及生活习惯等等,无不活泼泼地显现在我们的眼前。这一种自叙传的色彩是什么呢?就是文学里所最可宝贵的个性的表现。"②我们也有这样的体验,读作家散文作品,我们仿佛在读作家的自叙传。可以说,散文是最直接最充分表现作者个性特点的文学体裁。

　　鉴于散文本色、富于个性的特点,在题材方面,选择自己熟悉、自己喜欢、自己擅长的内容,往往能写得好。李娟的散文深受读者喜爱,被誉为文坛的清新之风。其散文题材都来源于她的生活,养鸡、卖杂货、做裁缝、种葵花、剪羊毛以及哈萨克形形色色有趣的人等,在她的笔下呈现出别样的风采。其散文纯净本色、浑然天成。

　　朱以撒是著名书法家、散文家、教授、博导。他教了30多年的书法,每天必不可少的功课,就是读帖、写字,揣摩着怎样把字写好,如何用笔,如何用墨。朱以撒曾说,书法引导了他的散文创作。他的许多散文与书法相关,关于笔、墨、纸、砚,关于书法的日常物事,融合着专业的、文化、历史的学识,且都有自己独到的体验与发现,独属于自己的感受与思考。例如《一个人和一张纸》,纸,普普通通,大家都很熟悉,似乎没什么可写的。可对于朱以撒来说,每天写字,各类型的书法宣纸,俨然是熟悉的友人。散文从纸的形态谈起,为何书法

①　三毛致贾平凹的信[M].李星.平凹散文.杭州:浙江文艺出版社,2000:313.
②　郁达夫.中国新文学大系·散文二集[C].上海:良友图书印刷公司,1935:导言.

用的是纸,而不用其他竹简、木牍等,谈到自己到旧时作坊如何选择纸,运笔与纸的关系,纸的大小与书写的状态等等。读完这篇散文,我们发现,这纸与书写者的性情息息相关,这纸原来还有这么多学问,这么有意思。没有日复一日的练习,没有对书法的挚爱之情,没有专业的知识,是无法写出这般独具特色的好散文。选择自己熟悉、感兴趣的题材,散文容易写得好。因为这些熟悉的领域、事物,往往有独属于你自己的发现。

丰子恺的散文富于个性特点。他的散文创作多来自日常的生活。丰子恺以欣赏甚至是崇拜的眼光看待儿童、看待儿童世界。在一般成年人眼里,孩子幼稚甚至令人生气的行为在丰子恺看来,却是率真可爱的。他崇尚儿童,倡扬率性洒脱、自由自在的生命状态。在孩子们的世界里,汲取了许多创作的灵感。《华瞻的日记》《儿女》《作父亲》等,描写儿童情趣,表现了对儿童的欣赏与挚爱。读丰子恺的散文,我们可以真切感受到真率、诚恳、仁慈的性格特点,体味到他的佛心、诗心、童心。

在现实生活中,每个人都有一些独特的生活经历和人生体验,对于这些经历和体验,许多人习惯把它深藏在心灵的深处,不去触动它,发掘它,更谈不上把它转化为宝贵的写作资源。散文作者则应当格外珍惜这种独特的生活经历和人生体验,因为这些经历和体验往往是写好散文的源泉。加上每个人的性格、志向、追求、兴趣等的不同,对事物的体验、感受也有着较大的差异,在写作中,就应当注意挖掘属于自己的体验、感受,融入自己的个性色彩,这样的散文往往才能写得好。散文写作的最佳状态,是真诚地流露自己的情感与思想。

第二节　梳理行文脉络

散文写法灵活。散文写作没有太多条条框框的限制,随意自由。诗歌讲究节奏、韵律;戏剧要分幕分场,受舞台空间和演出时间的限制;小说讲究情节、人物等要素。散文的写作没有特别的要求,意到笔随,自由随意。

冰心曾写诗歌、小说,最终以散文作为自己最喜欢最常用的文学体裁,并以散文闻名于世。她说:"我之所以喜欢写散文也是因为我对其他的文学形式,例如诗歌、戏剧等等的艺术修养不足,写起来比较吃力。散文就比较自由,很容易拿来抒写自己当时的激情,轻快灵活,可长可短。"朱自清在《论现代中国的小品散文》中说:"我写过诗,写过小说,写过散文。二十五岁以前,喜欢写诗,近几年诗情枯竭,搁笔已久。……我觉得小说非常地难写;不用说长篇,就是短篇，那种经济的、严密的结构，我一辈子也学不来！我不知道怎样处置我的材料，使他们各得其所。至于戏剧，我更是始终不敢染指。我所写的大抵还是散文多。既不能运用纯文学的那些规律，而又不免有话要说，便只好随便一点说着；凭你是懒惰也吧，欲速也吧，我是自然而然采用了这种体裁。"朱自清、冰心选择散文作为自己常用的写作文体，主要在于散文写法灵活。古人所说，"文无定法""文无定形"，散文大概是最无定法、最无定形的文体了。然而，散文文体自由灵活，并不是可以漫无边际，一盘散沙似的松散，而是"行于所当行"，"止于所不可不止"，使之介于自由与经营之间，既有行云流水的自由，又有颇具匠心的经营，从而达到潇洒自然的境界。好的散文作品，往往用心经营、构思，构思巧妙自然，不露痕迹。

初学散文写作，大体可运用以下几种行文思路：

一、链型结构

链型结构是指散文的行文思路是一个节节推进的纵向过程。

（一）以时间延展为顺序

以时间为线索，可以由古至今地顺写，也可以由今至古地逆写，还可以"古—今—古—今"顺逆交替。如康·帕乌斯托夫斯基的《珍贵的尘土》，即按照时间的自然进程贯穿细节、场景。

（二）以活动足迹为线索

游记中此种行文思路最多见。这类散文常常以写作主体观察位置的移动顺序来组织，或由近到远，或由低到高，或由前到后……移步换景。如郁达夫《钓台的春昼》、冰心《平绥沿线旅行记》、郑振铎《西行书简》等游记都是以游程来行文。

（三）以意象串联

以某一意象如一个物件、某种声音在行文中的不断闪现，如音乐中回旋曲那样，串联起散文。如尤·邦达列夫《窗内的灯光》就以一扇陌生窗户的灯光的不断闪现来行文，一月暴风雪中、三月的夜晚、五月之夜、第二天暮色初降时分灯光带给"我"不同的感觉，以及后来的思考来结构全文。

二、扇形结构

扇形结构是散文的行文大致在几个并列的层面上展开。

（一）以某种性质组合片断

此类散文的行文特点是以共同的某一种性质组合片断（场景）。如散文

《三代人的 20 岁》，描写了母亲、自己、女儿三代人的 20 岁，三个 20 岁的场景，三个时代，三种人生。

（二）以某种情思氛围连缀片断

此类散文的行文是以某种情思氛围来连缀片断（场景）。如散文《听听那冷雨》，以乡怨忧思的情思氛围来串联起诸多地方的雨以及听雨的种种感受。

（三）以逻辑关系连缀片断

此类散文的行文是以某种或显或隐的逻辑关系来连缀片断（场景）。如曹明华的散文《手指家族》，以象征手法对小拇指、无名指、中指、食指、大拇指依次进行描述，这是依照次序的逻辑顺序来行文。

三、对比式

对比式散文的行文是以两种或两种以上反差明显的事物对比形态呈现。对比，可以是情绪明暗的对比，性质优劣的对比，还可以是内在与外在、简单与复杂、永恒与多变等的对比。

四、对话式

对话式散文的行文基本上以对话形态出现。其优点是可以比较随意自然地表现情感思想而不显得生硬突兀。如波德莱尔的《陌生人》，借助一问一答的形式，直陈人生体验而不显得突兀。

散文的行文除了上述最为常用的链型、扇形，以及较为常用的对比式、对话式，还有行文上更为自由随意的书信体、日记体等。这些行文构图方式不存在优劣问题，主要是看其与具体的散文题材、题旨是否匹配，能恰切地传达题旨的行文构图方式，就是最好的。构图方式，只是大致的行文脉络，而非僵硬的模式。在具体的散文写作中，又可进行类型交叉、发挥与再创造。如在链型结构的某个链条环节，可派生出扇形的片段群，在扇形结构中也可能暗含着时间链。

散文创作，先是讲究文章的作法，而到一定的境界，则可以自由书写。我们读一些大散文家的作品，似乎没有做文章的技巧，天马行空，一会儿东一会儿西，一会儿天一会儿地，看似散乱，实则骨子里尽有道数，有质感，有人生智慧。这正是巴金所说的，最大的技巧就是没有技巧。

第三节　深化情思

　　著名作家毛姆说："要把散文写好,有赖于好的教养。散文和诗不同,原是一种文雅的艺术。有人说过,好的散文应该像斯文人的谈吐。"这里所说的"教养""文雅""斯文人的谈吐",实则强调了散文写作是一种艺术创造,应有一定的深度,对生活和存在有自己独特的发现。这在散文中主要体现为情思富于感染力、深刻性。

　　散文写人叙事、状物绘景,目的皆为表达作者的情感、情趣或哲思。如何更好更深刻地表达情思,应注意以下几点:

一、把握情感的分寸感

　　散文的情感书写,不能像小说、戏剧那样虚构,它要求自然、自由地表现自我真实的情感。散文的抒情很少是独立的,它总是在写人记事或状物绘景的基础上进行。如果只是一味地感怀、慨叹、激愤,没有事实、经验、细节,散文的情感表达常常是苍白、无力的。

　　散文中对情感的抒写,注意不要过度抒情。过度的抒情很容易使情感的书写变成口号式的宣言,容易流于虚假。中国的散文,一度是过于抒情了,比如杨朔式的抒情,肆意的升华、拔高,让人觉得虚假。与过度抒情相对的是情感的节制。深沉内敛的感情,往往更能打动人。散文写作上,为了不让情感过于泛滥,可运用细节描写,营设意境等来表现。当然,在不同的散文中,情感的书写方式往往不同。在叙事散文中常通过细节表现,在抒情散文中常通过营造意境来表现,在明理散文中常呈现为一种谐趣。

　　(一)运用细节

　　叙事散文对人物性格的刻画、对情感的表达,常常通过细节来表现。如朱自清的《背影》,写的是很平常的一件事,为何这么打动人,精彩处是情感蕴含在细节描写中。父亲爬过月台的动作,一系列的细节描写,将父爱以及儿子终于理解了这份无言的父爱的情愫,表现得淋漓尽致。没有直抒胸臆的情感抒发,情感却自然流淌在字里行间。

　　贾平凹的《祭父》,以隐忍的笔调书写生命中的至痛。祭父,祭的目的是回忆父亲,父亲在"我"的回忆中,重新变得清晰起来。散文所记述的都是父亲的人生点滴,从病的起因,说到家庭;从家庭,说到父亲的身世;从身世,说到父亲的喜好和悲苦的内心。所有这些,作者都以一种克制的方式来讲述,情感的锋芒被悄悄地敛去了,给我们印象最深的,反而是那些场景、细节和事实。而就是这些场景、细节构筑起一个真实的人,父亲这个人,他的人生、心志,他对后辈的关爱、惦念,他的坚持和不舍。父亲的形象生动、鲜活。没有直抒胸臆的情感表达,但散文中却涌动着情感的波纹,沉痛、追忆、告慰,悲怆和不忍。

父亲安睡在灵床上,双目紧闭,口里衔着一枚铜钱,他再也没有以往听见我的脚步便从内屋走出来喜欢地对母亲喊"你平回来了!"也没有我递给他一支烟时,他总是摆摆手而拿起水锅烟的样子,父亲永远不与儿子亲热了。

这是作者第一次与去世后的父亲照面,用了写实的笔法。父亲"双目紧闭,口里衔着一枚铜钱"。接着是写以前生活中的细节,以前听到"我"的脚步声,父亲就会向母亲喊话"你平回来了";以前"我"递给他香烟,父亲总是摆摆手拿起自己的水锅烟。而这两个细节再也不会出现了。"父亲永远不与儿子亲热了",这句抒情,让人惋惜,让人沉痛,生死两茫茫!这句抒情,之所以有感染力,就在于这个抒情里有事实——亲热。而这亲热是具体可感的,这亲热有场景,有细节。父亲喊话、摆手的细节,平实、真切,可再也不会出现了。

(二)营构意境

所谓意境,是作品中所描绘的客观图景与所表现的情感思想交融交织形成的艺术境界。王国维说,"何以谓之有意境?曰:写情则沁人心脾,写景则在人耳目,述事则如其口出是也"[①],读者如临其境,陶醉于情致动人的艺术境界。散文意境的生成,一种是深蕴于心的情意被特定的物、景、境触发而产生强烈的感应,意与境巧妙遇合,于是,"以我观物,故万物皆着我之色彩"[②]这是"有我之境",情景交融,充满诗情画意;一种是触境而生情生意。可为"有我之境",亦可成为"无我之境","以物观物,故不知何者为我,何者为物"。神与物游,物我两忘,抵达"意与境浑"的境界;另外也可以因情因意而寻景寻境。意境的创造,其核心在于真实、真诚,要有生命情调的灌注。"艺术境界与哲理境界,是诞生于一个最自由最充沛的深心的自我。"[③]杨朔散文《雪浪花》营造了意境,但让读者觉得矫情,就在于内容上的虚假,情感上的过于刻意,使之看起

---

① 王国维.宋元戏曲史[M].上海:上海人民出版社,2014:121.
② 王国维.人间词话[M].北京:中华书局,2012:3.
③ 宗白华.艺境[M].北京:商务印书馆,2011:194.

来很美,实则无美感、无诗意。

　　《钓台的春昼》中,郁达夫溯江而上,描绘了一幅山水长卷。其中对船行到钓台山脚下一段静景的描写,出神入化。"清清的一条浅水,比前又窄了几分,四围的山包得格外地紧了,仿佛是前无去路的样子。并且山容峻峭,看去觉得格外的瘦格外的高。向天上地下四围看看,只寂寂的看不见一个人类。双桨的摇响,到此似乎也不敢放肆了,钩的一声过后,要好半天才来一个幽幽的回响,静,静,静,身边水上,山下岩头,只沉浸着太古的静,死灭的静,山峡里连飞鸟的影子也看不见半只。"郁达夫敏锐地捕捉住山势带给人的感觉。静寂中,双桨的摇动,虽已无比轻缓,却也有了"幽幽的回响",以动写静,形神兼具。这片山水静极幽绝,游者身心已融入这幽远之境。

　　沈从文笔下的湘西风光富于宋元画的意境美。如《湘西·泸溪·浦市·箱子岩》描写沅江上游的风光,"遇晴明天气,白日西落,天上薄云由银红转为紫灰。停泊崖下的小渔船,烧湿柴煮饭,炊烟受湿平贴水面,如平摊一块白席。绿头水凫三只五只,排阵掠水飞去,消失在微茫烟波里,一切光景,静美而略带忧郁。随意割切一段,勾勒纸上,就可成一绝好宋人画本。"寥寥几笔,白日、薄云、渔船、炊烟、水凫,这些自然天象人事,生动地构成了一幅绝妙的灵逸的写意画。其情致,静美而略带忧郁;其韵味,轻妙而空灵,呈现了湘西世界特有的意境:空灵、静美、忧愁。

　　散文的意境创造,途径多种多样。其结构、内涵是多层次、多维度的,正如宗白华先生所说:"艺术意境不是一个单层的平面的自然的再现,而是一个境界层深的创构。从直观感相的模写,活跃生命的传达,到最高灵境的启示,可以有三层次。"①这三层次揭示了意境结构与审美内涵的丰富。

　　冯至的《罗迦诺的乡村》体现了意境丰富的结构与审美内涵。罗加诺是瑞士东南特精省南端的一个背山临水的乡村,人与境谐,这里的生物亲切可爱,仿佛久别重逢的老友。午间蝉声无边无际,夜晚窗外时有窸窸窣窣的声响,蝎子在墙缝里出没,成群的壁虎在壁上、草间爬来爬去。大自然的生物自由自在,充满生机与活力,生活在这片土地上的人们亦是生活自在、轻松、惬意。邮局的少女、老邮夫、送面包的少年等,不慌不忙,从容随意,而又信守承诺。这里的人们、动物、植物都有自己的时间表,按照自己的习惯本真地生活着。这里,人、事、景如此和谐,浑然一体,这是一个清净、坦诚的世界。静默的青山,

---

① 宗白华.艺境[M].北京:商务印书馆,2011:187.

变幻的云,转个圈消失了的汽船,一切又归于宁静。水、船、山、云,静与动,瞬间与永恒,时间与空间,胸怀宇宙,思接千载。这一境界已然是东方的禅境,动中极静,静中极动,空灵、悠远。"静穆的观照"与"飞跃的生命""构成'禅'的心灵状态",从而"在拈花微笑里领悟色相中微妙至深的禅境"。① 冯至善于汲取中国传统文化的精髓,捕捉意象而又超越意象,进入富于人生感、历史感、宇宙感的境界。

二、融入生命体验

散文是一种最具个人性的自由自在的表达,最讲求自我表达的真实,而这真实不应只停留在生活表层的真实上,而要落实于生命体验的真诚表达,才能真正达到情感与心灵的"本真"。融入是从外部返回生命本身,是外在世界心灵化的过程。从某种意义上说,独特而深刻的生命体验与感悟,可以说是散文的灵魂。

日常生活中大家都有许多经验,即发生在个人身上的遭遇或事件。而体验则是由这些遭遇或事件引起的感悟和思考,它是经验的情感化、诗性化和意义的呈现与综合。诚如生命哲学家齐美尔所说:"没有无内容的生命过程和生命的形式。我们在自身的生活中'体验'到生命的内容,这种体验实际上是心灵把握生命的活动。"②散文创作方面,融入生命体验,可以使之穿透生活现象,深化对生命、苦难、命运、生命的意义等的领悟与思考,使散文的境界得以澄明,使散文的诗意表达成为生活本质的表达。

冯至在《山水》后记中,把体验比喻为一粒种子,在身体里沉埋、发芽、开花、结果。冯至从自然山水、平凡人物中领悟自然,感悟生命的意义与价值。如其散文《两句诗》有段文字展现了融入体验的情形。冯至夹着书,在清寂的山林里散步,读到贾岛的名句:"独行潭底影,数息树边身。"细细咀嚼,意味无穷,觉得这两句诗道尽了独行人在宁静的自然里无限的境界。一样清寂的环境,一样的独行人,冯至融入这清净安宁的境界,体验到何为"明心见性",体验到"自然和人最深的接融"。当自己把身体靠在树干上,感受到人与树已分不开,从自身血液的循环自然体验到树是如何从地下汲取养分,输送给枝干、叶子,甚至好像也传输到自己的血液中。冯至靠着树干,"数息树边身",这种全

---

① 宗白华.艺境[M].北京:商务印书馆,2011:189.
② 刘放桐.现代西方哲学[M].北京:人民出版社,1990:202.

身心的融入,体验精微,具体;这种融入,跨越时空,与天地精灵交流,与古今圣贤对话,流淌着丰盈的诗情与生命的智慧。

王充闾在《渴望超越》中说:"我深切的体会到,散文作家像小说家、戏剧家一样,同样也应该具备深切的生命体验和心灵体验,这是实现散文创作深度追求的需要,也直接关系到文学回归本体,以人为本,重视对于人的自身研究这一重大课题。"①例如他的散文《一夜芳邻》,充分体现了生命体验。作者来到了勃兰特姐妹的故居,一遍遍漫步于故居与教堂的小径上,仿佛进入了 19 世纪三四十年代,走进了勃兰特姐妹们的心灵世界。透过临风摇曳的劲树柔枝,仿佛看到窗上映出了几重身影,似乎三姐妹正伏案疾书,甚至还听到了轻微的咳嗽声从楼上陆续传来。正是这般生命体验的融入,写出下边的文字:

> 其实,艺术的力量说到底就是生命的力量。任何一部成功之作,都必须是一种灵魂的再现,生命的转换。勃兰特三姐妹就是把至深至博的爱意灌注于她们至柔的心灵、至弱的躯体之中,然后一一熔铸到作品中去。这种情感、意念乃至血液与灵魂的移植,是春蚕般的全身心的献祭,蜡烛似的彻底燃烧。作品完成了,作者的生命形态,生命本质便留存期间,成为一种可以感知、能够触摸到的活体。而当读者打开她们的作品时,便像是面对面地与之交谈,时时感受到她们的生命气息,在分享着生命的愉悦的同时,也充分体验到一种强烈的生命冲击。所以说,读她们的作品需要用整个心灵而不能只靠一双眼睛。

(王充闾《一夜芳邻》)

王充闾融入生命体验,去感悟三姐妹深层、丰富的内心世界、生命形态与生命价值。这体验的过程还加入了理性思维,借助对三姐妹的书信、传记、生平展览等的阅读,探索三姐妹女作家的心路历程,创作出经典作品的深层缘由及其价值所在。由此,《一夜芳邻》不同那些浮光掠影的游记作品,具有形象的直观性与超越性的形而上思考。

三、关于事实和看法

有些散文单薄、类型化,往往是因为没有处理好事实和看法的关系。散文写作,事实重要,看法也重要。事实即要写出生活实感,写出生活的原生态,这是写好散文基本要求。政治概念性和哲理概念性的散文作品因为缺乏这些具

---

① 中国散文论坛[M].北京:北京大学出版社,2003:281.

体的事实,不感人。但如果只有事实,没有看法,则文章没有骨架,撑不起来。当然,什么样的看法很重要,关系到文章的品味、质量。如上文所提到的融入生命体验,站在关注人、关注生命的角度,提出看法,则看法不会过时,且启发人,引人深思。

此外,散文写作尊重个体的生命,也有整体的眼光和胸怀,这样的散文将更具有深度和广度。余秋雨、史铁生、张炜、韩少功、王充闾、林非、雷达等散文或从历史文化、社会生活的整体中来理解个体生命,或关心"我"的个体生命与自然界的整体联系,这种整体性的倾向使得对生命的探询,更为深刻,也更具广度。贾平凹在《当下的汉语文学写作》中,提到一些写作伦理,其中一点是,将一己写作提升到更广范围和高度,"你所写的不是你个人的饥饿感,你要写出所有人的饥饿感。而当你个人的命运与国家的、民族的,或社会的、时代的命运在某个节点上契合了,你写的这个节点上你个人的命运就成了国家的、民族的,或社会的、时代的命运,这样的作品就是伟大的"。优秀的文学作品往往具有这样的特点,个人的命运与国家、时代的命运在某个节点上契合了,个人的命运就成了国家、时代的命运,就有了代表性,从而,从一己提升到更广更高的范围与高度。这一写作伦理,值得我们学习、借鉴。

第四节　追求诗性表达

每一种文学体裁,都有自己文笔的"调子"。小说的文字,是一种讲故事的调子;诗歌的语言,是一种歌唱(音乐)的调子;而散文的笔墨,则是一种"谈话"的调子。朱自清曾说过:"这种谈话风的文章,正是我们所需要的。""五四"时期,许多作家的散文都具有这种"谈话风"。周作人、林语堂、俞平伯、郁达夫、叶圣陶等都是这种"谈话风"的积极倡导者和实践者。林语堂有一段话,专门论述了"谈话风"文字的妙趣,他说:"我所要搜集的理想散文,乃得语言自然节奏之散文,如在风雨之夕围炉谈天,善拉扯,带感情,亦庄亦谐,深入浅出,如与高僧谈禅,如与名士谈心,似连贯而未尝有痕迹,似散漫而未尝无伏线,欲罢不能,欲删不得,读其文如闻其声,听其语如见其人。"[①]

"读其文如闻其声,听其语如见其人",这种"谈话风"的妙处就在于此:作

---

①　林语堂.小品文之遗绪[J].人世间,1935(22):44.

者和读者之间，坦诚相见，平等相待，促膝交谈，从而情感得到很好的沟通、交流。这种"谈话风"的调子，就是随意自然、流畅灵动。散文的语言追求流畅灵动，即追求准确性、形象性、音乐性。

一、准确性

"能准确表达出人与物的情绪的就是好的文学语言。"①准确，是最有表现力的语言。如何做到准确呢？

"我确信，每一个人都有艺术家的禀赋，在更细心地对待自己的感觉和思想的条件下，这些禀赋是可以发展的。摆在人人面前的任务是找自己，找到自己对生活的，对人的，对既定事实的主观态度，把这种态度体现在自己的形式中，自己的字句中。"②这实际上是强调感受，关注自己的感受，将感受准确表达出来。准确，不仅表现在言内之意的准确，还表现在言外之意的准确，即感情的准确。

"窗外有两株树，一株是枣树，还有一株也是枣树。"（鲁迅《秋夜》）大家认为写得好，主要在于表达了情绪。一种寂寞、无聊、苦闷、无奈的情绪。

林徽因，是我国第一位女建筑学家、诗人、作家。散文《平郊建筑杂录》对古建筑的描写，除了"诗意""画意"，还具有一种使人感到愉快的"建筑意"。"建筑意"，是对建筑美的凝练的概括，富于诗意，而且蕴含丰富，让人琢磨起来，意味无穷。显然，这些生硬的石块、建筑，在林徽因看来，充满美感，充满诗意，蕴含生机，"天然的材料经人的聪明建造，再受时间的洗礼，成美术与历史地理之和，使它不能不引起鉴赏者一种特殊的性灵的融会，神志的感触。"这些古建筑，凝聚着古人的审美、智慧；经历了漫漫时空，古建筑给鉴赏者带来别样的审美体验，带来精神的愉悦。现在，如果去游览杭州西湖，会看到一个镂空的林徽因纪念碑，碑上刻着一段文字："在光影可人中，和谐的轮廓，披着风露所赐与的层层生动的色彩；无论哪一个巍峨的古城楼，或一角倾颓的殿基的灵魂里，无形中都在诉说，乃至于歌唱，时间上漫不可信的变迁。"这段文字出自林徽因《平郊建筑杂录》，是对"建筑意"的诠释，是一个建筑学家对建筑特有的情感、体验。

沈从文的湘西散文写得好，诚如汪曾祺曾谈论小说家散文的特点，即有人

---

① 贾平凹.关于散文[M].北京：生活·读书·新知三联书店，2015：147.
② 高尔基文学书简：上卷[M].北京：人民文学出版社，1965：426.

物。"小说是写人的,小说家在写散文的时候也总是想到人。即使是写游记,写习俗,乃至写草木虫鱼,也都是此中有人,呼之欲出。"①

所谓的"此中有人",实则在文中融入自身的生活体验、情感,于是,笔下的草木虫鱼、乡土习俗,都带着作家的体温、气息,自然情致动人。沈从文的湘西游记便是"此种有人"的散文。"由沅陵南岸看北岸山城,房屋接瓦连檐,较高处露出锥碟,沿山围绕,丛树点缀其间,风光入眼,实不俗气。由北岸向南望,则河边小山间,竹园、树木、庙宇、高塔、民居,仿佛各个都位置在最恰当处。山后较远处群峰罗列,如屏如障,烟云变幻,颜色积翠堆蓝。"(《沅陵的人》)细细品味之,真可谓是"言有尽而意无穷"。灵动的视点,白描的手法,寥寥数笔即将沅陵两岸的风光、远处的山景、春季划船、船中观景等动人的情境描画出来。这无疑得益于沈从文遣词造句方面的匠心独运。他融汇典雅精致的古典词汇与明白晓畅的现代语词于一体,舍去一切虚华浮词,更多保留其肌肉与筋骨,峭拔简练。这般骈散交错、长短相间、起伏顿挫,富于节奏感的语言可吟可诵,古韵悠扬又新姿勃发。其间,有风景,有评点,有想象,有形象,更是融入了沈从文对家乡的一片深情,人、事、物、景水乳交融,于是,调和成湘西特有的风情画,一首明丽的抒情诗。

二、形象性

(一)多用新鲜、准确的动词

多用新鲜、准确的动词,且动词融入自身的感受,语言富于形象性。如王安石的"绿"字,李清照的"瘦"字,李煜的"愁"字,杜甫的"过"字……都在动词用得生动、贴切。

"一个护士让我抱抱他,我想抱他,可是我不敢,他是那么小,我怕把他抱坏了。"(余华《儿子的出生》)这一句子真实、生动地写出一个父亲的心境,"我怕把他抱坏了",这个"坏"字,把新生婴儿的弱小、脆弱彻底写活了,也表现了一个父亲内心深处的疼爱、关切之情。

"王老大一门闩把月亮都闩出去了。"(废名《桃园》)这句用了两个"闩",第二个"闩"字,动词,用得好。一个"闩"字,月亮仿佛是不速之客,轻轻巧巧地,就把月亮拒之门外了。

"两人摇步的背影,好像在他的梦里走路。"(废名《桥》)这句中的摇字,用

---

① 　汪曾祺.晚翠文谈新编[M].北京:生活・读书・新知三联书店,2002:76.

得好,将琴子、细竹两位姑娘走路婷婷袅袅的身影,生动地描摹出来,形象逼真。语言的准确,很重要的在于融入自身的感受、主观态度,从而,生动贴切地表现出事物、人物的特点。

(二)善用修辞手法

善于运用比喻、拟人、通感等修辞手法,生动形象地表现对象特征。

"三位男高音的演唱就像炉火一样,刚开始仅仅是火苗,然后逐渐燃烧,最后是熊熊大火。演唱会越到后面越是激动人心,尤其是三人齐唱时,他们的歌声飞了,而且像彩虹般的灿烂。"(余华《午门广场之夜》)这段文字描写三大男高音歌唱家在午门音乐会高歌的场景。音乐本来难以言传,余华运用比喻的修辞手法,以火燃烧的变化来描绘歌声,使得这歌声有了质感,生动形象。

"杏黄色的月亮在天边努力的爬行着,企望着攀登树梢,有着孩童般的可爱的神情。"(张秀亚《杏黄月》)运用拟人修辞手法,用"爬行""孩童般的可爱神情"来形容月亮,生动而具体可感。

"海在我们脚下沉吟着,诗人一般。那声音仿佛是朦胧的月光和玫瑰的晨雾那样温柔;又像是情人的蜜语那样芳醇;低低的,轻轻的,像微风拂过琴弦,像落花飘零在水上。"(鲁彦《听潮》)这段文字调动各种感官从不同角度来感受、表现海涛声,触觉、嗅觉、味觉、听觉、视觉的意象交互联系,充分表现了海涛的万般风情,正是通感的巧妙运用。

(三)抽象的概念、理念具象化

概念性的词语,不具体,使之具象化,达到形象生动的效果。如"胖",王润滋《卖蟹》中这么形容胖子。

在等着买蟹的人中间,有一位出众的胖子。他倘若低头看,断然是看不出自己脚尖的,中间隆起的那部位会把视线挡住。稀稀拉拉的花白头发,整齐地朝后梳拢着,蘸了水,没有一根错乱的。白皙的脸上看不见一条皱纹,像刚出锅的馒头。由于胖,鼻子、眼就显得特别小;由于小,就显得格外精采有神。

单说一个人胖,给人的感觉只是一个笼统的概念。而上文对胖的描述,一个栩栩如生的胖子呈现在眼前:肚子大到低头看不到自己的脚尖;白皙的脸,像刚出锅的馒头,白白胖胖的;小鼻子小眼睛,却精彩有神。

成语简练,概括性强,但形象性不够。如万紫千红,简练概括,但没有具体的呈现,不具感染性。文学作品要写出紫、红等色彩的具体样态,才鲜活生动。文学作品需要形象,应少用成语。小学生、中学生往往喜欢用成语。成语用得多,往往显得过于学生腔。用词尽可能还原成语的本义,有的词在使用中失去了本义,一还原,就新鲜生动了。

（四）向古典和民间学习

向经典学习,融会贯通,善于创新。老舍一向强调学习经典,对李白、杜甫、柳宗元等的文字功力极为钦佩。他曾以杜甫的"烽火连三月,家书抵万金"为例,惊叹这个"抵"字是怎样写出来的,他说,我们平时都会说值万金,但如果用"值",声音之美就没有了,力量也没有了。他慨叹一个"抵"字,就是杜甫的功力。

向民间学习,收集方言、民歌、歌谣、谚语等,运用于作品中,常常能烘托、渲染、形象表现人物性格与当地的风土人情。作家老舍笔下的人物鲜活,文字充满京味,富于生活气息。老舍一再提倡从生活中学习语言,认为"生活是最伟大的一部活字典","明白了车夫的生活,才能发现车夫的品质、思想,与感情。这可就找到了语言的泉源。话是表现感情与传达思想的,所以大学教授的话与洋车夫的话不一样。从生活中找语言,语言就有了根","学习语言也和体验生活是分不开的"。[①]

三、音乐性

朱光潜在《散文的声音节奏》中写道:

> 从前人做古文,对声音节奏却也很讲究。朱子说:"韩退之,苏明允作文,敝一生之精力,皆从古人声响处学。"韩退之自己也说:"气盛则言之短长,声之高下,皆宜。"清朝桐城派文家学古文,特重朗诵,用音就在揣摩声音节奏。刘海峰谈文,说:"学者求神气而得之音节,求音节而得之字句,思过半矣。"姚姬传甚至谓:"文章之精妙不出字句声色之间,舍此便无可窥寻。"[②]

讲究散文的声音节奏,散文的音乐性,可以说是中国散文的传统。整齐的音节、不同的声调,多样的押韵方式等,使汉语文学语言富于音乐性。韩愈、欧阳修、苏轼、袁宏道、张岱等的散文语言,都表现出抑扬顿挫、语调流转、优美和谐的音乐美。"我读音调铿锵、节奏流畅的文章,周身筋肉仿佛作同样有节奏

---

① 　老舍.写与读[M].香港:三联书店,1999:33.
② 　朱光潜.谈文学[M].桂林:广西师范大学出版社,2004:55.

的运动;紧张,或是舒缓,都产生出极愉快的感觉。"①现代散文家或运用修辞,或采用长短参差、奇偶交错的句式,或通过双声叠韵或同音字的重复或平仄,来追求语言音乐性的效果。如徐志摩的《巴黎的鳞爪》:

> 香草在你的脚下,香风在你的脸上,微笑在你的周遭。不拘束,不责备你;不督饬你,不窘你,不恼你,不揉你。它搂着你,可不缚住你;是一条温存的臂膀,不是根绳子。它不是不让你跑,但它那招逗的指尖却永远在你的记忆里晃着。多轻盈的步履,罗袜的丝光随时可以沾上你记忆的颜色!

> 但巴黎却不是单调的喜剧。塞因河的柔波里掩映着罗浮宫的倩影,它也收藏着不少失意人最后的呼吸。流着,温驯的水波;流着,缠绵的恩怨。咖啡馆:和着交颈的软语,开怀的笑响,有踞坐在屋隅里蓬头少年计较自毁的哀思。跳舞场:和着翻飞的乐曲,迷醇的酒香,有独自支颐的少妇思量着往迹的怆心。浮动在上一层的许是光明,是欢畅,是快乐,是甜蜜,是和谐……

香草、香风成了善解人意的温柔的自然主体,呼应着写作主体的情感,对自然美的由衷喜悦之情与对世事多变的沧桑之感交织融合,在多样化的表达形式的河道中,如同涓涓的流水潺潺流出。表达形式大量运用了排比、比喻、对偶等修辞手法,长短句参差搭配,音调高低起伏,读起来朗朗上口,自有一种内在的韵律美。正如沈从文评述徐志摩的创作,把"属于诗所专有,而为当时新诗所缺乏的音乐韵律的流动,加入于散文内"。②

许多作家的散文往往具有鲜明的风格特点。如冰心的散文语言,有一种独特的情韵,清新隽丽,一清如水;而徐志摩的文字繁复华丽,浓墨重彩;丰子恺的散文语言舒徐自然、冲淡简朴。由此,形成多种多样的风格:含蓄与鲜明,严谨与潇洒,朴素与瑰丽,平淡与绚烂,委婉与豪放,简约与繁丰等。一个优秀的散文家,作品往往形成自己的风格。

思考与训练

一、从散文写作角度评析子敏的《"纯真"好》,从立意、选材、结构、语言、技法等方面,选取你感兴趣的一个或几个方面评析。以 5～6 人为一组,交流讨论,小组选派代表发言,老师总结评点。

---

① 朱光潜.谈文学[M].桂林:广西师范大学出版社,2004:57.
② 沈从文.沈从文文集(十一)[M].广州:花城出版社,1984:191.

"纯真"好

子敏

智慧高的人，从生活中吸收种种的养分，保持自己的纯真。智慧低的人，从生活中吸收种种的毒素，使自己的内心跟面貌越变越丑。

"成熟"的含义，是常常被误解的。

最常见的误解，就是把"待人越来越刻薄"，"对人越来越怀疑"，"心胸越来越狭窄"，"行为越来越自私"，"态度越来越虚假"，"脾气越来越暴躁"，"热情越来越冷却"，全部当成"成熟"来看待。我认为这种成熟是很"丑"的。

"成熟"应该是青草更青、绿叶更绿、苹果更红、蓝天更蓝、白云更白。

我们可以找出种种理由来同情一个"从此脸上不再有笑容"的人；但是我并不认为这个人是智慧很高的人。

我心中藏着一幅秘密的画像。这是一位老太太的画像。她脸上都是"岁月的车轮印子"，但是她的微笑像纯真的少女，眼中有晶莹的光彩。我在她的笑容中找到了"成熟"的真正含义：智慧培植起来的纯真。

她是我学生时代的国文老师。我最后一次跟她见面是为了拿一首我看不懂的诗去请教她。

"我看不懂的诗比你还多。"她说，"这个诗人一定是有了某一种非常独特的经验，不过他却在'语言'方面发生了点儿困难。这种情况有时候也是很美的，对不对？"说完这句话，她就笑了。

在她的笑容里，我看不到有"我的师丈因为肺病去世"的那一层阴影，也看不到有"饱受折磨把四个淘气的孩子教养成人"所凝聚起来的一层积劳怨恨的冷霜。

现实生活的艰苦，像一捆粗糙的绳子，紧紧的捆住她像捆住天使。天使却从绳索中飞出来，轻轻落在绳索上，唱她应该唱、想唱的歌。

在"请教一首诗"以前，我还拜访过她一次。那一次，我看到了现实生活的真面目。她有两个淘气的孩子刚打过架，饭桌也没有收拾，屋里是那两个可以说是完完全全不懂事理的孩子的哭声，一起一落，连我听了也心烦。

不过，我并没有看见她满脸怒容，也没有听见她摔碗筷拍桌子怒骂：

"你父亲丢下这一副担子,自己先走了,让我一个人在这活受罪。你们还有心打架?打吧,打死好了,也让我少受点儿罪!"

我想,这应该是一幅令人同情的"人间地狱"图,如果我所看到的真是这样,我也不会觉得她有什么不对。

可是我看到的跟前面的描述完全相反。她并不发怒。她十分镇静。

"两个孩子刚刚比过力气,我也都分别安慰过了。"她说,"现在屋里有点乱。最好先把饭桌收拾收拾,改变改变屋里的气氛。到厨房来谈谈吧!"

她一边和我谈话,一边收拾饭桌,把碗拿到厨房去洗,洗过碗又把厨房收拾干净,然后替我沏好一杯茶,请我到客厅去坐。

"有时四个孩子捉对儿打,可以算是一部'四国演义'。我总是耐心的一个一个去安慰,避免发脾气,再写出一部'五国演义'来。孩子打架,最基本的原因是迷信暴力。其实孩子要让兄弟姐妹对自己好,还有更好的办法。"

我很好奇地等着听下文。

"请兄弟姊妹吃糖。"她说,"不过这只是个比喻。"她笑了。

她用无法形容的耐性来治家,来对付现实生活。她所得到的报酬是很大很大的,那就是获得了丰富的人生智慧而且保持了自己的纯真。

如果用梁启超那篇《最苦与最乐》文章里的自问自答的笔法,来写出我的感想,那么我就要这么写:

人生什么事最使我难过呢?穷吗?不是。累吗?不是。我说人生最使我难过的,是看到美丽的母亲当了几年母亲以后,有一张恶狠狠的脸;美丽的主妇当了几年主妇以后,脸上有严冷的表情。

我有一个当主管的朋友,天天在发威,说是可以镇慑部下,结果眼中布满凶光,毁掉自己美好的容颜,也失去了内心的纯真。其实一个好主管,应该对部下亲切。因为替部下解决困难,鼓励部下发挥创造精神,才是他应负的责任。也许"凶光"真能帮助他击败自己的部下,但是一头怒狮率领着一群绵羊,又能创造出什么事业?

生活的艰难有时候也能毁掉自己的纯真。我对天天上菜市场买菜的先生或太太,心中怀着敬意。但是我常常祈祷:菜市场里讲价杀价的活动,不要毁坏他的面容,使他脸上凝聚锱铢必较、淡漠无情的冷霜。

不该去责备一个朋友说:"你太天真了,你太缺乏社会经验了,你太不知道现实社会的可怕了。"

我觉得只有一种"天真"是可以受责备的。天真得认为自己可以不尊重别人,天真得认为别人应该毫无条件地接受自己的意见,天真得以为自己永远比别人高明,天真得只想享受权利、不想尽义务,天真得把团体的成就认为是自己一个人的成绩……这些"天真",是应该受责备的。

以真诚待人的那种天真,在低待遇下努力工作的那种天真,为了助人不怕吃亏的那种天真,耐心想去感化恶人的那种天真,对待不听话的孩子慈爱的那种天真,喜欢跟小孩子接近的那种天真,热心而被人拒绝却不生气的那种天真,人生以服务为目的的那种天真,为了尽责任而吃苦的那种天真,都是应该鼓励的;因为这些"天真"保持住一个人内心的纯真,能使个人的容貌永远那么可爱亲切。

我怜悯一个有了成就,却失去了纯真的人,因为我觉得他所得的到跟他所失去的相比,实在少的可怜。失去纯真,也就失去了幸福人生的一切。

有一次我拜访一个8年没见面的好朋友。我们握手的时候,他并没有问我现在在哪做事,待遇好不好,一个月可以拿多少钱,住的是公家的房子还是自己买的,孩子念私立还是公立?他问的是:"还那么喜欢看电影吗?还那么不喜欢穿西服上装?早餐还是在办公桌上吃的吗?还那么不喜欢理发吗?"

他连茶都不给我倒。

我问他:"你还是那么喜欢逛旧书摊吗?你过了五月节还穿棉毛裤上班吗?你还念西班牙文吗?你还写稿写到午夜,肚子饿偷吃儿子的生日蛋糕吗?你还跳你自己发明的摇摆舞吗?"

我们心情都很愉快。因为能在艰难困苦或一帆风顺中保持自己的纯真,真是一件令人高兴的事。

(选自《和谐人生》,台北纯文学出版社,1973年12月版)

二、郁达夫在《中国新文学大系·散文二集导言》中说,散文之要在于"情调"或"情韵",请结合自己的阅读和写作实践,谈谈体会。

三、余光中说:"许多拼命学诗的抒情散文,一往情深,通篇感性,背后缺乏思想的支持,乃沦为滥情滥感,只成了空洞的诗。"[1]你同意这一观点吗,谈谈自己的看法。

---

① 余光中.余光中散文[M].杭州:浙江文艺出版社,1997:435.

四、简媜在散文《老师的十二样见面礼:一个小男孩的美国游学志》中提到儿子(四年级的姚小弟)开学第一天回家后的情形:

姚小弟的书包里没有功课,只有一个牛皮纸袋。打开看,掉出牙签、橡皮筋、OK 绷、铅笔、橡皮擦、口香糖、棉花球、巧克力、面纸、金线、铜板、糖果。我乍看以为他把食物垃圾全装在一起,正要开训,忽然看到一张粉红色信,看了才恍然大悟,甚至有点感动。

任老师 Reines 小姐首先欢迎小朋友进入四年级,接着说,这个纸袋里的东西可能有点怪,但象征一些讯息,当你看到这些东西,希望提醒你想起这些讯息。她写着:

第一件牙签,提醒你挑出别人的长处。

第二件橡皮筋,提醒你保持弹性,每件事情都能完成。

第三件 OK 绷,恢复别人以及自己受伤的感情。

第四件铅笔,写下你每天的愿望。

第五件橡皮擦,提醒你 everyone makes mistakes and it is OK。每个人都会犯错,没关系的。

第六件口香糖,提醒你坚持下去就能完成工作。而且当你尝试时,你会得到乐趣。

第七件棉花糖,提醒你这间教室充满和善的言语与温暖的感情。

第八件巧克力,当你沮丧时会让你舒服些。

第九件面纸,to remind you to help dry someone's tears' 提醒你帮别人擦干眼泪。

第十件金线,记得用友情把我们的心绑在一起。

十一,铜板,to remind you that you are valuable and special. 提醒你,你是有价值而且特殊的。

十二,救生圈(救生圈形糖果),当你需要谈一谈时,你可以来找我。

这是一个老师在开学第一天送给每个孩子的见面礼。请以礼物为题,或自拟题目,要求内容与礼物相关,写一篇散文。

延展阅读

1.孙绍振、陈剑晖主编:《百年散文探索丛书》(第一辑、第二辑),广东人民出版社,2016 年版。

2.汪文顶:《现代散文学初探》,人民出版社,2014 年版。

3.冯骥才等:《散文的可能性》,人民文学出版社,2006 年版。

4.林非主审,江力、琼虎主编:《中国散文论坛——散文名家之讲演、评析及作品》,北京大学出版社,2003 年版。

5.朱德纯:《散文创作与鉴赏》,中国社会科学出版社,2002 年版。

第六章　虚构叙事——小说写作

小说写作本质上就是讲故事。"故事是小说的基本面。"故事讲好了,小说也就成功了。习作者要想讲好一个故事,一方面要具备故事内容层面上事件材料的整合能力,另一方面要具备故事表达层面上的叙事技能。

故事内容层面上事件材料的整合能力,需要习作者面对庸常生活时有敏锐的洞察力和高妙的聚材能力,这取决于习作者自身的悟性与智慧;故事表达层面上的叙事技能需要习作者有对闪光的生活碎片进行整合重构的能力,这取决于习作者有较高的语言表达的水平。综合两方面的能力要求,小说习作者应具备故事生成能力、情节设计能力、人物塑造能力和语言锤炼能力。

第一节　生成故事

小说写作从虚构故事开始。艺术创作其实都是在讲故事,文学、音乐、绘画、雕塑、影视等文艺作品都在用自己独特的方式向受众讲故事,小说创作也是在讲故事。佛斯特在《小说面面观》中说过:"故事是小说的基本面,没有故事就不成为小说了。可见故事是一切小说不可或缺的最高要素。"[①]所以,学写小说应该从学编故事开始,编故事就是将"一系列事件"按自己的意愿重新排列组合。

既然故事是事件的组合,于是有人就认为故事就是事件,这显然是对故事的误读,事件是生活中一个个事实,它可以是单独的,也可以是连带的,如果事件处于孤立状态,那就没有故事可言了。在叙事学上,并不是所有的事件都可以称之为故事的。事件除了具备一般性的"时间""地点""人物""环境"等要素之外,还得具备特定的因果关系、戏剧性的矛盾冲突与特定的艺术品位才能构

---

① 爱·摩·佛斯特.小说面面观[M].苏炳文,译.广州:花城出版社,1984:23.

成故事性。

生活永远不缺少故事,缺少的是发现故事的慧眼与提炼故事的技能。虽然大学课堂上不强调培养作家、小说家,但发现故事的慧眼与提炼故事的技能一定程度上完全可能通过一系列的训练加以培养。

习作者可以从改编现实事件开始,进而改编历史故事,最终学会虚构想象创作出全新的故事。

一、改编现实事件

故事来源于现实中的日常事件,并超越于日常事件。当今是一个信息爆炸的时代,生活中、网络上的事件可谓无奇不有,有些奇诡怪异的事件不断地刷新现代人的视听。乃至有网友感叹:这世界只有你想不到的事件,没有不可能发生的事件!生活有时候比故事、小说、电影更离奇诡异。这些离奇诡异的现实事件是故事生成的绝好素材,有时它们可能零碎而不完整,粗糙而不完美,习作者可以分解、重构现实中那些富有戏剧性的离奇事件,让它们在某种艺术序列中产生既出人意料又合情合理的艺术效果,从而生成富有艺术韵味的故事。

(一)植入特定因果关系让日常事件获得故事性

现实中的日常事件指的是发生过的事情,是一种静态的过去式事件,有时多个事件之间不存在特定的逻辑序列,无法互相说明,因而没有故事性。"故事事件往往包含着引起它发生的事件,发生的事件及连锁事件(包括结果),因此即使'最小故事'也包含了时间顺序、因果关系、逆转关系等三条原则构成的三个或三个以上事件。"[①]也就是说,日常事件要组织成故事,就要按照特定的因果关系将它们组织进一定的时间序列,并且让这种因果关系在特定时间序列的末尾互逆悖反。

1.植入互逆因果使事件获得故事性逆转

最初级的小故事也得在有限的时间序列中植入某种有效动因驱使人物采取行动并产生结果,并且这个结果往往是一种因果背离式的猝不及防的"大突变",是一种极大地超越读者阅读期待的"神反转"。舞台上的小品实际上就是一种表演性的小故事,它在短小的时序中至少组织有互为因果的三个事件,事件之间因因相承,最后却结出悖反式的果。网络上的神反转"段子"往往也具

---

① 葛红兵,许道军.创意写作教程[M].北京:高等教育出版社,2017:98-99.

备这一特征。

2.植入两难困境使人物性格获得逆转

编造故事不能只满足于事件因果的悖逆与反转,而要在这种悖逆与反转中展现人物性格的变化,让人物出现令人惊奇性格翻转。

构成故事的事件必定是一个变化运动的事件系列,其中的核心事件一般循着发生、发展、结果的时间序列运行,并动态地呈现主人公及相关人物复杂变化的生命信息。随着故事事件的不断推进,主人公和人物的生命信息会或多或少发生某种微妙变化。如若人物在事件运动过程中性格没有发生任何变化,也就是说在整个事件中读者只看到事件的结果而没有看到人物性格的变化,那么这一事件属于无效事件,不具备故事性。所以,编造故事首先要设计系列事件互为因果,互相驱动,目的就是要逼迫人物做出选择,而这个选择必须是一种两难的选择,一旦人物做出选择就得与自己的现在告别,变成一个新的自我,其生命轨迹和性格弧线跟着相应调整,从而展现出人物不断变化着的复杂生命信息。

(二)植入冲突因子让日常事件获得戏剧性

好看的故事一般都包含着既紧张又刺激的戏剧冲突。事件有了冲突,人物就必须做出选择,人物一旦做出选择,其独特的性格和情感就呈现出来,故事因而就有了特定的趣味与品格,从而获得艺术的审美效果。所以,要编造一个好故事就要在事件中植入足够紧张刺激的冲突因子,事件开篇就让读者欲罢不能,跟着故事走,这样你的故事就成功了一半。

那怎么植入戏剧冲突呢?说白了就是不断制造矛盾,在没有矛盾的时间与空间中编造出矛盾来。那矛盾如何制造呢?就是在人物和事件中制造各种错位与差异,让这种错位与差异不断挤压人物的情感与心理,驱使人物不断做出选择并付诸行动,从而推动故事向前发展。

1.制造人物之间的错位与矛盾

如果故事事件中有两个以上人物(注意:初学者故事人物不宜设置过多,三五个为宜,过多人物,关系太复杂,习作者很难把握),就要让人物之间性格与情感产生一定的错位与反差,有了错位与反差就会产生隔阂与矛盾,有时甚至会让人物之间陷入你死我活的冲突,这样戏剧性就出来了,故事就好看了。

制造矛盾通常是让主人公的性格情感与环境与他人格格不入,让主人公陷入与环境与他人的对抗之中。《在我的开始是我的结束》中的黄苏子从出生——成长——死于非命的人生全过程,无时无刻不处在与环境与他人的冲突之中,出生不受父母欢迎,成长过程中缺少父母关爱,老被姐妹弟弟们欺负,性格倔强孤僻,她一生与父母,与姐妹,与弟弟,与同学,与同事,与情人都处在巨大的性格与情感的冲突之中,各种冲突扭曲了分裂了她的性格与灵魂,最终自己将自己送上了不归路,她突然失踪几个月家人同事也不去寻找,甚至连被杀害后暴尸荒野,警察刊登认尸启事,也无人认尸,人生凄惨落幕,悲剧意味透心凉。

　　2.制造人物自我的内心矛盾

　　如果故事中只有一个主要人物,那么就要在他(她)身上制造种种错位,制造其身份与行为、行为与结果的反差;内心感知与客观事物的反差、内心情感与外部动作之间的反差等等。制造矛盾的有效方法,是让人物做些与自己的身份不匹配的事情,并且让其行动的初衷与行动的结果产生巨大的反差。

　　"茶花女"(小仲马《茶花女》)、"陌生女人"(茨威格《一个陌生女人的来信》)均身为妓女却都不计代价地追求纯真的爱情,最终都搭上了自己的生命,悲剧意味浓郁。电影《让子弹飞》让一批土匪去维护社会公平,《天下无贼》让贼去防贼捉贼,《色戒》让肩负色诱重任的女间谍王佳芝在逢场作戏中身心入戏而不能自己,这些人物均在干与自己的身份极不相称的事情,故事从而有了别样的味道。

　　反差有时还可以存在于行为与结果之间。比如反抗悲剧命运的行为却导致悲剧命运的加速到来。黄苏子(方方《在我的开始是我的结束》)的不断抗争无不在不断地加速自己的灭亡,俄狄浦斯王(《俄狄浦斯王》)每一次逃离命运诅咒的行动都是在将自己往悲剧命运的绝路上推,高加林(路遥《人生》)每一次向命运挑战的行动都加速了悲剧人生的到来。

二、改编历史事件

　　历史是过往的现实事件。许多重大历史事件和重要的历史人物的传奇人生不断被重复讲述,讲者百讲不厌,听者百听不倦,换个方式,换个角度,甚至于换种语言讲,就会焕发出新的意味和魅力。我们可以用自己独特的方式、角度、语言讲述自己所理解的历史事件和传奇人物,将他们改编成受众喜闻乐见的历史故事与人物传奇。

　　历史故事与人物传奇不外乎是不可能之事变为可能之事。历史故事和人物传奇从大类上讲有两类:一类是人们认为根本不可能发生的事件结果最终出人意料地发生了,比如"平型关大捷"在当时的战争形势下是不可能发生的事情,结果却发生了;另一类是人们认为一个绝不可能成功(或失败)的人最终却成功了(或失败了),比如"楚汉之争"按当时的双方实力对比刘邦不可能成功,项羽不可能失败,结果却是刘邦成功了,项羽失败了。

我们在改编这些重要历史事件和人物传奇时不能按照历史原来的序列叙述,更不能重复历史上已然的结论,我们得按照自己的序列植入自己的思想情感、人生体验以及当代性的问题意识,让原有的历史事件和人物传奇散发出独特的人性内涵与时代性文化元素,创造有艺术韵味的历史故事和人物传奇。

三、改编已有故事

"我们没有本源的故事,今天所编排的故事仅是过去发生故事的变体。"①各民族的经典故事都含有本民族文化所公认的某种永恒的叙事母题,"母题是人类原始期的基本现象和问题。以此作为人们对根本性现象的判断,在漫长人类生活发展中融合成为一些可叙说的情节与模型。……母题形成实际指明的是一个情节制造它的不变因素,(受过去情节模型影响的前文本因素。)和它在一个新情节形成中又增加了哪些新的可变因素,这样该情节才有独立意义,否则只能是一个旧故事的翻版,这样故事便失去了写作的意义"。② 日本与韩国在改编中国经典故事方面可谓极尽其能,日本许多高票房动漫作品都在演绎中国传统的叙事母题,韩国用现代性文化元素改造中国古老的叙事母题,创造了一波又一波席卷中国的"韩潮"。

中国古典剧作《琵琶记》作为"停妻再娶"的母题不断地被改编重叙,改编者借由这一母题抒发了自己对人伦、对前途、对生命价值的独特思考,这其中高明改写的《琵琶记》大大拓展了这一叙事母题的表现深度与广度。剧本的主题由中国传统戏剧中常见的个别人物之间的善恶冲突(蔡伯喈与牛相的冲突),转向君臣、父子、夫妇("三纲")之间的善与善的伦理冲突。传统的"三纲"体系是交叉互渗又互为冲突的复杂伦理体系,忠孝、家国、情礼均难两全。蔡伯喈陷入了每一种选择都有道理又都是错的伦理困境,蔡伯喈不管如何努力都必将陷入"亏心短行"的人生困境。由此,高明的《琵琶记》成为此叙事母题改编重叙的里程碑式的范本。可见改编的作品也有突围之佳作。另外,王实甫改编元稹的《莺莺传》为《西厢记》,将富有儒家意识的"始乱终弃"叙事母题改编成富有民间意识的"有情人终成眷属"的主题,并迅速成为明代以后婚恋题材的核心叙事母题,至今婚恋题材各式各样的叙事文本仍然是"有情人终成

---

① 刘恪.现代小说技巧讲堂[M].天津:百花文艺出版社,2006:19.
② 刘恪.现代小说技巧讲堂[M].天津:百花文艺出版社,2006:30-31.

眷属"这一叙事母题的各种变体。国内影视剧热衷于改编经典,许多文创产品也多是演绎经典的变体。所以,改编已有的故事也不失为一种便利的虚构手法,突围之作也可创造出新的叙事经典。

四、虚构故事

虚构故事一般通过幻想达成。幻想往往通过重构现实秩序、打乱现实时空,创造一个虚拟的异时空来表达作者的主观意识。《西游记》重构了神仙佛、人魔鬼、天宫、人间、地狱等各界的秩序,在现实的时空两维框架内植入玄幻思维元素,建构了一个虚幻的世界秩序,展现离奇古怪的神性、人性与魔性,大大地拓展了现实生活的可能景观,将文本表现空间进一步向外推进,大大地拓展了文本的表现半径。

幻想虚构的故事尽管与现实有着巨大的反差,但再离奇的幻想也是以现实为支点才能起跳。现实是由看得见的空间和看不见但可体验到的时间构成的,所以幻想虚构的思路一般有两种:一种是重构空间秩序,另一种是重构时间秩序。我们熟悉的重构空间秩序的典型例子就是《西游记》,西方一些科幻小说建立的时间隧道、地球时代、银河时代等就是重构时间秩序的典型例子。我们在虚构故事时可以参照西方"架空空间"与"架空时间"这两种幻想虚构的思路进行创作。

(一)架空空间

西方架空空间的奇幻小说讲述发生在现实生活和传统想象世界之外,作者完全另设的世界图景中的幻想故事。这个世界有自己独特、合乎想象逻辑并且完全独立的世界体系,包括疆域、族群、文明、伦理、历史、法制、世界观、价值观等,而这个世界与现实世界并无沟通往来的接口,完全处于平行状态。

J. R. R. 托尔金的《魔戒》通过庞大而完整的历史、种族、文明及世界观设定,凭空创造了一个"中土世界"。"中土世界"以开创了全新的架空空间著称。所谓中土世界,是《魔戒》故事虚拟的生活世界。人种(物)包括霍比特人、人类、精灵、矮人、树精和黑暗势力六类。主人公弗罗多·巴金斯属于霍比特人,人类主要有阿拉贡、博罗米尔等,精灵有莱戈拉斯,矮人有吉姆利,树精有树胡,黑暗势力以索伦、萨鲁曼、咕噜姆、黑骑士为代表。人类在霍比特人、精灵族、矮人族、树精的帮助下打败了黑暗势力,恢复了中土世界的和平。语言主要有昆雅语、辛达林语、黑暗语、半兽人语、矮人语、西方通用语、树人语、主神语、古精灵语等。领地分人类领地、霍比特人领地、精灵领地、矮人领地、树精领地、敌人领地。据作者说,中土世界并不是一个与我们这个世界完全没有关系的大陆名字,也有研究者考证中土世界与欧洲大陆有相似性。编构出这样一个独立、完整的小说世界是《魔戒》对于人类想象力的贡献。

（二）架空时间

完整的架空时间以"银河时间"为代表。田中芳树的《银河英雄传说》以"三国演义"模式讲述发生在未来银河系银河帝国、自由行星同盟和费沙自治领地之间的民主与专制的斗争,地球则完全作为黑暗势力的背景而存在。这个小说在《魔戒》之外开拓了另一个方向:架空时间(历史)。即在地球(现实)时间之外设置另一个时间谱系,而这个时间谱系虽是现时时间的延续,但实际上也是完全独立的,所以是另一历史谱系,姑且称之为"银河时间"。

银河时间分三个阶段,第一阶段是"地球时代",从公元 2129 年地球统一政府成立时起,到 2801 年人类社会再度统一,银河联邦成立的宇宙历元年结束。第二阶段是"银河时代",从银河联邦在毕宿五(金牛座 a)系第二行星德奥里亚建立开始,到尤里安·敏兹诞生,开始进入第三阶段:杨威利、莱因哈特时代。这种时间设置跟科幻小说的未来观光时间相比要漫长而完整;跟后来的架空历史小说的历史时间相比,它是虚拟的未来时间,而不是过去完成时的历史时间或仿历史时间。因此说,架空小说在空间和时间两个方向,都拓展了虚构文学的想象领域。

第二节　设计情节

情节(Plot)是指有意义的一系列行动过程。情节的核心是一个事件推导另一个事件的产生,使之成为系列的动作过程。[①] 也就是说情节是由一系列因因相承的事件组成的一种富有意义的事件序列。

情节设计以矛盾冲突为基础,按照某种因果关系将事件进行艺术集中和重组,使其形成能够互相说明的逻辑序列。佛斯特在《小说面面观》中说:"故事是按照时间顺序来叙述事件的。情节同样要叙述事件,只不过特别强调因果关系罢了。如'国王死了,不久王后也死去',便是故事;而'国王死了,不久王后也因伤心而死',则是情节。虽然情节中也有时间顺序,但却被因果关系所掩盖。'王后死了,原因不详,后来才发现她是因国王去世而悲伤过度致死

---

① 刘恪.现代小说技巧讲堂[M].天津:百花文艺出版社,2006:16.

的。'这也是情节,不过带一点神秘色彩而已。"①对于王后已死这件事,如果我们问:"以后呢?"便是故事,要是问"什么原因",则是情节。所以,设置小说情节时就必须特别注意处理好事件之间的因果关系。

一、情节结构的内在规律

(一)情节因果两极分化(因果反转)

普通的事件要构成有意味的情节,必须有原因与结果在方向上的背离,也就是所谓的因果两极分化,如果没有因果反向的两极分化,就构不成情节。

元代李行道的《灰栏记》中的包公断案:案件焦点集中在谁是财产的合法继承人——孤儿生母。这时有两个女人都坚称自己是孩子的生母。于是,包公就地在地上画个灰栏,令两女人分别向自己这边拉孩子,谁能把孩子拉到自己身边,谁就是孩子的生母。结果当两个女人一起用力拉拽孩子时孩子痛得大哭,其中一个女人一看孩子痛得大哭就放手,于是另一个女人成功地将孩子拉到自己身边。胜利的女人抱着孩子满心喜悦地等待接受巨额的财产,包公突然一拍惊堂木,下令拿下冒名顶替的罪犯。

这个情节中的原因与结果处在相悖离的两个极点上,二者便有机地组合成一个反向背离的艺术结构。由于结构的功能总是大于元素之和,因而任何结果一旦获得原因,其内容总是大大地超出结果直接表现的范围,这样就形成了一个有意味的情节单元。司汤达《红与黑》中的于连一生执迷于身份钻营,最后的结果却是自己的所有努力都化为对自己的罪与罚,从而将自己送上断头台。盖茨比(弗·司各特·菲茨杰拉德《了不起的盖茨比》)一生痴爱着黛西,为了获得她的爱情,他倾其所有,甚至愿意替黛西去顶罪,结果当盖茨比为黛西献出生命时,黛西已悄悄地外出度假,连他的葬礼都没参加。这几个故事情节都有一个共同的特点,一方面在主观上是那样满怀热望,另一方面是热望必然落空的严酷现实。人物非理性的激情与残酷的现实形成强烈的反差,激活读者相应的强烈情感和想象力去补充情节中尚未完成的内容。

构成情节要有两极,但是不管是什么素材,很少有现成的两极裸露在习作者面前的。因果两极一般都是隐藏着的,一旦一个素材乃至一个细节中包含着原因和结果两极分化的可能时,敏感的习作者就要揪住不放,把其中的两极挖掘出来,于是小说的情节就成型了。

---

① 爱·摩·佛斯特.小说面面观[M].苏炳文,译.广州:花城出版社,1984:75-76.

（二）情节因果一体化

情节内在因果的强烈反差对读者造成强刺激之后要让读者认同并代入，就必须在此基础上整合进能让因果互相逆推的必然性与偶然性因素。也就是说，情节因果中既要有对正常的必然性（或可能性）的期待，又要有对异常的随机性偶然性的发现和惊奇，这就是情节构成的一体化规律。情节因果一体化表现为因果的统一性与二重性。

1.情节因果统一性

一切情节的因果关系都是在必然与偶然、期待与发现的反复运行中形成、发展的。过分的异常偶然，不能导致"发现"向人物心理纵深推进，过分的正常必然又使发现和惊奇完全消失。情节的偶然与必然必须统一在一定的结构中合理建构成严密的序列。

陈心豪《人生小站》叙述一列南下的列车徐徐进站，站台上出现了一个卖香瓜的小女孩叫卖香瓜。这时候，一个男孩的头探出车厢，拿出一张五十元的票子要买个一块钱的香瓜。女孩子接过钱来，抬头看看他说："这位大哥的脸好熟啊！"他莫明其妙，女孩竟然在下面讲起了一个与她的那个"他"的初恋故事：在一场大火中，他为了救出他们十几个打工妹，几次扑入棉纺厂的车间，她们被救出来，可是他却被大火永远吞噬了。男孩子听得入迷，好感人！好悲壮！正在此时，发车铃响，停车三分钟的时间已到。他从肃穆的情境中苏醒过来，蓦地想起她还没有找给他四十九元钱呢。这时候，小说出现了下面的情节：

"你给我五十元，是吗？"女孩忽然带着泪痕黯笑，"我编的故事不值这点'劳务费'吗？"

男孩恍惚，幽幽地问："一个英雄的故事？你竟然用它……"

"不错，正因为它美丽而动人，所以才有价值啊！"女孩看着车闸松动，好不得意。

男孩震愕瞬间，放声大笑："你真蠢，你以为我会感动？我会没有零票？你摸摸，这纸币多薄，是深圳来的假钞票。"女孩大惊失色，下意识地捏摸纸币。

"等着吧，让公安局抓着你，关押起来追查线索吧！"男孩笑得眉飞色舞。"你，你这个骗子！"

女孩气白了脸，恼怒地追上几步，将纸币揉成一团朝他猛掷过去。

男孩伸手接住，瞅着女孩苦涩地一笑："对不起，是你逼我弄巧说假话了——谢谢你的香瓜，再见。"

女孩傻愣了,怔怔地看着列车呼啸而去······①

一个情节单元中的几个回合,因果相承并两极分化,事件不断发生意外,偶然与必然统一在特定情景之中,促使情节不断突转,令人颇感扑朔迷离,眼花缭乱。行骗与被骗、以骗治骗,看似荒唐的两极互为因果,构成了奇妙的情节:使男孩变得聪明竟是在一场骗局中完成的,而男孩变聪明又是通过行骗完成的。女孩子与男孩的行骗与被骗的戏剧性反转既是个别的偶然现象,也是中国社会市场经济话语垄断下道德蜕化的必然结果,一连串的因果悖逆带来一系列的错愕与惊喜。

2. 情节因果二重性

小说情节因果二重性(链锁性),指的是上一环节的结果同时又是下一环节的原因,这样的情节在因果二重性(链锁性)中实现效果的层层递增。在《人生小站》中,男孩用五十元钱买一个一元钱的香瓜引发女孩骗钱行动,女孩骗钱引发男孩反骗行动,结果是女孩机关算尽赔了香瓜失了生意。在这一连串的互为因果的情节推进过程中,错愕与惊喜不断递增。

当然在复杂情节中,因果关系并不是单层次的,而是多层次的,因为有了多层次,因果性就复杂化了。随着层次的推进,因果关系也就转化了,在此一层次是结果,到另一层次成了原因。金圣叹在评点《水浒传》中"武松打虎"时,反复提醒读者注意他手中拿的哨棒,因为到真要打虎时,这条哨棒要断掉。有了这样的结果才导致用拳头打死老虎的另一结果。金庸的武侠小说,情节跌宕起伏,一波未平一波又起,环环相扣,前因后果,前果又成为后因,最后的结果又说明了最前的因,让读者欲罢不能。

二、情节结构方式

情节的基本结构方式有两种:一种是情节环环相扣并且首尾呼应,情节的各个环节具有相当的连续性与完整性,这种情节结构方式我们称之为"封闭式"的情节结构;另一种是情节结构中各环节衔接不紧密,甚至有脱落的现象,我们称之为"开放式"的情节结构。

(一)封闭式情节结构

中国古典小说大部分都是大团圆的结局。许多才子佳人小说基本上是"有情人终成眷属"的情节结构,有些小说的情节不但写了人物的命运的结

---

① 陈心豪.人生小站[J].小说月报,1994(8):108-109.

局——金榜题名奉旨成婚,甚至还写到主人公生了几个儿子,有时连儿子的命运也做了交代。这是典型的封闭式情节结构。

中国古代戏剧也基本上都是终于"金榜题名时,洞房花烛夜"的大团圆结局,情节结构封闭。建国初期的莆仙戏名剧《团圆之后》的情节结构与传统戏剧迥异:贫寒子弟高中状元,请求旌表寡母并奉旨成婚,结果婚后第二天就发现母亲与恩师的私情,晴天霹雳,全家畏罪自杀,情节结构相对开放。田汉认为此剧可以"列入世界悲剧之林"。"金榜题名时,洞房花烛夜"之前的人生面对的是"生之重"的命题,也许人还好对付,而"金榜题名时,洞房花烛夜"之后人所要面对的是"生之轻"的命题,可能更不好对付,而且现在人们也基本摆脱了贫困,面对的基本上是生命之轻的困境,《团圆之后》的艺术价值正在于此。《团圆之后》与希腊神话中的《俄狄浦斯王》的情节结构有点相似,但在开放性上相对逊色,俄狄浦斯王在发现自己的王后竟然是自己的亲生母亲后刺瞎自己的双眼,逃离王宫,用余生去赎罪,并试图在流浪苦行中解脱生命困境。《团圆之后》虽然发现了团圆之后的人生困境,但在面对新的困境时选择以死了结,从生命存在的角度讲,剧本将生命丰富的可能性剪除了,将人对生命困境的解脱和努力都放弃了。

(二)开放式情节结构

西方的小说情节结构相对比较开放,显示较强的艺术张力,但有些小说情节结构的开放性却过犹不及。孙绍振在《文学创作论》中对小说情节结构的开放性作过评析:

"马克·吐温的《中世纪传奇故事》就是这样,女扮男装的康拉德去继承王位,未曾加冕就要审判其堂妹康丝坦斯,因为她生了一个私生子。康拉德坐在王位上说:如果你能供出奸夫可免一死。其堂妹回答说:就是你。康拉德气得晕倒了。要否认康丝坦斯的指控,最好的办法是宣布自己是女人。但古老的法律规定:任何女人在未加冕之前,在宝座上坐一分钟就得判死刑。如果她不用这办法排除身为奸夫的可能,就只能陷于更大的困境。结局如何呢?马克·吐温最后说:下文如何,无论现在或将来,你在任何书中也找不出来。情节的结局对于性格的完整当然次要,可以不完整,但是不完整并不等于说没有任何对结局的暗示或倾向的流露。马克·吐温显然是过分追求出奇制胜了。受马克·吐温的影响,美国作家弗兰克·斯多克顿写了一个短篇小说叫《女郎还是老虎》。一个小伙子与国王的女儿恋爱,为国王发现,便将他放置在一个竞技场中央。在竞技场的另一边,有两扇同样的门。一个门里是最凶恶的老虎,一个门里是从全国选来的最美的女郎。国王审判的方法就是让这个青年

人任意走向一扇门。如果是老虎,当然是被吃掉;如果是女郎,当场就可以举行婚礼。在最后这一天,国王法官分别就座,公主也坐在国王的身边,小伙子在上场前,他已得到公主送来的信息,得知届时她会给他做手势,暗示他走向哪边一扇门。当小伙子用眼睛询问公主时,公主很快举起右手,于是小伙子毫不犹豫地走向右方打开的门。小说的结尾是这样的:从这扇门走出来的是女郎还是老虎? 我把这个问题留给你们大家。不论是马克・吐温的无结尾还是斯多克顿的无结尾,情节都没有暗示人物内在情感的必然倾向。外在情节完整成为内在感情逻辑多余的累赘固然不好,外在动作情节的不完整使内在情感逻辑的环节脱落,更不好。"①

情节的结局太完整太封闭,可能会挤压阅读的想象空间,余味不足,有损艺术韵味,但是情节开放不等于说没有任何对结局的暗示或倾向的流露。马克・吐温和弗兰克・斯多克顿显然是过分追求开放性的效果了。不论是马克・吐温的无结尾还是斯多克顿的无结果,情节都没有暗示人物内在情感的必然倾向,读者就无从解读人物的外在动作选择。这种过分开放的情节结构"过犹不及",同样不足取。

第三节 塑造人物

小说的核心任务是创造有生命力的典型人物,小说的基本内容是人物的情感和生命。

小说人物是读者认知世界、感悟生活、洞察世事的独特切口,在小说人物的异质生命中我们可以认识多种生命形态和特质,从而获得与自己的真实人生不一样的生命体验。凡优秀的小说都会让读者产生共鸣,并情不自禁地代入到小说情境之中去体验一种异质的人生。读者的共鸣、移情与代入很大程度上是因与小说主人公感同身受引起的。若小说主人公的命运际遇逼真地呈现出现实生活的本质景象,读者就会产生一种似曾相识的代入感,并情不自禁地产生与主人公相似的情怀去体验那种非凡的异质生命历程。实际上,移情后的读者已是主人公的另一个自我,是读者的一种艺术"身份认同"。共鸣与代入是小说艺术魅力的重要标志,也是小说创作一直追求的重要目标。

---

① 孙绍振.文学创作论[M].福州:海峡文艺出版社,2007:541-542.

一、塑造特殊环境中的特殊人物

不管小说人物的性格多么特殊，多么奇葩另类，只要我们能找到他(她)与某种特殊环境发生了"促使"与"被促使"的关系，其性格再独特再奇葩另类也是合情合理的，这样的人物就具备了典型性和通约性，通过这个人物读者可以解读出特殊生命的特殊奥秘。

林冲(《水浒传》)生命中的那种"逼"与"被逼"的关系，在古代集权社会具有必然性和普遍性，林冲性格的发展弧线充分显示了环境与性格的"逼"与"被逼"的促使关系。林冲原先是一个安于现状、软弱怕事、得过且过、逆来顺受、克已忍让、忍辱负重的禁军高级军官，经历一系列变故后成了梁山上最具反叛性，坚决反对招安的最彻底的革命者。人物性格的两极在他身上体现得最为淋漓尽致。这是环境一步步将他逼上绝路，他已没有了退路，是别无选择的选择。在相国寺内高衙内调戏林冲妻子，林冲怒不可遏地准备开揍调戏者，充分表现出一个军人的血性，然而当他看清对方是高衙内时"先自手软了"，因为他还要在军队里混，上司的儿子是万万不可得罪的。接着在陆虞候设计的圈套中林妻再遭调戏，林冲虽怒砸陆家，但还是没有找幕后指使者高衙内算账，他还想保全这个来之不易的小康之家。林冲虽一次次忍让，高衙内却步步紧逼，指使差役在野猪林暗杀林冲，当鲁智深赶来相救，准备杀掉两个差役时，林冲又一次忍让，劝止鲁智深杀差役，这时的他还是想着等自己刑满之后回家与娘子团聚，还得留有后路。最后在草料场被烧，寄宿山神庙中无意听到陆虞候等人的谈话，才醒悟自己的忍让妥协与保家苟安的愿望都是痴心妄想，一切愿景彻底破灭，退路被堵绝，最终愤而杀人，被逼上梁山，最终成了梁山上最彻底的革命者。《色戒》中的王佳芝在负责色诱易先生的行动中反而被易先生色诱而功败垂成，这对于一个间谍来说确实不可原谅也过于出人意料。但读者只要认真分析一下她的间谍身份，一切就顺理成章了。她从一开始就是被动参与暗杀行动，根本没做好心理准备，一切仿佛在演戏。她还没有真正爱过，同伙为了给她工作需要的性经验，随便让一个同伙与她发生了性关系，这在她的心中烙下了无法弥补的伤痕。所以在易先生的物欲、性欲、情欲的三重诱惑下她迷失了参演剧本中自己的戏份，把真实的自己交给了老奸巨猾的易先生。她只是一个没有社会经验的学生，感情生活一片空白，对性更是无知，要色诱易先生这样的情场老手，若不失败那真有点反逻辑反常规。所以，习作者在塑造人物时，只要能够为人物特殊的性格找到其所依托的特殊环境，你的小说人物就足以存活。

二、在非常情景下展示人物潜在的无意识选择

从社会科学的角度来说,人的本质就是社会关系的总和。作为文学形象,人物的性格与人物的选择分不开。性格是一个人对待特定现实的独特态度,以及与这相适应的行为方式。同样的生理气质,在社会实践过程中,也会向不同的心理方向分化。决定这种分化的既不完全是遗传的生理气质,也不完全是社会环境,而是人物的自我调节,或者用存在主义的话来说:性格即选择,命运即选择。

在特定情景下,一个人的选择体现了他的性格。在对待查抄大观园一事,探春选择坚决反击,而迎春则选择沉默。在爱情破灭时,选择焚稿断痴情的只能是林黛玉,选择卧轨的则只能是安娜。

一般情况下,人物的选择有两种:一种是有意识的选择,另一种是无意识的选择。有意识的选择在感情与理性之间,人物的选择是自觉的。在理性仍然清醒没有失去控制力的情况下进行的选择是一种自觉的选择。属于有意识的选择。这种选择一般比较符合常理,人物真正的个性外人看不出来。在理性失去控制力之下的选择则是一种自发的选择,属于无意识的选择。这种选择一般都不太符合常理,有时会令人触目惊心,最能暴露人物情感深处隐藏的秘密。在无意识领域,人的情感比较充分地被解放了,因而无意识的选择是一种最自由的选择,但这种最自由的无意识选择在正常情景下也最不可能出现,只有当人物处在一个自己的理性来不及做出迅速反应的非常情景下才会瞬间出现,有时会令周围的人甚至人物自己都感到震惊。而恰恰是这时候人物的无意识选择才真正暴露了人物内心的不为人知的秘密,人物的真实情感与灵魂才浮出水面。

无意识的选择往往是瞬间不过脑子的条件反射。《大浴女》中的尹小跳在小妹尹小荃即将掉进窨井的瞬间下意识地捏住二妹尹小帆的手阻止她叫喊,从而导致小妹尹小荃掉进窨井惨死。每天走得很安全的街道突然出现没盖住的窨井,而走路还不稳的尹小荃正欢快地往那里冲,此时若两位姐姐大声叫一下,小妹一定会站住就可避免悲剧发生,但神使鬼差地,尹小跳就阻止了尹小帆的叫喊,这是她内心深处真实的无意识选择,一直想毁灭母亲红杏出墙的证据——私生女小妹尹小荃。那一刻她终于如愿以偿了。尹小跳爱心大姐、学霸、高雅知性的外衣之下的罪恶念头全部暴露在二妹尹小帆和读者面前,同时这一恶念与恶果也成了尹小跳自己一生的原罪,让她以后的生命必须时时刻刻面对自己的这一选择忏悔赎罪。

三、人物性格二重组合

小说人物同向性格元素的叠加不管占去文本的多少篇幅,人物性格仍然很单纯,甚至单薄,而反向的分化却能在极其短小的篇幅中使人物性格复杂深化。这就是人物性格的二重组合的艺术效果。

人物的感情逻辑之所以不同,是因为推动人物心理活动的原因与动力是不相同的。每一个人都会有自己心心念念的幻想和私欲(一生执念),正是个人的幻想与私欲(一生执念)决定了他(她)的选择,而选择又进一步决定了其性格。这就成了人物性格的逻辑起点——一生执念。人物性格随着情节的演进向纵深掘进,人物的一生执念不断地推动人物采取行动去满足私欲,从而不断地将自己置于更加危险的境地,最终人物的非理性行为将自己逼到绝境,这时人物会突然发现自己千辛万苦执着追求的结果并非自己的初衷,并在高潮上采取反向的选择并付诸行动,于是人物就在这一刻完成了自己性格的二重组合。

于连(《红与黑》)一生执着于钻营身份。只要有利于自己身份提升的事情,不管使用任何手段,哪怕冒着生命危险也要去做。功夫不负有心人,于连经过自己的不懈努力,通过勾引市长夫人与侯爵小姐迅速成功上位,成了侯爵小姐的未婚夫,因此获得贵族身份和一份不菲的田产,还被授予骠骑兵中尉军衔。就在他陶醉于对未来的憧憬之时,市长夫人一封告密信寄到了侯爵手上,于连的贵族梦破碎,恼羞成怒的于连刺杀市长夫人未遂被捕,面临生死审判。于连的未婚妻和情人市长夫人联手买通法官,准备与于连串供扳回官司。关键时刻于连却拒绝串供,断然选择上断头台,这一情节高潮瞬间撕裂了于连单一的性格,于连的性格瞬间复杂化,使其成了一个世界性的文学典型。林冲、玛蒂尔德等人物形象都因性格逆向转变而得到深化,从而变得复杂而丰满。

第四节　锤炼语言

现代语言学认为,语言符号和思想是一起产生的,不能分开,离开了语言,思想就不存在,而语言本身也是思想,其中包含着民族文化的价值观念。实际上思维本身需以语言为依托,一方面语言是思维的外化形式,另一方面语言又反过来影响着思维的质量,什么样的语言方式往往就反映什么样的思维方式,从而影响到你能看到什么、想到什么、写到什么。海德格尔认为,人活在自己

的语言中,语言是人"存在的家",有语言学者称,不是人在说话,而是话在说人。张爱玲曾在《封锁》里形象地说:"生命像圣经,从希伯莱文译成希腊文,从希腊文译成拉丁文,从拉丁文译成英文,从英文译成国语,从国语译成上海话。……"①

"小说是用语言作为媒介手段的。语言是人类的共同使用物,无论如何变化语言,但文字与词汇必定是经验之物。"②"事实上在文学写作中,一时一刻都离不开语言,什么时候都绕不开语言;夸张一点说,语言在许多时候简直可以看做目的,而不仅仅是手段——语言差不多就是一切,一切都包含在语言中。"③就小说创作而言,面对世界和现实人生,是"抗争"还是"妥协",是"认真"还是"玩世",决定了小说文本的语言风格,从而决定了小说的向度。反之,语言形式与风格也决定了作家面对世界和现实人生的态度。

刘震云在《一地鸡毛》中用"调侃"的语式叙述了一对大学毕业生夫妻的生活。主人公小林本曾经是个胸怀壮志的青年人,却在经历了日常纠缠之后,心身憔悴,成为一个近乎厚颜无耻的"世故者"。其妻子小李,更是从一个天真纯洁的少女,"进化"成了一个用尽心机应付社会、他人,打发日子的"偷水女人"、邋遢妇人。他们被世俗岁月腐蚀变质了,世俗化、庸俗化了,一定程度上也可以说是"堕落"了。文本这种"调侃"语式所具有的暧昧话语与人物的生存世界之间建立起了无奈、感伤的宿命关系,表达了主人公消沉的心理情绪:人格的自我取消,逃避个体应在这个世界上去寻找、确定自己的位置的责任;用老于世故的面孔去与生活和现实"苟合"。其实,这种"调侃"的叙述语式植根于作者对现实的妥协,甚至表现出一种"顶礼膜拜"的精神向度。

陈建功短篇小说《丹凤眼》写"窑哥儿"辛小亮找对象,谈了多次,都吹了,厌烦得很,可是他妈妈非要再拉他见一个姑娘不可。他见了,下面就是一段有趣的对话:

那姑娘问她:"听说你在矿上工作?"

他说:"是啊。"

姑娘问:"下井吗?"

他说:"当然下井。"

---

①　张爱玲文集:第一卷[M].合肥:安徽文艺出版社,1992:100.
②　刘恪.现代小说技巧讲堂[M].天津:百花文艺出版社,2006:5.
③　张炜.小说坊八讲——香港浸会大学授课录[M].北京:三联书店,2011:4.

姑娘又问:"那……现在井下安全搞得不错吧?"

他可冒火了,嘎劲儿上来了:"不安全,净死人! 我们矿上,净是寡妇!"①

这段话耐人寻味。姑娘的问话是以关心的姿态出现,委婉,含蓄,不失分寸,但蕴含的潜台词却是对采煤职业的担心和害怕。这点,一向被人看不起的"窑哥儿"辛小亮十分敏感,他立即反唇相讥,表现了自己的傲气和犟劲。这其中虽有畸形的尊严,更有着某种值得珍视的品格:对自己职业的自豪感,对世俗偏见的鄙视与不屑。其实辛小亮的态度也是作家的态度:不与世俗"苟合"的文人犟劲与傲气!

一、小说语言的审美追求

汪曾祺在《关于小说的语言(札记)》中说:"语言不只是技巧,不只是形式,小说的语言不是纯粹的外部的东西,语言和内容是同时存在的,不可剥离的。""语言是小说的本体,不是附加体,可有可无的。从这个意义上说,写小说就是写语言。"②

文学创作的实践表明,语言是作家物化审美意识的唯一材料。他对生活的理解、认识和评价,要借助于语言;他进行艺术思维,孕育艺术形象,也不能完全离开语言;最后,当他要把内心的审美感受与体验表现出来,给它以物质的外壳,使其物化为可供他人欣赏的艺术形象时,就只能依赖语言了。所以,优秀的小说家对语言都特别敏感,对叙事语言有自觉的审美追求。

(一)小说语言的逼真性追求

"真实是文学的生命。"重真求实是中外文论的核心命题。《周易》主张"修辞立其诚",王充提出"疾虚妄",陆游认为"文不容伪",王国维推崇"真景物、真情感"。布瓦洛认为"只有真才美,只有真才可爱",巴尔扎克声称"获得全世界闻名的不朽的成功的秘密在于真实",杜勃罗留波夫在《黑暗的王国》中断言"作为艺术家的作家,他的主要价值就在他的描写的真实性"。可见,真实性是古今中外所有艺术创作所追求的共同目标。

当然,这里所指的"真实性",并不局限于生活中的客观真实。它包括艺术的真实——艺术镜像的拟真性。关于生活真实和艺术真实,我们可以从莫言的小说《红高粱》和张艺谋的电影《红高粱》进行对比分析体会其不同的真实属性。

---

① 陈建功.陈建功小说精选[M].北京:华夏出版社,1997:17.

② 汪曾祺全集:四[M].北京:北京师范大学出版社,1998:7.

1.客观真实:本事之真,真相再现,以符实度为准

莫言《红高粱》中,日本兵逼令孙五剥杀罗汉大叔人皮的情景:

"父亲看到孙五的刀子在大爷的耳朵上锯木头一样锯着。罗汉大爷狂呼不止,一股焦黄的尿水从两腿间一串一串地呲出来。""罗汉大爷凄厉地大叫着,瘦骨嶙嶙的身体在拴马桩上激烈扭动。""孙五操着刀,从罗汉大爷头顶上外翻着的伤口剥起。一刀刀细索索发响,他剥得非常仔细。罗汉大爷的头皮褪下。露出了青紫的眼珠。露出了一棱棱的肉……""罗汉大爷脸皮被剥掉后,不成形状的嘴里还呜呜噜噜地响着,一串一串鲜红的小血珠从他的酱色的头皮上往下流。孙五已经不像人,他的刀法是那么精细,把一张皮剥得完整无缺。罗汉大爷被剥成一个肉核后,肚子里的肠子蠢蠢欲动,一群群葱绿的苍蝇漫天飞舞。"[①]

上述情节追求客观真实,强调本事之真,情景相当逼真,血腥,现场感特别强,感观刺激十分强烈,会使人产生相应的心理反应。

2.艺术真实:情趣之真,超世展现,强调意识形态

莫言小说《红高粱》被张艺谋改编成电影,其中日本兵逼令孙五剥杀罗汉大叔这一情节进行了艺术处理:罗汉大叔破口大骂日本鬼子,大义凛然,慷慨就死……

这里罗汉大叔的人性被意识形态化了,突出了其身上的英雄性。观众的感观刺激被弱化了,而心灵的刺激被强化了。

所以,小说语言的真实性效果取决于小说语言的艺术追求,有什么样的艺术追求,就会产生什么样的效果。前者达成了生活真实的效果,后者则达成了艺术真实的效果。

(二)小说语言的形象性追求

"小说所包含的是一个语言的艺术系统,更准确地说,是一个语言形象系统。"(巴赫金)小说丰富复杂的艺术形象是通过形象生动的语言实现的。形象生动地表情达意是写作的基本要求,文学写作(包含小说写作)对语言的形象性要求则更高,有时在细节刻画上特别强调浓墨重彩的形象化描摹。

《水浒传》这样写鲁智深醉酒回寺情景:头重脚轻,眼红耳赤;前合后仰,东倒西歪,踉踉跄跄上山来,似当风之鹤;摆摆摇摇回寺去,如出水之蛇。这一细节先从人物内在的感觉落笔"头重脚轻",说明一向酒量海大的鲁智深这回已

---

① 覃治华.浅谈萧红小说的语言特征[J].吕梁高等专科学校学报,2008(03):27-28.

喝了不少酒,已无法控制自己的行动,这为下文大闹寺院埋下伏笔;接着是近距离的肖像,"眼红耳赤"说明酒劲已经上来了;然后是拉开距离描绘人物在酒劲的作用下濒临失控的行动,就像电影镜头的远近摇拉艺术,先近镜头的"前合后仰,东倒西歪"再远镜头"似当风之鹤"最后回到近镜头"如出水之蛇"。镜头不断切换,组成非常生动形象的画面。王奎山小说《韩根》中写韩根被以黑瘦小孩为首的一群山村小孩恶意污辱,他忍无可忍地如饿虎扑食一般,一下子跨到了那个浑身黑瘦的孩子的身上,一手高高地扬起了放羊鞭作殴打状,一手指着自己的鼻子,冲那浑身黑瘦的孩子哇哇地怪叫着。一下震住了众小孩的韩根傻傻地笑。壮硕的黄板牙裸露无遗。一丝细细的口涎从嘴角垂下,闪烁着熠熠的光。作家形象生动地写出了弱智的韩根自尊受到严重伤害时的英雄举动及胜利后傻怪的行为,人物形象十分生动可感。

(三)小说语言的象征性追求

小说语言具有象征性与隐喻性,作家在创作过程中,对自己的语言都十分考究,都努力追求语言背后的象征与隐喻。象征(隐喻)以一事物暗示另一事物,它可以为思想化妆,可以为观念归类;可以使深奥艰涩的道理变得浅显易懂,也可以使简单浅显的观念变得神妙难测;可以让意义增殖;也可以使思想更加深刻,让隐喻充当意义的挖掘机;还可以使思想迅速飞跃,让隐喻充当思维的加速器。

钱钟书的《围城》借"围城"与"鸟笼"隐喻现代人在爱情、事业、人生中不可逃脱的困境:外面的人想冲进去,里面的人想冲出来。沈从文的《边城》也是象征隐喻丰富的小说。"边城"本身就是小说整体的象喻。老船夫的死、白塔的倒毁、渡船的漂失等象喻了"边城"——作者心灵中保留的"美的世界"逐渐地被侵蚀,不断崩塌。《红高粱》中的许多意象都富有象征隐喻作用。小说中描绘的"野地里疯长的红高粱"象征了黄土上勃发生命力;奶奶死时幻化红色鸽子,爷爷从此眼睛只看见红色的意象构成一则隽永的隐喻:对和平的向往,对人性美的礼赞,对美的生命陨灭的悼念……

(四)小说语言的哲理性追求

小说语言的哲理内涵可以提高小说的价值,有理想抱负的小说家在小说语言上都十分看重其哲理性的内涵,力求在平淡冷静的叙述与形象生动的描绘之中融入自己深刻的哲学思考。

钱钟书在《围城》中只用一个妙喻就将世界上的悲观主义与乐观主义两种思想讲得十分透彻——"天下只有两种人。比如一串葡萄到手,一种人挑最好的先吃,另一种人把最好的留到最后吃。照例第一种人应该乐观,因为他每吃一颗都是吃剩的葡萄里最好的;第二种人应该悲观,因为他每吃一颗都是吃剩的葡萄里最坏的。不过事实却适得其反,缘故是第二种人还有希望,第一种人只有回忆。"[1]只用一句话就将世上的各色婚姻与爱情的本质剖析得入木三分——爱情多半是不成功的,要么苦于终成眷属的厌倦,要么苦于未能终成眷属的悲哀。冯骥才在《三寸金莲》中也只用一句话就将真理的时效性特征说明一清二楚——有时有理又没理,没理又有理,没理过一阵子没准变得在理,有理过一阵子又变得没理。

（五）小说语言的诗意追求

黑格尔曾说过,语言的艺术在内容上和表现形式上比起其他艺术都远较广阔,其所表现的所有内容和形式都可以纳入诗,由诗加以形象化。就一位作家而言,语言是其全部生活感受、生命体验、个性气质、文化涵养乃至审美理想的最直接的综合性体现,往往正是从语言上,最容易鉴别出一个作家的艺术风格。许多小说家都在创作中将小说当作诗歌来写,他们的小说语言如诗歌般优美。

汪曾祺受老师沈从文的影响,他的小说不但有散文优美的画面,而且有诗歌悠然和谐的韵律,读之可享受到跨界艺术的丰富营养:

芦花才吐新穗。发着银光,软软的,滑溜溜的,像一串丝线。有的地方结了蒲棒,通红的,像一枝一枝水蜡烛,青浮萍、紫浮萍、长脚蚊子、小蜘蛛、野菱角花开着四瓣的小白花。惊起一只青桩(一种水鸟),揪着芦穗,扑鲁鲁飞远了。(汪曾祺《受戒》)[2]

陈染曾经在访谈中对记者说,她写小说都是当作诗来创作的,因此她的小说语言十分追求一种诗的节奏感与形式感:

我们的头顶为什么没有

蓝天,太阳为什么从不栖落我

们的肩头

告诉我妈妈

我们的头顶为什么没有

蓝天,太阳为什么从不栖落我

们的肩头

---

①　吴其南.《围城》修辞论[M].北京:中国广播电视出版社,2005:69.

②　汪曾祺.受戒[M].北京:作家出版社,2016:24.

告诉我妈妈^①

二、小说人物语言（对话）的特点与要求

小说语言分叙述语言与人物对话。叙述语言是作家的语言，人物对话不是作家的语言，是人物的语言。叙述者的语言一般是书面语，如果是口语，那就是作品中的人物语言。叙述语言一般显示创作主体的语言水平，带着主体的语言风格；而人物语言的文化水平不高，也是可以的，这要看对话人物的身份。小说人物语言有自己的特点和要求。

（一）小说人物对话的特点

1.多用日常的感性的语言

人物对话中即使讲高深的道理，由于人物的身份，也可能不用书面语言、学术语言说话，而是用日常的感性的语言，把抽象的概念感性化，这是口语最明显的特点之一。

在李锐的《无风之树》中，刘主任这样解释"树欲静而风不止"：

知道什么叫'树欲静'吗，啊？ 树欲静就是说树它倒是想停住，想歇歇。可是风他妈×的一股劲儿地刮，一股劲儿地刮，刮得你想停也停不住，想站也站不住。^②

2.对话多为短句，单句，很明快，一针见血，不拖泥带水；很少用复合性长句，而且语气变化迅速，肯定语气、否定语气、疑问语气、感叹语气交相出现。

曹乃谦《贵举老汉》：

一股一股的不是鸡肉的也不是黄米糕的香味道，给他扇过来，让就饭吃。

吃完。她问："糕软不？"

"软。"

"肉满不？"

"……满。"

"东家的媳妇圪诌不？"

"……"

他的喉头又在一蠕一蠕地滑。

"嗨！ 我问你呢。"

---

① 陈染.陈染文集·与往事干杯［M］.扬州：江苏文艺出版社，1996：17.

② 李锐.无风之树［M］.沈阳：春风文艺出版社，2003：34.

"……嗯?"

"东家的媳妇圪谄不?"

他没言语。

他一下子扑上去。他把她给重重地压倒在莜麦墙下。①

3.对话不但很少用长句,而且很少用虚词来连接句子,全凭当时语境(神态、表情、语气、上下文)暗示。

《永别了,武器》的结尾:

凯瑟琳死后,亨利不顾护士的阻拦,执意要进去看一看爱妻的遗容。

"你现在不能进去。"一个护士说。

"不,我要进去。"我说。

"你还是不要进去。"

"你走开!那位也走开!"

但是当我把他们撵走,关上门关掉灯以后,并没感觉好多少,却像与一尊雕像告别一样。呆了一会儿,我离开了医院,冒雨回到了旅馆。②

4.对话通俗,富有生活气息。当然这一点不是绝对的,在一些比较特殊的情况下,在特殊人物之间,也可能有相反的情况。

曹乃谦《亲家》:

一大早,就听得院外前有毛驴在"咳咳"的吼嗓子。

黑旦说:"狗日的亲家来搬了。"

女人说:"甭叫他进。等我穿好裤。"

黑旦说:"球。横竖也是个那。"

女人的脸刷地给红了,说:"要不你跟亲家说说,就说我有病不能去。反正我不是真的来了?"

黑旦说:"那能行?中国人说话得算话。"

黑旦出院迎亲家。

亲家把院门框扶扶正,把毛驴拴在门框上,又把门框扶扶正。

黑旦冲窑喊:"去!给亲家掏个鸡。我跟锅扣大爷借瓶酒。"

"亲家,"黑旦亲家说,"我灌来一瓶。每回尽喝你的。"

黑旦说:"球。咱俩分啥你我。"

---

① 曹乃谦.到黑夜想你没办法:温家窑风景·亲家[M].武汉:长江文艺出版社,2017:46.

② 海明威.永别了,武器[M].上海:上海译文出版社,2006:340.

黑旦女人低头出了院,眼睛不往谁身上看,去掏鸡窝。[①]

从中可以看到个体尊严与困窘生活之间相互妥协,也可以发现"食"与"色"之间沉默艰难的换位……

5.对话是一种即时语言,是现场特殊人物的即景语言,有一种现场感,它可以揭示现场人物的特殊情感。

1937年4月26日,德空军轰炸了西班牙巴斯克地区一个毫无设防的小镇格尔尼卡,1654名无辜生命死于轰炸。毕加索怒不可遏地画下了《格尔尼卡》的悲惨景象……后来一个德国军官来到毕加索的画室,指着这幅画的复制品问:"这是你的杰作? 毕加索不假思索地答道:"不,这是你的杰作!"

曹乃谦的小说《莜麦秸窝里》:

天底下静悄悄的,月婆照得场面白花花的。在莜麦秸垛朝着月婆的那一面,他和她为自己做了一个窝。

"你进。"

"你进。"

"要不一起进。"

他和她一起往窝里钻,把窝给钻塌了。莜麦秸轻轻散了架,埋住了他和她。

他张开粗胳膊往起顶。"甭管它,挺好的。"她缩在他的怀里说,"丑哥保险可恨我。"

"不恨,窑黑子比我有钱。"

"有钱我也不花,悄悄儿攒上给丑哥可娶女人。"

"我不要。我要攒。"

"我不要。"

"我要要。"

他听她快哭呀,就不言语了。

"丑哥。"半天她又说。

"恩?"

"丑哥唬我一个。"

"甭这样。"

"要这样。"

"今儿我没心思。"

---

① 曹乃谦.到黑夜想你没办法:温家窑风景·亲家[M].长沙:湖南文艺出版社,2017:1.

"要这样。"

他听她要哭呀,就低头在她脸上亲了一下。绵绵的,软软的。

"错了,是这儿。"她嘟着嘴巴说。他又在她的嘴唇上亲了一下。凉凉的,湿湿的。

"啥味儿?"

"莜面味儿。"

"不对不对。要不你再试试看。"她扳下他的头。

"还是莜面味儿。"他想了想说。

"胡说,刚才我专吃了冰糖。要不你再试试看。"她又往下扳他的头。

"冰糖,冰糖。"他忙忙地说。

老半天他们又是没言语。

"丑哥。"

"恩?"

"要不,要不今儿我就先跟你做那个啥吧。"

"甭,甭,月婆在外前,这样是不可以的。咱温家窑的姑娘是不不可以这样的。"

"恩,那就等以后。我回来。"

"恩"

又是老半天他们没言语,只听见外面月婆走路声和叹息声。

"丑哥。"

"这是命。"

"命。"

"咱俩命不好。"

"我不好,你好。"

"不好。"

"好。"

"不好。"

"好。"

"就不好。"①

---

① 曹乃谦.到黑夜想你没办法:温家窑风景·莜麦秸窝里[M].长沙:湖南文艺出版社,2017:10-12.

富有诗意的场景与对话却让人透不过气来——物质挤压了人的情感,现实榨干了精神……这就是中国北方人民的生命境况,让人情何以堪。

6.对话是在现场多种条件的刺激下随机激发的,具有一定非逻辑性的特征。

李锐《无风之树》:

> 大狗说,爸,拐爷死了。
>
> 二狗说,爸,拐爷头上有根绳子。
>
> 大狗说,爸,刘主任说拐爷是自己把自己给杀了。二狗说,爸,我们啥也没看见,我们就是吃了一把煮豆子,拐爷的头上有根绳子,后来刘主任就用斧头把拐爷给砍下来了。[①]

(二)对话的要求

1.对话要符合人物的性格、文化水平、气质,符合人物内心的真实感受。

《骆驼祥子》中虎妞勾引祥子,请祥子喝酒一节:

> "我不喝酒!"祥子看着酒盅出神。
>
> "不喝就滚出去,好心好意,不领情是怎着? 你个傻骆驼! 辣不死你! 连我还能喝四两呢。不信,你看着!"
>
> 她把酒盅端起来,灌了多半盅,一闭眼,哈了一声。举着盅儿:"你喝! 要不,我揪耳朵灌你!"[②]

2.对话要心口错位。

对话与独白的绝对真实不同,人物内在的所思所想与所说之话往往不对等,微妙的人物对话就可以让读者洞察人物内心更多的东西,让读者有种心照不宣,心领神会的审美享受。要写好对话,就要有心口错位,不直接面对读者,而直接面对人物,让读者去意会那没有条理的东西,去猜,他才会有阅读的兴趣。

《红楼梦》中写贾云向他舅舅卜世仁借钱买香料反而挨了一顿训,贾云听了唠叨得不堪,便起身告辞。

> 卜世仁并不认真地说了一句"你吃了饭去吧。"一句话尚未说完,只见娘子说道:"你又糊涂了! 说着没米,这里买了半斤面来下给你吃,这会还装胖子呢,留下外甥挨饿不成?"卜世仁道:"再买半斤,添上就是了。"他娘

---

① 李锐.无风之树[M].沈阳:春风文艺出版社,2003:95.

② 老舍.骆驼祥子·茶馆[M].北京:线装书局,2010:39.

子便叫女儿:"银姐,往对门奶奶家去问:有钱借几十个,明儿就送了来的。"夫妻两个说着,那贾云说了几个"不用费事"。早去的无影无踪了。①

卜世仁老婆满口假话,一个谎言套一个谎言,心口不一,揭示了这个公开声言为了不让外甥挨饿才不留他,若留了他,又要去借钱买面的女人的虚伪。光凭对话就写出了这个女人内心刻薄却强装慷慨,明明是鬼也骗不了,甚至连她自己也骗不了的把戏,她却十分认真地表演。

3.对话与潜对话

小说中人物之间的对话不能说尽,说尽了,意思反而单薄了。

海明威《杀人者》:

> "你不能离开这个城吗?"
>
> "不能,"奥利·安德烈森说。"这样奔来赶去,我已经跑够了。"
>
> 他望着墙壁。
>
> "现在没有什么办法。"
>
> "你不能想个办法,把这事情了结掉吗?"
>
> "不,我已经叫人家不高兴啦。"他用同样平板的声音说。"没有什么办法。再过一会,我会打定主意出去一下。"
>
> "我还是回去看看乔治,"尼克说。
>
> "再见,"奥利·安德烈森说,他眼睛并没有朝尼克那边看,"感谢你跑来一趟。"
>
> 尼克出去了。他关门时,看到奥利·安德烈森和衣躺在床上,眼睛望着墙壁。
>
> ……②

尼克劝奥利·安德烈森逃离躲避杀手,但安德烈森无动于衷,谢绝了尼克的好意,只淡淡地表达了对尼克冒死前来告密的勇敢行为的感谢。这其中有安德烈森四处躲藏后的疲倦与无处可藏匿的绝望,也有勘破世道后的漠然等等。

三、小说叙述语言的创造性运用

精确的语言能体现人的联想、经验和感情,但由于人的经验不同,做到语

---

① 曹雪芹,高鹗.红楼梦[M].北京:人民文学出版社,1982:333.
② 海明威.海明威短篇小说集·杀人者[M].任小红,译.长春:北方妇女儿童出版社,2011:153-154.

言的绝对精确是不可能的。语言的运用不仅是表达客观的现象,表达自己的感情,而且要唤醒读者的相关经验与相应情感。文学创作不能只追求准确用词,应该追求创造性地使用语言,要尽可能地开拓词语的能指范畴。

文学艺术既要求语言非常精确,又要求语言有某种微妙的不精确。有了这种微妙的不精确、不正确(陌生化),读者的经验才能被唤醒,语词新的可能性才被创造出来。有时不精确,不正确使用语言,意义却更加丰富深刻。

创造性运用语言最常用的方法就是对语义进行颠覆和重构,使之产生陌生而又有意味的奇妙效果。陌生化是俄国形式主义文艺理论术语。施克洛夫斯基认为,艺术的目的是要使人感受到事物,而不是仅仅知道事物。艺术的技巧就是使对象陌生,使形式变得困难,增加感觉的难度和时间长度,因为感觉过程本身就是审美目的,必须设法延长。

(一)创造性留白

小说语言本质上不是模仿。"文学语言就其功能来说是不适用于对等的再现,其最高效应是激活读者自己的想象和经验。"[1]

语言有多义的现象,特别是引申义和暗示义,它富有象征隐喻性,更典型的是语言的空白义。文学创作与欣赏都应具有一种精细的感觉,对字面以外的意义应保持特别的敏感。

马克·吐温微型小说《丈夫支出账单中的一页》:

> 招聘女打字员的广告费……(支出金额)
>
> 提前一星期预付给女打字员的薪水……(支出金额)
>
> 购买送给女打字员的花束……(支出金额)
>
> 同她共进的一顿晚餐……(支出金额)
>
> 给夫人买衣服……(支出金额)
>
> 给岳母买大衣……(支出金额)[2]

这是一篇无头无尾,不写环境,连人物都没有出场的微型小说。作者只是通过似断实连的情节,给读者留下大量的空白,让读者用想象去填充,深刻领会作品的意蕴。这种大量的语言符号层上的空白手法,给读者创造了进行再欣赏,再创造的广阔天地。在这张令人莫名其妙的账单中,实则隐藏着一场家

---

① 孙绍振.论变异[M].广州:花城出版社,1987:57.

② 王令.小说创作策略:空白与未定性[J].河南工程学院学报(社会科学版),2008(03):90.

庭闹剧:丈夫与新招聘的女打字员之间关系十分暧昧,又是给她预支薪水,又是送花请吃饭,不料被夫人和岳母知道,掀起了轩然大波。丈夫为保全面子,只得花了一大笔钱给妻子和岳母买了不少名贵衣服,以扑灭后院燃烧起的燃眉之火。最后,不得不辞退了原来的年轻女打字员,另聘一位中年女打字员。小说只通过寥寥数语就画出了社会世相,其大量的空白给了读者无限的想象空间。

海明威的《永别了,武器》开头:"冬天开始了,来了一场没完没了的雨,而霍乱也跟着雨来了。瘟疫得到了控制,结果部队里只死了 7 千人。"[①]

初看起来,这段话似乎只是一种极客观的陈述而已。但是在这浓缩了的话语里,当读者仔细琢磨后,就会觉得在这段话背后,有着深厚的底蕴。试想在现实生活里,在怎样的情境下"只有"这个词才能同"7 千"亡灵联系配搭。而且它还很容易激发读者联想到:死于霍乱的就 7 千人,那么死于其他疾病或其他原因的又有多少呢?死的 7 千人都是士兵,那么在平民老百中又有多少人被这种疾病夺去了生命呢?海明威"冰山"式的叙述具有特殊的艺术审美效应:文本的空白处有着比文本更为丰富的意蕴。这得力于海明威的"电报式"语言的象征与隐喻,体现了海明威作品的"冰山"风格。

（二）创造性改造

语言形象,是由文学作品的具体语言组织所呈现的富有个性特征和独特魅力的语言形态。它虽然直接地是一种具体的个人话语形象,但往往改造和置换了现成社会话语形象。

"这就是文人学士究竟比不识字的奴才聪明,党国究竟比贾府高明,现在究竟比乾隆时候光明:三明主义。"[②]

鲁迅利用谐音改造三民主义语义结构,深刻揭露了国民党反动派治下的"三民主义"已蜕变,蒋所鼓吹的"保障言论自由"只不过是一派谎言。

（三）创造性词语活用

创造性应用语言可将现实生活中的,或者熟悉的普通语言和标准语言适度扭曲、变形,使语言奇异化、陌生化,或者使奇异的语言通俗化,使它们偏离普通语言和标准语言而变得陌生而富有韵味。

1.动词活用

---

① 海明威.永别了,武器[M].林疑今,译.上海:上海译文出版社,2006:4.

② 鲁迅全集[M].兰州:甘肃民族出版社,1998:882.

鲁迅《祝福》："他是我的本家，比我长一辈，应该称之曰'四叔'，是一个讲理学的老监生。……一见面是寒暄，寒暄之后说'胖了'，说我胖了之后即大骂新党。但我知道，这并非借题在骂我：因为他骂的还有康有为。但是，谈话总是不投机的了，于是不多久，我便一个人剩在书房里。"[①]

这里"剩"不仅仅是"余下"的意思，这其中包含作者自己复杂的人生体验与感受：一方面表达一种孑然独处时难以言状的孤寂无聊；另一方面也表达了一种话不投机时孤独无朋友的伤怀……

2. 形容词活用

阎连科《中士还乡》起笔："早上，太阳不圆，像鸡蛋硬在东天，光线七扭八歪弯到村头。亮倒还挺亮。中士起床后，揉着睡眼这么觉得。他站在门口，瞟一眼太阳，挤下眼，又慌忙把目光招回。"[②]

"太阳不圆"不说太阳被乌云遮住，而说"不圆"；"像鸡蛋硬在东天"不说太阳挂在东边而说"硬"在东天；不说"把目光收回"而说"把目光招回"。这使得小说一开篇就给人一种陌生而异样的感觉，相信大部分的读者会被这陌生而奇异的语言给迷住，非往下看不可。

当然，创造性应用语言的方法与技巧还有很多，而且还在不断地滋生拓展，只要新创造的语言能产生新的艺术效果就是好的文学语言。习作者应尽可能地使自己新创作的作品同别人的作品以及自己过去的作品区别开来，以便显得"陌生"。

思考与训练

一、阅读下列段子并编写一个小段子，要求段子中所包含的事件之间必须因果相承并最终导向有趣而又有味的悖反式大逆转：

> 大学期末考试，大家怂恿学霸传答案。出考场后，众人纷纷问学霸：为啥少一个，最后一题是不是不会？学霸淡定地回答道：第一题不会……

二、欣赏微小说《熏死人了》并创作一篇微小说。

---

① 鲁迅全集[M].兰州：甘肃民族出版社，1998：342.
② 阎连科.中士还乡[M].上海：上海文艺出版社，2015：81.

熏死人了

我们领导有一宝贝独生女儿……中午领导就躺在沙发上看电视,看着看着睡着了……这时候,他突然感到一个小被子给他盖上了。一阵暖流拂过心间。觉得女儿果真是爸爸的贴心小棉袄啊,养女儿真是没白养啊。然后在这美好的感动中……听到女儿跑过去跟她妈妈悄悄地说:"妈妈,爸爸的脚真臭啊,受不了……不盖住熏死人了……"①

三、根据以下小说人物成长的编写程序,编写一个人物的成长故事。

小说人物成长的编写程序:

发端事件(故事情节第一阶段):设计起因事件,让人物进入非常态的第二环境……

发展事件(故事情节第二阶段):环境改变,人物必须改变行事方式,但改与不改的选择却让人物陷入两难的道德困境……

结局事件(故事情节第三阶段):人物因自己的选择付出惨重代价,而这个代价还处在未完成状态……

四、创作:"门当户对"故事新编(校园版)。

延展阅读

1. 罗纳德·B. 托比亚斯著,王更臣译:《经典情节 20 种》,中国人民大学出版社,2015 年版。

2. 张炜:《小说坊八讲——香港浸会大学授课录》,三联书店,2011 年版。

3. 龙一:《小说技术》,百花文艺出版社,2011 年版。

---

① 刘海涛.微小说佳作与写作方法赏析(2):误会式突变[EB/OL].2013-08-19[2018-09-13].http://blog.sina.com.cn//htaoboke.

第七章　网络新媒体叙事

第一节　网络新媒介时代的叙事文本形态

网络文学近年来稳步高速发展,网络文学用户 2009 年有 1.63 亿人,2010年 1.95 亿人,2011 年 2.03 亿人,2012 年 2.33 亿人,2013 年 2.74 亿人。从这个数据中可以看到网络新媒介和中国的发展速度是同步的。网络小说在网络新媒介逐渐成为当代中国信息传播主导性媒介的同时,逐步从边缘走到中心——至少在阅读量和影响力方面已经远远超过了传统出版物。

一、大型网站小说及其工业环境

(一)"文青文"与"小白文"

2003 年 6 月,在传奇文学选刊杂志社、广州市大然文化发展有限公司和广州当地出版社及文化部门联合举办的"中国首届奇幻文学笔会"上,"起点中文网"宣布其即将推出"VIP 方案",同年 10 月正式推出该制度。原来在"读写网"里作者稿费月入 1000 元基本是无法实现的梦,而"VIP 方案"推出后的第一个月就有多个网络作者的稿费收入超过了 1000 元。这一制度为作者争取了更多利益,吸引了大批网络作者的加入,中国网络文学的产业化进程真正开始启动。随着网络写作付费制度的全面铺开,在网络作家写作数量急剧扩张的同时,网络小说的风格也开始出现与传统纸质文学不一样的形态。为了吸引读者,标题尽可能夸张醒目是作家首要的工作,在文字与情节处理方面要尽可能在短时间内抓住读者,而且情节冲突不仅要强烈而且还要多样。这时出现了"小白文"与"文青文"之分。"小白文"指的是内容肤浅、情节臃肿简单、结构混乱但情节矛盾层出不穷、故事发展过程荒诞离奇的小说。其在题材的选择上也有鲜明的特色,主要是玄幻、仙侠、后宫、穿越、盗墓、惊悚、灵异、悬疑。很多题材在文学网站出现后才成为一种比较有影响力的小说文类,很多名词后来几乎成为所有文学网站的类型划分模式。和"小白文"不同,"文青文"的主要特色是情怀,也就是比较注重个人表达。网络写作最初的特色就是自由自在,没有任何约束,想表达什么就表达什么。早期网络作家"少君"曾经明确地说道,网络文学"与传统的文学的不同之点在于:主要在发泄,没有功利,对发表、稿费不在乎……网上写作天马行空,而且百发百中,没有被退稿的挫折……网络文学的重要特征是,作家和读者可以及时进行双向交流。网络文学按照自身规律发展下去,提供宣泄渠道,跟市场没有关系"[①]。"文青文"从字面上看似乎是恢复了网络小说的最初状态。但是苦情加华丽的词风后来成为"文青文"的基本模板,用网络作家猫腻的说法,"'文青文'只是在'小白文'的外表上披了一件不错的袍子"。[②] 这是网站宣传炒作网络作家的另一套标准化制作机制。其中所谓的个性意义无疑也带上了比较鲜明的网络文学个性特色。

(二)网站网络小说的工业环境

对于当代中国网络文学而言,更重大的一件事是 2008 年 7 月盛大文学网站的成立。"盛大"跟很多文学网站一样从免费转为收费,随着资本的强力介入,发展成为全版权运营公司,先后控股了"起点中文网""起点女生网""言情小说吧""红袖添香网""榕树下""潇湘书院"等著名文学网站,还拥有晋江文学城等网站 50%的股权,一度占据网络文学阅读 70%以上的份额。2013 年,高盛出资将近 1.2 亿美元购买了盛大文学 20%的股权。相对于其他文学网站,盛大文学集团自成立后,无论是办站理念、经营模式还是发展方向都表现出鲜明的工业化性质。用其首席执行官侯小强的话来说:"大家看到小说的时候会说它是小说,但我把它当产品,当作一个版权,一次生产,多次开发。"盛大涉及的领域有网络付费阅读、传统纸质出版、影视剧改编、游戏开发、动漫制作以及其他一系列衍生品的开发设计。盛大文学集团成立后,腾讯、百度等纷纷介入网络文学工业体系,陆续成立了"创世文学网""多酷文学网""91 熊猫看书"等,当代中国最初类似"诗江湖"式的山头网站逐渐被整合为几个大的网络文学运营集团。随着手机阅读的进一步发展,腾讯的移动平台对网络阅读越来越有吸引力,2015 年,盛大文学网与腾讯网进一步合并,成立了阅文集团,统

---

① 江少川.北美网络作家少君访谈录[J].世界华文文学论坛,2003(1):74-76.

② 猫腻,邵燕君.以"爽文"写"情怀"——专访著名网络文学作家猫腻[J].南方文坛,2015(5):92-97.

一管理两家文学集团原有的原创文学网站。盛大这种全版权式的经营模式，除了同网络文学产业创意进一步成熟发展有着密切联系外，也与网络言论环境的变化有直接关系。VIP制度能否顺利推行，一个非常重要的前提条件是会员数量是否足够多。因此，不少网站利用色情暴力等文学作品吸引读者加入，随着上网人数的扩大，网站争夺读者的竞争活动加剧，色情文学开始在网络上泛滥。2004年，国家开展"打击淫秽色情网站专项行动"，一场网络扫黄席卷全国，一些著名的成人文学网站如"中国成人文学城""成人文学俱乐部"等被取缔，"天鹰文学网""读写网""翠微居"等网站也因为存在色情内容遭遇到整顿甚至关闭。诸如"起点中文网""幻剑书盟"等比较大型的网络文学网站的大量作品被删除或屏蔽。"净网"行动使网站力图通过色情、暴力等文学元素快速扩张读者群的企图受到限制，文学网站的盈利空间开始萎缩。这时，寻求新的产业化盈利路径是所有文学网站都无法绕过的问题。

二、移动互联网传播和业界形态下的小说

（一）移动互联网的传播特色

移动互联网的出现一方面带来了便捷的小型支付的普及，另一方面也进一步扩大了网络用户数量，特别是网络文学用户数量急剧扩大。根据第32次中国互联网络信息中心报告发布的数据：截至2013年6月，我国网络文学用户数为2.48亿人，手机用户数为4.64亿，占整体网络用户的78.5%；其中网络用户的网络文学使用率为42.1%，超过了电子邮件、网上支付等。这个数据充分表明，在移动互联网时代，手机文学阅读成为手机上网人群的主要爱好之一，这无疑与PC端口时代有着很大的区别。除了网站、论坛、贴吧和QQ外，移动互联网的出现在传播空间方面带来的创新使微博和微信迅速普及。微博和微信的传播跟过去的网站传播有比较大的不同，文章的写作和阅读都要求在更为快捷的环境中进行，而且篇幅都受到一定程度的限制。如果说在PC端口时代，文学付费网站生产出来的作品是越来越长，那么在移动互联网时代，微博和微信生产出来的文学作品则越来越短。据统计，"《回到明朝当王爷》约370万字，《星辰变》约285万字，《斗破苍穹》约533万字，《盗墓笔记》约389万字，《鬼吹灯》和《后宫甄嬛传》算是较短的，但也分别有200万和150万字，多是超长篇"，而"微小说140字以内，微博140字以内，微信朋友圈200字

以内,微信公众号群发 600 字以内,短信文学每条 70 字以内"。① 适应手机快速和碎片式阅读的习惯,这些超短的微博和微信文学出现了与这些习惯相互适应的文类,如传统的手机短信段子、微小说、图片或者视频加上文字的全媒体文类等,不一而足,呈现出与网站文学极不一样的业态。

(二)移动互联网小说的文本特色

2010 年新浪微博开始组织第一届"微小说大赛",一直持续到 2016 年,已经举办了 7 届。作为有组织、有评委的比赛,类似传统期刊的编辑审稿制度,大赛的作品显然在质量、风格乃至观念上都有一定的要求。因此,相比于工业化的网站小说和江湖化的论坛诗歌,微小说呈现出更多传统文学的形式特性,即更为精粹、凝练。其主题也更为主流,如环保、关注弱势、美好的爱情、善良的人性等。首届"微小说大赛"获奖的作品,其选题基本都在上述主题范围内。从第二届开始,其征稿要求除了明确字数和主题外,还要求具有"小说的一般特征"。很显然加入这一条,对于微博小说文类创作来说,有了比较明确的文类规范,这对写作而言,无疑更强调作者的专业性。考察其中的获奖之作,虽然作者挂着"纯业余"的名号,但是从其严格的文类形式控制和各类要素的组合来看,都显示出了比较强的专业性。这种短小精悍的组织形式,在手机小说或者段子写作中曾经出现过。手机小说主要是在日本发展比较成熟,2000 年 1 月,第一部手机小说《深爱》发布,到 2002 年 1 月通过短信预订的读者突破 200 万人,数量惊人。2002 年 2 月,日本出版社新潮社最先开始提供"新潮手机文库"。和微博一样,手机小说的篇幅也是受到技术的限制。一般一条短信能发送 140 字节、70 个汉字,所以手机小说的一个段落一般不超过 70 个字,它在篇幅控制方面比微博更苛刻。一些比较著名的手机小说如《深爱》(日本)、《距离》(台湾)、《台北冷酷恋》(台湾)等字字珠玑、精锤细炼,一点也不让微博小说。同微小说相比,手机小说在选题方面显得更具有私人性。《深爱》写的是"援交"问题,反映了少男少女成长过程中的一些特殊困惑,《距离》写的也是台北青年男女的情感故事。爱情或者私人性比较强的情感描绘是其主要选题,这或许是因为微小说大赛中的优秀文章因为参加大赛的缘故,其选题会更多地向主旋律靠拢。除了选题重叠外,微小说和日本的手机小说的语言风格也不超出大陆著名情感杂志《知音》的风格范围,显示出比较鲜明的城市小

---

① 王小英.超长与微短:互联网时代"文学"的两幅面孔[J].社会科学,2015(10):184-191.

资青年的文化和审美趣味。2004年9月,大陆第一部连载手机短信小说《城外》开始发布,这篇短信小说用"城外"比喻婚外恋情,同注重情节元、动作性叙述的《距离》在叙述风格上有比较大的区别。《城外》通篇都是华丽的抒情铺排,每一条短信单列开来都是爱情和人生格言。这也是手机小说的另一种代表性风格,后来延续到微博小说中。

除了城市小资的感伤或抒情情调,幽默、玩笑甚至戏谑也是手机小说和微小说比较常见的叙述风格,这表现出网络尤其是中国网络后政治话语狂欢的一些文化共性。不过,无论是幽默还是感伤,戏谑还是私人温情倾诉,选题偏向私人情感倾述、文风相对来说比较讲究、精炼、短小精悍,这种带鲜明的"文青"风格的文类特性,构成了手机小说、微小说(微博加微信)和网站文学不一样的形式风貌。形成这种风貌的原因很多,但是其生产传播的工业机制无疑是占据主导地位的因素。手机小说和微博、微信小说都是精心组织的创作,跟网站文学是自由工作的作者集合在一起展开自由竞争的生产形式有着很大的不同。"微小说大赛"和微信公众号中有人专门经营和编选的文章自不待言(著名文学评论家王干还是新浪"微小说大赛"的评委),手机小说后面更是运营商拓展盈利的行为,其背后的工业炒作更接近传统的文化工作炒作形式。2004年8月,《城外》以18万元的高价被运营商买断,春风文艺出版社后来出版该小说的纸质版本。新浪网连续举办的"微小说大赛"奖品丰厚,第一名可以获得价值十万元的汽车一辆。在获得了广泛的关注之后,新浪计划将优秀的微小说作品改编成电影、整编成图书、制作成动漫等一系列衍生品的开发设计。微小说带来的成功,使另一个中国微博巨头——腾讯也不再置身事外,2012年起腾讯开始陆续推出一系列微小说大赛,如"春运微小说大赛""奥运微小说大赛"。黄玄的《距离》由台湾远传电信推出,产生反响之后,台湾中华电信公司也计划推出短信小说平台。而微信小说除了传统的运营商组织作者写作、比赛或相关的营销推广外,传统纸质出版物也是其另一个主要推广集群。2013年7月,百花文艺出版社的《小说月报》将微博、微信的二维码印在刊物的封底上,形成了纸质刊物和微传播之间的连接。2014年5月,《小说月报》编辑部开通了微信公众号,成为微信平台上拥有公众号的第一家纯文学期刊,截至当年11月,其订阅户突破7000人。

三、博客的传播形态及其文本特色

关于营利性网站小说和微小说的区别,著名文学评论家、新浪"微小说大赛"评委王干曾经用"灌水"和"蒸馏"的对比来形容两者的区别①，由此可见不同的传播业态对文学风格形态产生的影响。2002年10月，方兴东开发出中国第一个博客网——中国博客网。一种新型的网络传播空间出现了，如果说论坛、微博是广场，微信是朋友圈，博客则更像是对外开放的个人房间。这种空间的性质决定了博客文学相比于工业化的文学网站、微博、论坛、微信等空间上的文学更具有私人性质。因此，跟处于江湖状态的诗歌一样，博客小说一开始就兼具夸张的个体炒作和精致的专业创作。2003年，"木子美"在自己的博客上晒下半身写作，并很快走红网络。这个套路与诗江湖的套路并无多大差异，"木子美"的博客文学连标题都具有鲜明的诗歌网络江湖风味，如《遗精书》，"博客中国"也因此声名大振。接着国内互联网巨头"新浪""网易""腾讯""天涯"都开通了博客，2005年前后，博客大有取代论坛成为人们上网创作发言的主要场所之势。国内著名作家、诗人和评论家纷纷开始开设自己的博客，写自己的即兴文章，转载自己的纸质媒体文章，作家在博客上交流写作心得，教网友做一些与文学相关的创意活动。博客的这种私人园地性质方便了作家根据自己的需要宣传推广自己的创作，扩大个人影响力，作家们将自己的著作贴在博客上，极大地扩展了阅读面。因此，博客以及发表在博客上的文学著作跟传统纸质媒介有着密切的联系。很多博客著作很快被纸质媒体刊登，或者被纸质媒体联合一些网站用来做评奖推广工作。博客刚流行不久，2005年10月，新浪就联合《读者文摘》杂志组织过一次"新浪博客短篇文学大赛"。2006年，几部比较著名的博客小说在纸质出版上均取得了比较好的销售成绩，如"脱网而出"的《我这半辈子》（长江文艺出版社）、"梅子"的《恋人食谱》（华夏出版社）和"乔乔"的《乔乔相亲记》（北方文艺出版社）。从2006年开始在博客上连载的"孔二狗"的《黑道风云二十年》，2009年出版上市才两个月销量就达到了30万册。或许是因为博客文学与传统纸质文学的关系过于紧密，导致其不像网站小说那样可以走出一种自己的文学生态，创造新型的阅读、创作关系和文本形态。这对于文学而言，究竟是幸还是不幸，很难下一个简单的断论，但是网站文学目前已经创造出了此前未见的文学生态，从文学如何因应媒介变化的现实、创造发展文学的新可能这一角度来说，网站的文学工业确实有很多新元素、新现象值得深入讨论。

　　不只是博客小说，和网站文学相比，微博小说和微信小说都因为与传统纸

---

① 　王干.微博小说：不要"灌水"要"蒸馏"[N].文汇报，2010-05-28.

质媒介的文学生态过于紧密,从评奖、出版、发表到创作过程,传统的编辑式干预与引导始终存在,文风由此偏向"文青这一脉",从它们本身的影响力和对后续中国文学乃至全球网络文学的发展来说,无疑有着明显的局限性。目前中国的网络文学不仅创造出了新业态、新形式,还能够走出国门,影响世界,成为中国文化输出中比较成功的对象,主要还是来自当前网络民间和网络市场中自发推动的首要文学形态和力量。

第二节 作家身份想象:作为粉丝圈书记员及其创作的可能性

一、网络小说的作者与读者的关系

传统的纸质出版,无论是通俗大众文学还是现代以来的启蒙和革命精英文学,作家相对于读者都保持着非常大的自由度。而在网络时代,作家面对的不只是如何使自己的作品更适合统计学意义上的大众。面对贴吧、QQ群,特别是著作下面的及时评论,作家和读者构成了一个面对面的对话关系,作家就像淘宝店的卖家一样,一方面要及时收集意见,改进写作服务,另一方面还要努力跟读者聊天做朋友,维护客户资源。人气是否旺盛和著作下面评论数的多少,会对读者的首次点击率产生比较大的影响。而评论群活跃、问答应对及时丰富,则会让读者对此论坛产生一种情感归属,从而对该著作持续保持阅读兴趣。网络作家中连续 5 年排行第一的"唐家三少"专门成立了一家公司,帮自己打理贴吧、QQ群、微信群,处理各种网络著作营销中遇到的问题。"唐家三少"还是网络作家群里最早用 QQ 群与读者聊天的网络作家,后来他又建立了微博、微信群、微信公众号。因此,各类榜单基本是根据读者的点击率和评论数来制作的。作为一种社区,论坛和网络群落里的作家和读者所构成的文化有着真实世界社区文化的一切特性,除了归属感或者认同度以外,还存在矛盾冲突甚至阴谋陷害。"南派三叔"在陈述自己离开网络的原因时,曾经谈到其中一个非常重要的理由,就是他越来越无法应对网络文学论坛上各种各样的读者,这些读者不仅会提要求或者建议,甚至还会挖"坑",让作者跳下去。所谓的"坑"就是故事的情节走向,一些读者做出来的设计和写出来的结果比作者还好。一些比较专业的读者甚至还能预测情节的走向和作者接下来的布局,这样的帖子跟帖量很大,影响力甚至超过了作品本身。面对这样的读者,作者不得不绞尽脑汁想出更好的情节思路。"他试着转移视线,把坑挖在别的地方,写作成了战场,有点儿像是被十万雄兵堵截,无论哪条路上都有'埋伏','填坑'的义务变成突破包围圈,在自己的领地上他成了被四处追逃的国王。"①虽然"南派三叔"在自己的回忆中没有败下阵来,但是这样的写作过程确实是传统作家没有遭遇过的挑战。一些脾气大、个性比较自我的作者因此跟读者发生争吵,甚至放弃更新文章,退出文章的写作。用一位网络作者的话来说,"如果要表达自己的东西,不顾读者,'我自己爽就行了',结局往往是'扑街扑到死'"②。

二、打赏与创作

(一)打赏制的形成

作者和读者围绕作品在网络上构成了一个交往圈,这样的交往圈过去只存在于作家、评论家或者是编辑之间,现在广大的读者也参与进来,他们不再是面目模糊的统计数据,而是活生生的个人在与作者对话。读者在某种意义上成了特殊形式的作者。读者成为特殊形式的作者,还表现在催更、打赏、月票等网络文学的读者权力形式上。其中打赏制度对于读者和作者的关系来说,无疑又形成了工业资本意义上的另一重含义。2009 年 9 月,起点中文网推行打赏制,网络文学打赏制度的成功推行,引起了比较广泛的关注。2014年 8 月,微博开始打赏公测,2015 年 3 月,微信也对打赏制度进行了内测。打赏制目前是读者论坛赚人气的一种重要形式。打赏多的往往会被置顶,下面的读者则跟帖赞叹、讨论。2010 年 8 月,《凡人修仙传》获得第一个 1 万元打赏;2010 年 11 月,《重生之贼行天下》单人打赏 10 万元,在网络上引起了一片轰动;2013 年 8 月,《星河大帝》获得了第一个 100 万元的打赏;2014 年春节前后,"唐家三少"被读者打赏 100 万。目前在网络上排名前十的作家群体里,打赏收入大约是作家与网站三七分成(最初是五五分成)。打赏制度出来后,越来越受到作者的重视,特别是粉丝众多的大神级作者,其一部著作的总收入里来自打赏的据估算占 20%~25%。打赏款项数目多的人,会被其他读者尊称为"盟主",成为论坛上凝集人气的代表人物。当前很多研究者在讨论网络文

① 南派三叔:很难再承受写作的孤独[EB/OL]. 2016-03-21. http://news. sohu. com/20160321/n441360684. shtml.
② 张中江. 网络写手:网络写作比上班还累[N]. 都市女报,2010-12-21.

学的时候,往往是从读者反应、读者主权的角度来谈论网络文学的阅读与写作。事实上,在打赏制度下,读者并不是抽象的某个阅读的主体,而是包含着丰富的经济学含义的阅读人物。有人认为此批评打赏制度让网络文学充满了铜臭味,让文学论坛中到处都是攀比,不利于作家安静创作①。这一批评放在传统文学里无可厚非,但是网络文学本身就是工业的产物,它的核心目标就是获得利润,拿铜臭味来批判它,确实有些不着边际。对网络文学生态来说,真正值得观察的是打赏制度对作家与读者、网络文学工业形态和网络文本的影响。对于文学网站来说,打赏制度除了是一个重要的吸金手段外,还可以建立读者与网站、作者和文本之间更为密切的联系。

(二)打赏制的群体效应及其工业意义

起点中文网规定,打赏 1000 元人民币以上的可以晋级为"盟主"。费斯克在《理解大众文化》一书中明确指出:粉丝其实是一群过度消费者(excessive consumers),他们在大众文化上投入了大量的时间、情感和金钱,因而与产品之间建立了一种非常密切的精神联系②。这种粉丝文化现象也表现在网络文学领域,不少研究者都注意到了这个现象,从付费阅读到打赏,读者有了相应的付出后,对网站的情感会加深,因此,让读者付费是维护读者客户的一种重要手段。其中"盟主"的实力和数量是维持这种网络文学社群认同的重要因素。这涉及网络论坛的小圈子化在网络文学社群里的表现形式。中国网络论坛无论是文学论坛还是一般的公众论坛,都存在着小圈子化特性,它往往由一批灵魂人物领导,构成了一个独特的准同人圈。这些小圈子不仅有自己的爱好、品性,还有自己的语言,以保证圈子的独立性和区分度。有论者曾经加入过《大主宰》的 QQ 群,里面有 600 人之多,"由于不能正确掌握和理解群内成员间的交际与言说内容,无法及时对群内互动做出有意义的反馈与回应,最终于三天后被管理员驱逐出去"。③ 相比于一般论坛的小圈子,网络文学论坛的灵魂人物除了水平比较高的文学分析者以外,另一类就是赏金比较多的"盟主",不同的网络文学论坛聚集在不同的"盟主"之下形成了一种或隐或显的竞争关系。在打赏上加码,往往是不同论坛或者不同网络文学社群之间相互竞

① 何海勇."打赏"让网络文学染上铜臭味[J].青年记者,2014(7):68-68.
② 约翰·费斯克.理解大众文化[M].王晓珏,宋伟杰,译.北京:中央编译出版社,2001:220.
③ 胡勇.网络小说语言的反语言:身份与言语社区的构建[J].江西社会科学,2014(7):103-108.

争的一种形式,是网络社群认同感的一种独特表现形式,"将打赏定义为粉丝基于对作品或作者的喜爱及价值认同,以争夺文本生产与所指的控制权为目的,在荣誉感、参与感、责任感、成就感等一个或几个不同心理机制的驱动下,参与自我身份建构与粉丝社区文化建构的符号消费"。① 除了社群认同感,在社群上打赏跟发微信红包一样,有着比较强的娱乐戏谑功能,跟中国网络文化整体的玩笑式狂欢氛围相契合。打赏制度在微博上推行后,对一些涉及科技、医疗和大政方针的信息要不要开通打赏,人们还存在一些犹豫,因为不少人担心这样会损害信息的严肃性。但是在网络文学里面,似乎这种担忧从未存在过。打开起点中文网的著作评论,社群里面精华加红的打赏贴被置顶,增添了几分喜庆气氛。点开帖子,里面各种各样的赞叹、庆祝或者戏谑更是充满狂欢色彩。对于网络文学作者来说,打赏不仅能增加收入,而且会影响其著作的人气——"盟主"数量是著作人气排名的重要指标。而对于读者来说,"盟主"的数量是网络文学论坛的热门话题,每一次"盟主"人数的突破都会带来众多讨论,激发大家发言的激情。"盟主"往往还会被邀请进入作者的内部群,对故事接下来的写作拥有比较大的发言权。

三、粉丝化:网络文学社群氛围的创作意义

网络文学论坛上每天发布的文章浩如烟海,读者经常无从下手,这时候"盟主"和论坛"追文族"里水平比较高的读者往往会成为意见领袖,帮助读者去区分"雷文"和"爽文"。这些意见领袖名气大了后会成为论坛编辑或者是被作者雇佣为自己写书评,包括指点作者如何写作才能吸引粉丝。意见领袖既是读者和粉丝的偶像、粉丝代表,又是职业的书评人,成为网络文学生态中的一种独特存在,这一存在使作者的功能进一步被分解、分化。从工业化的码字、追求点击率到论坛读者群认同感的建立,在网络文学工业环境下,作者只是其中的一个环节,决定文本走向的往往是社群氛围,其中读者和作者的界限确实是很模糊,很多时候作者更像是特定社群文学喜好的秘书,负责将该社群的文学趣味记录或者呈现出来。由此可以看到大众文化"粉丝现象"的某些一般特性,粉丝作为"过度消费者",他们在对文化产品投入大量情感的同时,也是一个坚定不移动的"完美消费者",他们对产品的忠诚程度有时候高于作者,

---

① 黄艳明,姜海月.网络文学消费者打赏意愿研究[J].中外企业家,2015(26):257-259.

进而形成一种稳定的消费趋向。① "完美消费者"的这种倾向如果受到触动便会遭到粉丝的强烈反弹，进而促使粉丝主动捍卫甚至进行自我创造。另一位强调粉丝主体性的大众文化研究者詹金斯强调，在粉丝的世界里，没有生产者（作者）和消费者（读者）的区分，粉丝是"生产的消费者，写作的阅读者，参与的观看者"。② 费斯克在这种貌似盲从的"狂欢"和再造中看到了大众的主体性。无论中国网络文学粉丝群相对于大众文化主流意识形态有多大程度的主体性和独立性，中国网络文学从创作到产生具有强烈的粉丝文化特征是毋庸置疑的。回顾中国网络作家群体的人员来历，也可以看到网络文学作家逐渐走向粉丝化的历程。第一代网络作者"少君"等是传统的文学爱好者，他们用网络的形式发布作品；第二代网络文学作者尤其是起点中文网之后工业环境下的作者多数是"80后""90后"，他们是跟着网络成长的一代人。据2014年7月CNNIC发布的数据统计，中国网民中20～29岁的占30.7％，10～19岁的占24.5％，两者共同构成了网络文学的主要读者群和作者群。很多网络文学作者都是高中生、大学生甚至包括部分初中生。不少原来就是网络文学的读者，他们本身就是网络文学的粉丝，在网络文学的社群氛围中通过阅读和讨论开始写作，形成了网络粉丝追文族的"三级跳"现象："初级单纯追捧心仪小说""中级给作者支招或挑刺""高级资深粉丝自立门户"③。因此，网络文学如果有作者的话，真正的作者应该是网络社群——粉丝文化圈，它是网络人群、趣味和阅读量的源头所在。在网络文学论坛追文的浓烈粉丝气氛以及作者小心翼翼地维护自己的粉丝群体的过程中，"除了粉丝自己，谁还能是这些资料（即粉丝价值观和本真性）的最佳生产者呢"？④ 国家意志通过收编作者表现出来的作用最多是多了几位传统作家，或者是培养了一批有着传统作家的一些必备素质的网络文学作者，将他们抽离出网络文学社群体系，使他们脱离或者说违背网络文学创作的工业形态以及建立于其上的网络文学创作生态，他们将

---

① Jonathan David Tankel，Keith Murphy. Collecting Comic Books：A Study of the Fan and Curatorial Consumption［M］//Theorizing Fandom：Fans，Subculture and Identity，eds. Cheryl Harris and Alison Alexander，Cresskill：Hampton，1998：66-67.

② Henry Jenkins. Strangers No More，We Sing：Filking and the Social Construction of the Science Fiction Fan Community［M］//The Adoring Audience：Fan Culture and Popular Media，ed. LisaA. Lewis，London；New York：Routledge，1992：208.

③ 何岸，邓文婷. "追文族"捧红网络小说当"砖家"介入创作找乐［N］. 重庆商报，2010-09-07.

④ 陶东风. 粉丝文化读本［M］. 北京：北京大学出版社，2009：91.

不再是网络作家。如何引导网络文学朝主流方向发展,这个是不能不注意的领域。

"投入的、参与的"而不是"有距离的、批判的"阅读,导致读者成为过度消费者、特定消费趣味的忠诚捍卫者,网络文学论坛构成的文学粉丝文化圈相比于过去纸质时代的单向性,无疑更具有群体性特征。如《星际迷航》的女粉丝费什依靠个体想象和愿望重造剧中的男性和女性形象,在网络文学论坛上,这种重造或干预每时每刻都在发生。"唐家三少"每写一部作品,都会事先向读者征集相关的想象资源:"你想在这个书里叫什么,你是一个什么样的人,你的个性有什么特点。读者写好后交给我的核心书迷,他们会负责列一个表给我。我写书的时候就会有选择性地使用。"①因此,国家意志力企图像对待传统纸质文学那样,通过改编作者达到影响甚至控制网络文学的目的,显然是不可能的。更有效的做法无疑是深入粉丝圈,或者制造出适合自己的粉丝圈。只是粉丝文化作为大众文化现象,在费斯克看来,它与官方主流文化之间天生存在着既分离又映照的关系,形成了一种相对于官方主流文化的独立"文化流通和生产体系"。国家意志介入其中的过程,博弈、重塑、出走或再造,或许是一个不可避免的循环转换。

第三节 盗墓小说:在论坛与网络文学 车间里面的创作

2006年1月《鬼吹灯》在"天涯"上连载发布,发布后不久"天下霸唱"就宣布与起点中文网签约。同年12月,实体书出版并登上了各大畅销书排行榜,并且很快排行榜首。2007年"鬼吹灯"游戏上线。《鬼吹灯》在起点中文网还被改编成漫画,不到10天阅读人次就超过13万,评论达到2200多条,在"起点"的漫画频道里牢固占据第一的位置。这种悬疑惊悚、风土人物、专业知识科普相互结合的文类形式,在网络传播中是比较受欢迎的一种形式。这种形式跟后来起点中文网上粉丝群创作的小说无疑有着相当大的不同,但随着后期与网站签约,其也有网络文学的共性。

---

① 陶禹舟.唐家三少尽一已之力回馈网络文学[N].新民晚报,2014-06-14.

一、《鬼吹灯》的网站传播历程

《鬼吹灯》于 2005 年 12 月 14 日晚上开始在"天涯·莲蓬鬼话"上连载。第一段就是胡八一的自述,从家族史说起,说着就挖了第一个坑,纸扎的女人变成了活人,惊悚悬疑的气氛立马出来了。从论坛发言的角度来说,五六百字的篇幅,人物大致的来历、未来故事的伏线还有恐怖悬疑都有了,让人产生了比较强烈的阅读下去的兴趣。故事发布的开头一段时间,作者保持着一天两段大约一千字的更新幅度。后来不少读者嫌一千字太短,不停地催促更新,因为比较火爆,还出现了"夫下霸唱""天下霸猖"等假作者在后面续贴。论坛虽然火爆,催更贴随处可见,但是因为没有码字数量的要求,也没有"盟主"打赏和月票,"天下霸唱"仍然保持着很高的独立性。论坛里基本是众星拱月式地期待着作者的出现,有人还声称感谢"霸唱",要请他喝酒,快到春节时,还有很多读者向他拜年。"天下霸唱"只是偶尔向读者解释一下没有及时更新的原因,对网友的讨论或者仿造很少回应,基本上保证每天晚上 12 点一过就更新,整体的叙述和风格的制作保持着完整的独立性。相比之下,一开始就在起点中文网上发布的《盗墓笔记》对读者的意见显然在意许多,"南派三叔"还特地把网友们的段子和网络上的一些讨论以及自己对这些问题的回答集中起来,发布在起点中文网上,供人免费阅读。不知道是不是应网站的要求,《鬼吹灯》到了"起点"后,开头有一个《外篇》,专门收录一些网友的精彩跟帖或者戏仿,原来在"天涯"里面基本不跟网友直接交谈的"天下霸唱"也在这里做了一些回应或解释,从中可以看到论坛传播和网络文学工业网站传播读写关系的不同之处(详见下文的分析)。《鬼吹灯》的作者用说书人的语气娓娓道来,节奏舒缓自如,人物形象、心理刻画以及环境气氛的烘托用简略的笔墨勾勒,形象和氛围全出,显示出良好的叙述功力。更新到 2016 年 1 月 20 日时,有人指出《鬼吹灯》里一些情节的出处,如开头不久的"老鼠吸烟"是从《醉茶志怪·雨夜谈鬼事》的第二个故事《张涛的故事》改编而来,还有《凶宅猛鬼》里的"分水箭"故事的创意也来自《醉茶志怪》。对于读者的分析,"天下霸唱"本人没有直接回应,但有网友替他打抱不平说,作者写了那么多字,即使个别故事是改编而来的,也仅仅占极小的部分,不能因此质疑文本的原创性。

二、《鬼吹灯》的语言形态

(一)多种语言符号类型的混合拼贴
多数论述者提到网络文学时都会谈到网络文学语言的碎片、直白、无深度。但是这种泛泛之谈放在具体文本上时要非常小心,最起码对《鬼吹灯》来说就不适合。《鬼吹灯》不仅在知识和文学技术方面相当专业,而且在语言方面也与通常的网络文学有着相当大的区别。最直接的区别是整部文本中基本不存在网络语言,跟网络文学论坛里大量象声、谐音、表情符号、中文混合、数学符号、字母甚至生造词的修辞形式,以及《盗墓笔记》里动不动出现POSS、email、无间道相比,《鬼吹灯》的语言显然离网络很远(也可以说《盗墓笔记》更贴近当代生活)。此外,还值得注意的是,其文本语言形式非常丰富,大量的俗语、谚语、成语、半文不白的词句、"文革"时期的常用政治性对白、还有北方各地的方言俚语,混合在非常老道沉稳的叙述当中,显得既沉稳又风趣,还多少带着对各类历史语境的调侃意味。胡八一三人第一次盗墓,在金代一位将军的棺木前,胡八一拜了三拜,口中念念有词:"尘归尘,土归土,钱财珠宝皆是身外之物,生不带来,死不带去,您留下这些财物也没什么大用,我们盗亦有道,取走之后,必定将大部分用于修桥铺路改善人民生活,学习雷锋好榜样,爱憎分明不忘本,立场坚定……"民间宗教、传统习俗的用词和毛时代的革命大词汇混杂在一起,有着王朔式的戏谑效果。这种杂糅拼贴的语言在文本里非常多,再如用方言俚语重述政治性大词汇,产生了一种政治玩笑色彩意味。如胡八一和胖子为了盗墓回到了当年插队的村子,见到了当年的村支书。村支书看到他们张口就来毛时代的语言,叫他们"毛主席的孩子",还问现在"文化大革命"准备整啥了,毛主席有什么新指示。胡八一赶紧扶着老支书说:"他老人家好着呢,天天都躺在纪念馆里,大伙谁想他了,买张票就能进去看看他老人家。噢,对了,'文化大革命'早结束了,现在小平同志正领着咱大伙整改革开放这一块呢。"村支书的耳朵已经听不见了,没听清"小明同志是谁",也不知道毛主席到哪里休息去了,临告别还在后面喊:"孩子们,你们回去向他老人家汇报俺们坚决拥护无产阶级文化大革命……该咋整就咋整。"相比于王朔,作者并不是一味地要贫嘴,而是在语体混杂的修辞形式之外,总体上保持话本小说叙述简洁明快又悬念丛生的特性。

(二)玩笑戏谑的主导性语言特征

不管是有意还是无意的迎合,《鬼吹灯》的语体混杂特性都在风格氛围上跟网络语言玩笑戏谑的主导特性互相吻合。在"天涯"连载的过程中,不少跟帖都反复提到看这部小说的第一感觉不是恐怖,而是好笑。也有不少网友仿照文本风格,进行各种类型的再创造。在连载过程中,或许是受论坛玩笑气氛的影响,戏谑玩笑的语言成分明显增多。开头平和安静的叙述人到了黑风洞古墓之后,明显变得喜欢开玩笑了。甚至还出现长篇大论的文类拼贴。在日军地下要塞里，他们碰到了小鬼，为了给自己壮胆，胖子背诵起了"文革"时期的抒情诗《献给第三次世界大战的勇士》。诗歌很长，几乎占据了一个帖子的篇幅，浪漫主义的政治抒情和神秘志怪小说的叙述绯闻结合在一块，使得这一段故事的叙述中恐怖气氛大打折扣。五六万字以后，游戏玩笑的气氛越来越浓烈，论坛里戏仿搞笑的帖子也越来越多。如胡八一他们打开金国将军郭虾蟆的棺盖，一通不伦不类的祷词激发了不少网友的游戏欲，有网友在后面对胡八一的言语风格做了比较逼真的仿造，"我想古尸有灵，当一跃而起，涕泪横流，手捧大把金银财宝双膝跪倒，泣曰：'后生可畏，财务须此用才为正道，但须牢记一点，要先改善盗墓者的生活待遇'"。阅读的惊悚恐怖貌似有向网络戏谑狂欢转移的迹象。因为跟帖太多，影响了帖子打开的速度，主帖夹杂在各类回帖里比较难找到，2006 年 1 月 23 日帖子盖到 47 楼时，"天下霸唱"将已经发布的内容换了一个帖发布。一个月以后帖子盖到 35 楼，2 月 23 日又换了一个主帖，一直盖到 68 楼。也就是在 2006 年 2 月 23 日的帖子里，作者开帖就公告了在起点中文网有加速版，还粘贴了地址，同时宣布不再发整理贴，直到不再更新，因为起点中文网更新到 89 段就会结束免费阅读。作者在"天涯"上换了三个主帖，除了整理一下方便阅读外，让帖子换一个位置，清理一下发帖环境也应在其考虑之列。每次换帖的开头几段，作者的叙述明显比较冷静。到第三个帖子以后，开始讲述西行前往精绝古城的故事，文本中戏谑玩笑的语言明显减少，相反多了几分苍凉凝重。也是从这个帖子开始，因为小说开始在起点中文网连载，在"天涯"逐渐减少更新的量和频率，大致变成一周一更或两更，直到 4 月 12 日精绝古城探险结束，文本在"天涯"的连载结束，起点中文网也结束了免费阅读，并把该书列入 VIP。

　　《鬼吹灯》之后不久出来的另一部影响比较大的盗墓小说——《盗墓笔记》，其中也有大量戏谑段落。相比之下，《盗墓笔记》里穿插混合的内容多数是网络里生活化的搞笑或者是一些不涉及政治历史内涵的流行语、流行文化事件或者网络流行文化用词、用句。如网络呆萌型的段子"他把这表当命一样，喝醉了就拿出这表边看边'鹃啊，丽啊'的叫，我问他你那老娘们到底叫什么，他想半天，竟然哭出来，说我他娘的给忘了""'这墓里埋的一定是什么身份很特殊的人，可能比当时的皇帝还要尊贵'。我脱口而出：'皇帝他爹。'"再如说话夸张惊人的网络飞沫："你说的是不错，可惜你来太晚了，我老爷子去年已经西游，你要找他，回去割脉吧！"《盗墓笔记》也有意使用方言俚语来写作，一方面这样做有生活气息，讲故事时叙述的语态比较方便操作，另一方面也容易制造出幽默效果。不过，和《鬼吹灯》经过说书人语气改造过的俚语相比，《盗墓笔记》中的方言俚语显然更为直接和赤裸。"潘子那把短枪从我裤裆下面伸出去,又是一枪,那弹壳直接跳出来打到我的裆部,我惨叫一声,几乎晕过去,大骂道:'你爷爷的,想阉了我啊!'潘子骂道:'妈的,j8 和命当然是命重要啦!'"词句的风格或许也跟作者的个性气质有关,不过《盗墓笔记》在网络文学工业网站赶速度、拜票、求推荐等要求影响下的文本特性无疑相当鲜明突出。大量的悬念、"坑"到后面估计都被忘记了,没有被解开。人物的思想观念和对白也显得啰嗦,没有《鬼吹灯》简洁明快、画龙点睛式的功力。《鬼吹灯》在起点中文网连载后,搞笑的段落和词句很多也是来自现实生活或者网络世界。在2005 年 12 月 14 日开头到 2006 年 4 月 12 日将近五个月的时间里,在"天涯"上总共连载 23 万字。整体上在"天涯"期间,"天下霸唱"很少与网友直接互动。如胡八一他们在日军地下要塞逃回到古墓,从盗洞逃出来,有读者指出这个洞口刚才被棺材盖封住了,现在突然又通了,是一个"硬伤"。"天下霸唱"对此表示道歉,并表示会更正(在"天涯"上没有更正)。其他网友的意见和建议作者很少回应。如金人古墓里的将军叫郭虾蟆,有网友说虾蟆战死在中原,而且金朝差不多已经灭亡,金国不可能有人花重金把郭将军的尸首买回来厚葬,这位网友建议作者虚构一个人名,以免和历史发生冲突。还有胡八一一行从西安出发去李春来家,要过黄河南下,有网友指出是方向错了,永远到不了。这些都是比较中肯的意见,但"天下霸唱"没有回应。

三、论坛连载小说和文学工业网站连载小说的区别

(一)论坛作者和网络文学工业网站写手的不同身份

要想在网络文学工业网站成为一名著名写手,千万不要想着自己在做文学,要明白自己只是在按需生产,除此以外还要对读者"言听计从""在小说章节末尾要添加'求票'、'给各位读者大人'、'跪求'等字眼,这就和求人、找工作、找项目没什么两样。"[①]"天下霸唱"是不可能对读者言听计从的,或许是因为《鬼吹灯》对"文革"时期的修辞做了比较多拼贴混搭制造出玩笑效果,有读者显示出了一些不满。有人揪住作者在介绍陈教授的时候,说了一通"文革"时期考古停滞、《考古》学杂志重新办起来的话。有网友非常不满地在后面跟帖指正说:1966 年到 1976 年是中国考古的黄金时期,而且考古不像现在那样是为了捞钱,那个时候人比较朴实,实实在在做事,最重要的是《考古》杂志

---

① 钱晚.网络写手的潜规则[J].现代计算机,2009(10):139-140.

在"文革"期间并没有停办过。这位网友的指责在"天涯"论坛的帖子里还引发了一场争论,不少人批驳这位网友,认为小说可以虚构。还有网友直接明说,有人想赞叹"文革",弄错了地方。一场当年在网络上非常流行的"左右之争"貌似在这个帖子里出现了。"天下霸唱"很克制,没有参与争论。《鬼吹灯》读写关系的相对独立更集中表现在其人物形象上。网络文学最主要的一个特征是读者强烈的代入感,作者的写作往往要满足读者发迹、表态、穿越、成功甚至色情的替代想象。因此,文本中的主人公形象不能太"高大上",必须有一定的缺陷,才适合读者的想象性替代。简单地说,网络文学工业网站的小说主人公是读者的自我想象,而不是读者敬仰的对象。《鬼吹灯》叙述人的语气整体上采用的是传统话本小说的形式。叙述人胡八一将故事原委缓缓道来,张弛有度,文本的行文整体比较风趣,在紧张的盗墓时期,还不失时机地来几句玩笑,显示叙述人胡八一的强大自信。在叙述的角度方面,文本中间不少地方还穿插了胡八一的评述,一些相关的背景知识或者环境的交代,基本采用叙述人"我"直接交代的方式,很少采用视角的变换。叙述人作为镜头,是读者阅读的引导者,本来叙述人独白是比较容易制造出代入感的,但是在《鬼吹灯》里胡八一沉着冷静、处事不惊而且对风水和分金之术有着惊人的悟性,在危机时刻总能最终找到适合的解决路径。叙述人胡八一无疑像是一名传奇式英雄,无论是其出身——打过仗,还是性格和能力都是一般读者很难望其项背的。

（二）不同作者地位下的文本形态

相比之下,《盗墓笔记》也采用第一人称"我"展开叙述,通过主人公"我"——吴邪的角度展开叙述。吴邪长得白净修长、清新脱俗而且足智多谋,初看上去也有胡八一那种让人迷恋的本质。但是这位承担叙述人功能的"我"在多次盗墓过程中都是处于次要角色,很多时候他更像一名跟着盗墓团队的军师,在旁边分析思考问题,对盗墓的行动人提出各种意见,而往往不在第一线直接面对危险。勇气和力量属于小哥、三叔和潘子等人。遇到比较大的困难时,他也会着急绝望,甚至拿出不顾一切要豁出去的姿态。第一部在尸洞里遇到危险和恐怖事件时,叙述人"我"在想、在看、在思考、在分析,但是就是没有行动,在具体的行动过程中,他是受到保护的对象。《盗墓笔记》里"我"的这种性格气质和在情节行动中占据的位置,跟胡八一显然有着非常大的区别,整体上给人印象是平凡软弱了许多。凡人显然比英雄更容易让普通人代入,在满足幻想的同时,体验情绪上的自然波动。事实上《盗墓笔记》对读者的让步、"尊重"是很鲜明的,女主人公阿宁因为不受读者待见,后来就很少出现在文本里,结果让《盗墓笔记》没有了爱情戏。而张起灵本来是一个次要人物,因为人气越来越高,结果在文本里占据的叙述分量越来越重。相比之下,《鬼吹灯》的人物性格及其相关地位一以贯之,读者喜欢的丁思甜,"天下霸唱"并没有让她复活。胡八一和杨雪莉的爱情也点到即止,作者很少迎合读者的愿望去正面铺叙,到最后两人的爱情结局也没有一个明确的交代。这种故意留白是很典型的传统纸质文学的做法,而不是网络文学的作风。虽然说《鬼吹灯》的作者创作的独立性比较强,但是正如前面所分析的那样,文本塑造出来的专业说书人的姿态和叙述人"我""高大上"的形象,比较适合在"天涯"论坛这样的平台上建立声望,从而吸引人气。事实上,《鬼吹灯》在诸多方面都照顾到了在论坛传播的特定形式,诸如在被"起点"VIP前不停地发整理帖,方便读者阅读,同时每日更新(与"起点"签约后,逐渐降低到每周一两更)。在论坛连载时候,文章几乎每一更的最后都会在情节的关键时刻掐掉,留一个"坑",制造悬念,吸引人们读下去。概括来看,以《鬼吹灯》精致老到的叙述风格、成熟的说书人语言、丰富的民俗风水历史等方面的知识以及游戏玩笑式的语言混搭,还有比较照顾论坛阅读习惯而在篇末制造悬念的章节安排形式,可见文本在网络传播过程中,其基本特性是如何慢慢被网络引导和变化的,作者又是如何在这个博弈过程中给予自己更多独立性和主动性的。

或许是因为在转到起点中文网连载前,《鬼吹灯》已经在"天涯"成名,到"起点"后,作者整体的叙事和语言基本保持了其主导特色,但是显然少了"文革"时期各类语言的混搭和戏用制造出来的玩笑,那种充满感性的政治力量和浓重的时代气息似乎在逐渐淡化,这不排除是网络文学工业出于安全考虑与作者商量的结果。当然,胡八一、胖子说话依然会带上一点"文革"腔,说话讲道理先背诵语录,但是诸如遇到鬼魂时大声朗诵《献给第三次世界大战的勇士》和在掏死者的陪葬用品时将学雷锋做好事混杂其中,对这种容易引起政治误读的叙述形式显然做了一些屏蔽。而码字数逐渐成为"天下霸唱"主要关注的方面。他在"天涯"论坛上连载到第二个帖子的中间部分时,就开始公告说自己将近写100万字。

思考与训练

一、阐述网络小说的工业化生产方式及其文本特性的关系。

二、如何认识网络作家身份和传统作家身份?

三、归纳整理网络小说的流行文类模式。

延展阅读

1.（美）理查德.克雷格：《网络新闻学：新媒体的报道、写作与编辑》，中国时代经济出版社，2001年版。

2.王振业、李舒：《新闻评论与电子媒介》，中国广播电视出版社，2004年版。

3.吴伟定：《电商运营之道：策略、方法与实践》，机械工业出版社，2015年版。

第八章　网络评论及其话语方式

第一节　跟帖评论:网络新闻
下面的语言故事

一、作为互动媒介的新闻跟帖

（一）新闻跟帖强大的交互集群效应

网络新闻传播和文学创作一样,瞬时的传达即及时的交互关系是其最核心的特色。从 2000 年"新浪"开通新闻跟帖以来,新闻即时的交互关系不仅是观察一般网民对新闻的态度的窗口,而且更重要的是网民的跟帖往往是推动一般性新闻朝着新闻事件方向发展的重要动力。十多年来,重大的网络事件最初都跟新闻跟帖有着密切联系,在微博出现以前,"网易""新浪"和"搜狐"等门户网站的新闻跟帖以及论坛(BBS)是实现新闻即时互动的主要媒介。"'博客抗议'剧目,从 2005 年之后崛起,在 2011 年之后呈下降趋势。这体现了BBS 论坛、博客、微博等基于 Web 2.0 技术的互联网应用在过去 10 年中用户需求的变化。"[①]在 2010 年以前,新闻跟帖在制造网络事件上的综合功能虽然比不上 BBS 论坛,但是它直接跟在新闻后面,对于网络舆情和新闻写作的变化方向有着直接推动作用。因此,讨论新闻跟帖的话语形式对于理解网络新闻具有非常重要的意义。网络新闻跟帖最初出现在新浪网上,而在网络新闻跟帖建设和发展方面,网易公司则起到了更为核心的作用。2003 年 12 月 3日,"网易"出现了第一条针对平面媒体的跟帖;2007 年,第一条被识别 IP 地

---

① 曾繁旭,钟智锦,刘黎明.中国网络事件的行动剧目分析——基于 10 年的数据分析[J].新闻记者,2014(8):71-78.

址的跟帖出现,跟帖开始更为迅速地流行起来;2008年网易公司的年终策划还被命名为"无跟帖,不新闻"。跟帖作为大众公共参与的重要途径,一开始就在后革命的政治文化中扮演着社会无意识释放的独特功能,各种长期被排除、隐蔽乃至压制的无声世界突然获得出口而喷发出来,显示出了惊人的社会能量。麦克卢汉在《理解媒介——论人的延伸》一书中指出:"大众媒介所显示的,并不是受众的规模,而是人人同时参与的现实。"[1]这个现实在中国到互联网时代才真正实现,从跟帖窗口按扭的命名中就可以看出其中隐含的社会欲望,"新浪"和"腾讯"是"我要评论"、"搜狐"是"我来说两句",在网易公司的"无跟帖,不新闻"之后,新浪公司也出了flash视频"你来影响世界",表达了公众参与社会事务的强烈愿望。在长期缺乏正常表达渠道的中国社会,大众显示出来的参与热情和对维护自身权益的渴望是惊人的。

  (二)新闻跟帖的主要功能——"宣泄"及其类型形式

  在这种愿望的背后,首先显示出了一种明显的悲情特征。"网民在新闻跟帖中所表达出的'悲情'或'质疑'情感,不论是以'戏谑'还是以其他方式呈现出来,从根本上说都是满足了网民的情感'宣泄'。根据传播学'使用与满足理论',受众是基于自己需求、满足自己的愿望而使用媒介。"[2]这种不无悲情色彩的宣泄在公权力伤害或者弱势群体受到伤害的时候,特别容易得到大规模聚集,如"孙志刚事件""湖北邓玉娇事件""我爸是李刚事件""躲猫猫事件"等,显示出了后革命经济文化语境中,人们在政治、经济和文化上普遍感受到的强烈的被剥夺感。这与同一时期线下群体性事件的发展趋势是相同的,"近年来,中国弱势群体的社会抗争剧目发生了新的变化,经常出现各种以牺牲尊严甚至生命为表现形式的悲情抗争"[3]。在这样的网络文化语境下,网易2008年的年终策划显得特别抒情甚至有些沉重,跟帖让新闻从独行的侠客成为"人与人之间的温情传递"。跟帖,在新闻下面说两句成为社会大众抱团取暖、表达权益的一种手段。其社会学意义已经远远超出了新闻领域。这个现象表明,在21世纪最初的几年里,网络新闻包括其跟帖本身承担了很多非新闻功能,进而介入社会生活的领域越来越丰富。跟帖的这种情绪聚集功能后来甚

---

① 麦克卢汉.理解媒介——论人的延伸[M].北京:商务印书馆,2011:8.

② 姚江龙,汪芳启.网易新闻跟帖中网民情感表达分析——以网易新闻跟帖为个案[J].编辑之友,2013(11):68-71.

③ 王金红,黄振辉.中国弱势群体的悲情抗争及其理论解释——以农民集体下跪事件为重点的实证分析[J].中山大学学报(社会科学版),2012,52(1):152-164.

至逐渐发展成为一种媒体手段,从社会动员、制作网络事件到网络营销都有广泛运用。著名的网络"标题党"后来之所以会在网络上盛行,一方面跟网络的"浅阅读"有直接关系,另一方面与跟帖的悲情宣泄习惯也有密切联系。很多网络新闻为了吸引社会注意力,往往在标题设置上进行多种多样的尝试,获得了众多行之有效的经验。比如刻意突出人物身份,突出某种有着鲜明阶级标识性的词句等。有论者统计了"安徽少女毁容案"的新闻跟帖情况,显然容易激发情绪、吸引大量跟帖的往往是突出了新闻主人公身份的标题。

二、新闻跟帖的类型及其形式

(一)新闻跟帖的风格类型

报道1　母亲称遭毁容少女现已精神失常(跟帖121424)

报道2　官二代烧伤少女威胁灭门不准报警(跟帖274172)

报道3　17岁少女拒绝官二代求爱被烧伤毁容(跟帖395268)

报道4　合肥遭毁容少女否认早恋说法(跟帖123620)

在这四个帖子后面的顶帖中,排在第一位的就是质疑,显示了网络新闻跟帖面对同类事件的一般惯例,从中可以看到网络新闻跟帖在某种程度上似乎有成为普罗大众代言人的趋势。报道2和报道3的标题中都有行为人身份,跟帖数量显然大大超出报道1和报道4。其中《17岁少女拒绝官二代求爱被烧伤毁容》是2012年2月25日的首发帖,在开头的核心提示里,还特别强调了加害者父母的官员身份:微博爆料,陶汝坤父母分别为合肥市审计局和规划局干部。第二个帖子是第二天发表的追踪报道《官二代烧伤少女威胁灭门不准报警》,这个帖子是对前一帖子的深入追踪,多了当事双方的直接采访记录,在帖子开头的核心提示里,同样突出了身份问题。有研究者统计,在这四个帖子中,审判类的帖子和表达愤怒的帖子排在前三位。① 因为情绪性的宣泄占据新闻跟帖的主导地位,因此,跟帖数量虽然多,但其思想情感状态相对来说比较模式化。能够概括出来的种类并不多。根据姚江龙等人对"网易"跟帖个案分析的统计,主要分为四大类:悲情类、质疑类、戏谑类和宣泄类。其中悲情类和宣泄类严格来说都应属于表达情绪这一大类。质疑类则表现出一种相对专业的反思意识,文体风格偏向新闻评论,而戏谑类以拼贴戏仿为主要形式。

---

① 姚江龙,汪芳启.网易新闻跟帖中网民情感表达分析——以网易新闻跟帖为个案[J].编辑之友,2013(11):68-71.

"没有哪一种语体能够不依托一种类型的言语活动而单独存在。"①分析网络跟帖的形式,除了要分析网友的思想情感状态外,网友表达的意图对跟帖文本形式的影响也同样是不能忽视的。网络新闻跟帖之所以兴盛,一方面是长期以来普通人的表达渠道不畅通,大众有积蓄了很久的表达意愿,另一方面也表现出人与人之间强烈的交际渴望。基于这样的言论现实,网络新闻跟帖中网友跟帖表达的意图跟现实世界里社交表达的意图既有联系也有区别。

(二)网络新闻跟帖的句式形态

两者共同的地方是都有着通过表达获得认同的渴望,但是网络新闻跟帖背后最具有网络特性的意图一是表达自己的担忧,二是通过表达吸引广泛的注意力。结合网友的思想情感状况、交际意图和网络说话非面对面的互动语境,对网络跟帖的语言进行语言系统功能分析,可以看到在网络新闻跟帖里,最常见的就是判断句和呼告式祈使句,尤其是在涉及弱势群体与强势群体冲突的新闻中,这种强烈的呼告式祈使句会普遍出现,形成一种强烈的情绪积聚效果。比如 2009 年著名的网络事件"湖北邓玉娇案",5 月 21 日,网易新闻中心的一篇跟进报道《邓玉娇已经被警方带走》,后面有 7 个跟帖,17 人参与,这 7 个跟帖中全部是呼告式祈使句。

> 巴东太黑暗,枪毙相关领导。全国人民的要求。
> 中国要被它们毁于一旦了.完了。
> 请还大家一个真相吧,不要一味包庇。
> ……

这种句式的广泛存在,是网络跟帖情绪化表达的主要表征,也是网友强烈的情感意愿表达的一种形式,它传播效果主要是在积蓄情绪,而不是获得认同。所以网友很少用跟帖的形式表示赞成这样的帖子,而一般采用直接点击支持、赞同按键的方式表示自己对帖子的态度。这也可以说明,网络跟帖所谓的情绪化、非理性化只是表象。想要真正在网络里取得广泛关注的言论,如果缺乏一定的专业性或者深度词句就难以获得很大范围的认同。结合网络传播的视觉特性和匿名性,其在对话过程中事实上给予了言说双方丰富的反思空间。因此,网络跟帖虽然是即时说话,但因为文字表达的视觉性要求高于听觉性,同时交际的渴望中有着强烈的获得认同的愿望,因此,在网络新闻跟帖中,除了常常直接用简短的祈使句、判断句、符号、表情或者独立词宣泄情绪外,另一个常见的跟帖形式就是分析。回帖的整体篇幅不能过长,否则在快速阅读

---

① 刘大为.论语体与语体变量[J].当代修辞学,2013(3):1-3.

的背景下会被忽略，但是又要精辟，所以很多跟帖采用了古文、长句、复合句等形式。同样是"邓玉娇案"，5 月 20 日，网易新闻中心第一次转载《南方都市报》的长篇采访报道《女服务员与招商办官员的致命邂逅》，当时网络上关于此事的讨论还没有铺开，这则新闻下面有 18 个跟帖，其中获得点赞最多的是这则质疑帖。

> 警方为何会弄出一个公众生疏的"异性洗浴服务"字眼？我们不能不从当地的社会生态中探寻答案——作为政府官员，可以随便向服务员要求他们想要的"特殊服务"，并认为在他们消费的这个地方里所有人都理所当然地提供这种服务，这就说明在当地这是几近透明的事情。那么在这种我国法律中绝对不允许的色情业存在的生态下，如果因此事件曝光而遭遇上级追究，作为管理单位的地方警方自然难逃监管治理失职问责之咎。然而一个可做多种解释的"异性洗浴服务"的字眼，就足可掩盖色情业几乎透明的恶乱，自然能使某些人保职免责。

这则帖子一共获得了 12 个赞（整个新闻跟帖截至当晚 11 时共有 62 个人参与）。显然这是一则非常专业的新闻讨论帖，其中包含着质疑、反思、论述。考虑到跟帖的快速阅读语境，这类帖子往往是开头几个比较容易受到关注，一般是网站编辑的引导帖。既要短小精悍，又要有凝练的思想内涵，格言、反问句、设问句甚至文言词句都是这种获得广泛认同支持的帖子常用的语言形式。在这种精悍的跟帖中，用逻辑连词或表明逻辑关系的词引导、直截了当地表述对此事的推论是最常见的形式，如我国法定退休年龄可能延至 65 岁，有网友在新闻后面发表了一句简要评论："那就意味着好岗位的一直做，没岗位的一直饿！""如果……那么……""假设""难道""由此推论"是常见的关联词。以 2014 年 3 月 10 日网易新闻中心发的评论《潘石屹开大排量车问责雾霾不讽刺》来分析这种寻求观念认同、表现自己分析能力的帖子的写作形式和分布状况。跟帖的开头照例应是编辑的引导帖，文本比较长，措词和内容都表现出较强的专业性。

第 1 个帖子，顶贴数 3482：

> 想起一组数据：我国汽车保有量是 1 亿，美国是 3 亿，且美国的汽车平均排量是我国的 2 倍，即美国汽车的总排量是我国的 6 倍。美国是蓝天白云，而我们是雾霾重重，呵呵。

第三个帖子，顶帖数 1320：

> 不是说老潘这次开大排量就会增加污染，大家要问的是你既然是环保积极分子为什么要在城市开个大排量车？你既然是去调研的为什么可

以违章停车,而且还可以耍特权? 既然是去调研的还带个摄影师在旁边为你照相?

下面还有不少同类的三行以上的顶帖,顶帖数基本呈现递减状态。如同页第33个帖子网易北海市手机网友发的对第1个帖子的分析回帖:

> 密度,农村地区如果用煤不多,就没什么雾霾,北京车密度不比纽约差多少。油品和车排,国内油品差,车排废气也不讲究。煤,美国很少用煤。重工业,我们的工厂没那么讲究。其实北京是想喷河北的工业废气。但我想,更主要的还是他们自己烧煤和汽车搞出来的。当然都想把责任撇出去了。

这个帖子无论从分析的专业性还是考虑问题的周全度来说,都强于前两个贴子,但顶帖数才1。其中当然有人际因素,如编辑有同行帮助刷票,而单打独斗的网友同等质量的回帖却很难获得更多的人气点赞。但是,我们也不能忽略一个事实,就是在跟帖数比较多的帖子里,后续跟帖的字数不能太多,最好控制在一行内,这是获得关注的一个重要因素。这跟网络的快速阅读有直接的关系。翻开网易新闻中心2017年1月6日到1月13日的新闻精彩跟帖,第一条是1月13号发在《干露露捞金遇对手比事业线露香肩显妩媚》下面的跟帖"干露露是名词还是动词?"这是该新闻的第2条回帖,顶帖数1413。后面还有很多网友的同类联想性质的类比发挥,词句也是短小精悍,但是顶贴数明显下降。如同一新闻下第二页网易广东省深圳手机网友"糟值迷弟"的回帖"白天是名词,晚上是动词",顶帖数27,是第二页帖子里顶帖数最多的。在全部跟帖里,超过两行的精彩回帖有32个,占总数的30%左右,基本没有一个精彩长帖(依据点击率计算)出现在第二页,一般在前面几条就出现了。

(三)新闻跟帖的修辞形式

概括起来看,这种追求认同的帖子,尤其是力图用数据或者理性分析吸引人关注的长贴,必须分布在跟帖的前几条,否则传播效果将呈现递减状态。而对精悍的短帖来说,这种影响相对会小些,在一两页内还能获得良好的顶帖数。而从语体和修辞形式来看,无论是长贴还是短帖,追求理性分析的帖还是煽动情绪分析的帖,其共同特征都是不能追求全面,而是必须醒目,容易上口,能够快速获得理解和认识,符合书面阅读习惯,口语、俚语必须和书面语形成良好的搭配,否则会因为不符合视觉阅读习惯,而产生阅读困难。网易新闻中心2017年1月6日到1月13日新闻精彩跟帖的修辞形式大概可以分为以下几类:

第一,通过对比,引导出新闻信息的荒谬印象。如:

如果制定政策的人放下私心，不偏向体制内，早就拿出合格的方案。大陆官员参与制定的香港强积金，至今运作良好，香港早已是老龄化社会，可是退休基金有结余，政府年年派糖。合格的方案应该是新加坡的个人账户私有化，辅以国家基础养老。

该跟帖发表在新闻《媒体：出台养老金统筹，真的不能再等了》下面。这类帖子也可以分成两大类，一类是这种偏重冷静和理性分析的，另一类则是重点在于撩拨情绪的。比如前文提到的《潘石屹开大排量车问责雾霾不讽刺》帖子下面有关中美汽车、排量和空气数据对照的跟帖。

第二，通过对著名故事或者人物形象的拼接戏仿或套用吸引广泛关注，这类帖子修辞形式是在新闻跟帖里比较容易获得广泛关注的技术手段。如：

某一天，儿子不解地问老爸："西游记中，孙悟空能大闹天宫都没事，为啥取经路上，老是打不过，还经常要神仙来降妖？"

老爸深吸一口烟说："等你工作了就明白了。大闹天宫时，孙悟空碰到的都是给玉帝打工的，出力但不玩命；西天取经时，孙悟空碰到的都是自己出来创业的……个个都玩命！"

只有把事业看成自己的，去玩命的做，才能有最大的收获。

玩命干，没有不成功的！

这是发表在《轻松一刻元旦版：2016年过去了，我不是很怀念它》下面的第6个跟帖，顶帖数1122，同一页里只有它被网友直接引用回复过两次。在网易新闻中心2017年1月6日到1月13日新闻的精彩跟帖里，这一类型的戏仿还有多处，戏仿对象大多数是中外名著中家喻户晓的故事和人物。

第三，古典诗词形式的短帖，类似对古典诗词文类的戏仿，以打油诗的形式表达自己的看法。这也是容易获得广泛关注的一种类型。

千字刑书只畏枪/判他三载又何妨。/长城万里今犹在/堪笑无人学孟姜。

该跟帖发表在新闻《男子网购火柴枪给孩子当玩具，被提起公诉》下面，顶帖数375。这一类型的跟帖在2017年1月6日到1月13日新闻的精彩跟帖里有四例，一些跟帖采用典雅的古典诗词形式，戏仿成分比较弱。如"浪淘沙·棉鞋"发表于《8旬老人往返30公里卖野菜，日赚25元》下面的跟帖，顶帖数5021：

在残旧老棉鞋，又踏长街，蹒跚步履踩风来。/刀刻年轮深似錾，瘦骨如柴。/俗世几多哀，天意难猜，无情岁月过尘埃。/未尽残冬终有尽，春绿苍苔。

　　事实上上述两则新闻下面有好几处类似的以古典诗词形式表达情绪或者看法的跟帖,都获得了广泛的关注。在新闻《男子网购火柴枪给孩子当玩具,被提起公诉》下面,有网友甚至直接粘贴《过秦论》里的段落附在上面,也获得了很好的传播效果。从中可以看到网络表达其实需要网友良好的文字功力,这样才能在貌似草根、率性、随意的网络新闻跟帖里获得多认同,单纯的口语往往也需要经过书面化的改装才能成为网络流行词,如国骂"马勒戈壁""卧槽泥马"等,改装之后甚至还带有一点古典风味,使得这两个词在网络里声名大噪。

　　第四,推论引申性的短贴。这种帖子一般会用逻辑关系鲜明的连接词直截了当地从新闻内容或其相关逻辑出发,推导出一些看似荒谬或者与当代社会文化伦理不符的结论。如发表在《马丽与神秘男友牵手同回家,恋情曝光》下面的跟帖,顶帖数727:

　　　　沈腾的老婆终于可以安心了。

　　发表在《学生举报学校被揭发:校方称从缴话费处查到举报者》下面的跟帖,顶帖数391:

　　　　我们不解决问题,我们只解决提出问题的人。

　　发表在《山东渔民痴迷造军舰模型10年耗资6万》下面的跟帖,顶帖数3752:

　　　　都可以组舰队了,还模拟枪炮发射,玩具枪判刑,老乡你这要诛九族的。

　　发表在《官网上售罄车票加价就能抢? 旅行网站哪来的神通》,顶帖数235:

　　　　铁道部网站使用了全球最复杂的验证码,怎么就区分不出人类和机器人了呢?

　　第五,对新闻内容进行想象性的引申发挥。如发表在《河南一镇政府向民众借款16年未还法院判后拒执行》下面的跟帖,顶贴数403:

　　　　凭本事借的钱,为什么要还? /诸葛亮草船借箭,他还了吗? /刘备借荆州,他还了吗? /如果凭本事借的还要还,那谁还愿意练就真本事? 这社会还能进步吗?

　　发表在《熬夜只盼年终奖 深圳加班最"惨烈"写字楼》下面的跟帖,顶帖580:

　　　　晚上11点的三四线城市,用重机枪都难以扫到几个人。

　　第六,对新闻内容进行复述性质的再创造。如发表在《男子遭刺被抢20

万歹徒凭空消失监控拍下事件真相》下面的跟帖,顶帖数 2575:

　　白刀子进红刀子出来/医院进去拘留所出来

　　发表在《网曝陈思诚长期包养外围女还给其在京租房买车》下面的跟帖,顶帖数 4019:

　　《北京出轨故事》(简称北出)/导演兼出品人:徐峥/男主演:陈思诚、文章、陈赫、刘恺威、林丹/女主演:张子萱、王鸥、马蓉/主题曲创作:汪半壁;演唱:陶喆

　　无论是推论还是想象性的发挥,复述性的再创造,其在思想情感上共同特点就是对新闻报道内容本身的不信任,这与人们对网络新闻跟帖内容类型的统计中质疑帖往往排在第一位是相吻合的。此外,在这些推论或者想象中,基本上要依靠对共同文化的熟悉才能使它们获得普泛的关注。因此,网络新闻跟帖不能只想获得认同,语体上不能只依靠口语,文化基础上不能只懂得一些常识,还必须掌握丰富的书面词句包括文言词句,具备良好的文化知识基础,但后者又不能过于专业,而必须是普泛性的文化历史知识。过于专业的文史知识往往认同度不高,获得顶帖的可能性就会下降。而对于文言类长贴来说,直接使用文言和使用诗词形式相比,显然后者更容易获得网友的认同。这一方面跟诗词有节奏,读起来比较有韵味有关系,另一方面诗词的普及度也不是文言文能够相提并论的。

　　书面与口语、文言与白话、严肃与戏仿、想象与推论,在网络新闻跟帖的形式背后,可以看到通识性文史知识加普及度高的文类形式,这种新闻跟帖的传播效率较高,且受帖子长度和位置的影响较弱。

第二节　移动新媒介言论新特性:微信群的信息引导方式

　　微信群是继论坛、微博之后的又一种主流网络社交空间。2011 年,腾讯官方发布了黑莓版微信 1.0,在随后的 1.1、1.2、1.3 版本中,微信逐渐增加了"对讲""分享图片""多人会话"等方面的功能。这种版本的微信出现后,微信不再是一种单纯的即时通信工具,其社交属性进一步强化,截至 2011 年 4 月底,其注册用户达到了 450 万。2013 年 2 月,微信发布 4.5 版,这一版本还支持多人实时语音聊天。微信的社交功能进一步完善,其用户数量继续快速增长。2012 年突破 1 亿大关,而到 2014 年底,两年时间里,其用户数量达到 6

亿,逐渐取代了微博成为移动互联网时代的主流社交工具。这个过程中,微信群和朋友圈的建立和完善起到了关键作用。

一、微信群与论坛

相较于朋友圈,微信群的公共属性相对强一些。或许是腾讯公司有意适度扩展微信的公共性质。同一个微信群里的人并不需要是好友,同时,加入微信群也比 QQ 群宽松,不需要身份认证或群主审核,只需要群里的成员直接拉入即可。从这个角度来看,微信群对朋友圈的功能补充性质是很鲜明的。因此,思考微信群的信息引导方式和制作方式,必须联系两者的公共性和私人性之间的关系。微信朋友圈中的叙述必须考虑感情、私情,因此其软文的言说效果往往高于硬性的广告文。这其中涉及私人内部关系交往,在言说方面和公共空间交往存在差异。微信群作为一种具有比较强的公共属性的社交工具,其种类繁多,有强关系群,如同学群、同事群、朋友群、兄弟姐妹群等;也有弱关系群,如广告群、产品群、观念志趣群、人脉群、出于某个特定需要而临时聚集的人群等。出于着重讨论微信群的公共属性这一思路,本文所要讨论的主要是弱关系群。这种出于特定目的或需要而建立的群,有点类似论坛聚合。首先,人们进入这种群的目的和加入论坛基本相同。在 BBS 流行的时代,人们往往是出于了解某些信息或者是针对某些问题发表看法的需要而进入论坛。人们加入弱关系的微信群的目的也极其类似,比如普通的非旅游从业人员进入某个旅游广告群,目的是想了解旅游广告信息,或者是针对某些旅游活动发表一些个人看法。而加入产品群的目的则更为明显,就是想要了解或者购买相关产品,获得一些信息渠道,了解人们的相关评价。有论者概括了人们加入微信群的基本动机:"一是享受被他人关注邀请的快乐;二是寻找自己的知音;三是寻找可借鉴的经验,实现自己专业发展的蜕变;四是聚焦一个专题,寻求同伴的支持和帮助;五是想领略他地、他人的现状与精神风貌等,不一而足。"[①]五个动机概括起来其实仅包括两个方面:寻找认同和需要的信息。除了入群动机比较雷同之外,微信群成员的讨论方式也跟论坛接近,因为现实关系偏弱,在此类群里说话相对来说比较自由率性,需要考虑的各方面因素比较少,所以往往能够在杂乱无章的信息中看到一些真实观念。经常泡论坛的网友都有相关的经验,"灌水贴"和"干货贴"总是混杂在一起,有时候读者愿意翻

---

① 教育群为何有"燎原"之势[N].现代教育报,2016-02-29.

阅几十页"水贴",动力就来自于对其中可能会出现"干货帖"的期待。微信群的讨论形式和内容也非常类似,相比之下,微信群就像是论坛里的帖子,人们集中在一两个问题上展开大范围的讨论,"水货"和"干货"也混在其间。此外,微信群的管理方式也和论坛比较接近,群主虽然没有认证入群人员的权力,但拥有删人的权力。其功能和权限跟版主比较接近。论坛版主没有禁 ID 的权力,但拥有禁言、删帖的权限。

二、群主、资深群友与群的活跃度

(一)群主的存在方式

微信群和论坛的这些相似之处,意味着在管理微信群的信息时,两者有很多经验是可以相互借鉴的。比如资深网友特别是群主的作用。在论坛时代,资深网友或者版主在论坛的传统文设、机制建设和用户认同度营造方面起着核心作用。在微信群里,有一定号召力的资深群友的存在,尤其是有个人魅力的群主的存在,是微信群存在和发展的根基。最明显的表现是一个微信群活跃与否,群主和里面的一两个资深群友是否活跃起核心作用。无论是观念志趣群还是产品群,群主是否发言直接影响到加群人员发言的积极性。这个现象的出现,当然跟人们对群主的熟悉程度有很大关系。在一个群里,名气最大的无疑当属群主。因此,群主发言对于群友来说,容易制造出一种亲密印象。从这个角度出发,建立一个有活力的高效微信群,资深群友和论坛资深网友一样必须积极活跃,才能保持群的活力。同"天涯社群"刚建立时一样,最初加入的几个群体成员必须保持一定的质量和比较强的活跃性,才能为论坛建立良好的发言惯例。这对于群和论坛来说同样重要。同时还必须注意,群主作为群的建立者,一方面要积极发言,另一方面在与群友论争的过程中,要保持克制,不要轻易与群友发生正面冲突,影响群友对群的归属意识。但是微信群跟论坛不一样的是,群主不能"穿马甲"上阵,群主既有观点要表达,又要照顾群友的感受,对文字表达的要求显然高于论坛。从微信群的发展现状来看,尤其是对于因观念志趣建立的群,群主在群里出现时,应该更多地引导话题、维护纪律和评述发言质量,通过这种方式来间接引导微信群的思考方向。此外,群跟论坛相似的地方是群友想法各异,关注的话题也不尽相同。在同一个帖子里讨论问题,"歪楼现象"是非常普遍的。关于应对"歪楼现象",论坛时代的版主要么保持不作为态度,要么适时引导话题,必要的时候动用管理权力,通过禁言部分 ID 或者屏蔽某些发言来实现管理目的。微信群的信息引导方式也与此雷同。但是这种权力的使用,很多时候应和不作为相互配合,在保持群友的自由度的前提下实现群消息的目的意图。近年来，一些地方政府通过建立干群关系群，密切了百姓和干部之间的关系，拉近了干群距离，降低了管理成本，得到了中央高层的首肯，并在全国范围内推广相关经验。这种政务微信群的建立，在群消息的管理和引导方面，对于资深群友和群主的要求就非常严格。

（二）资深群友与群主的有效配合

政务微信群作为政府服务民众、实现社会和谐的渠道，如何管理好这样的群，其中呈现出来的经验对于认识微信群的社会文化功能具有重要的参照作用。在这方面，率先大规模建设政务微信群的江西省万年县提供了很多有益的经验。首先群必须做好分类，好比论坛需要分成各种板块有针对性地进行管理一样，群也要根据不同的类型，选择适合的群主和资深的群友相互搭配，才能建立起有效的群消息引导方式。概括来看，万年县的政务微信群，分为民情微群、乡镇主官微群、县领导微群、企业家乐园等十多个微信群落。其中民情微群是万年县连接民心的工程，老百姓直接在里面反映意见，有关部门就会及时做出相应的反应。这个群的社会功能影响最大，管理也最为复杂。这些群的建立最初是万年县县委按照上级党委和上饶市市委的要求，于 2014 年 3 月下发了《关于在全县党的群众路线教育实践活动中开展"创建实名微信，开通民意直通车"活动的通知》（万群组发〔2014〕11 号）和《关于推进"民情微群连民心工作法"的指导意见》（万办发〔2015〕13 号）两份文件，文件要求全县副科级以上干部及村（居）"两委"主官以实名、实岗、实号（手机号）方式开通微信。根据万年县委组织部长推算，"全县民情微信群"直接联系 4.8 万名群众，间接影响 20 万人，占据全县人口的一半[①]。这样的群里百姓很多，意见肯定也非常多，思想和言论比较复杂，有效的管理和引导不仅需要群主有时间、有耐心，及时针对群里百姓提出的问题做出反应或者相关解释，而且要建立有效引导信息的途径。综合论坛时代防止"歪楼"和控制板块舆论方向的经验，群主和资深群友的配合是非常重要的经验。首先群主要选择一些问题放在群里重点讨论，然后由资深群友配合保住话题的稳定性。过去论坛里有专门负责"歪楼"的"水军"，在讨论严肃话题的时候，不时插话问头像、衣服或者表情符号的使用，如果有两三个"水军"配合，帖子的主题一般就很难延续下去。而为

---

① 中央党校课题组. 干群共建微信群 化解为官不作为——江西万年县"民情微群连民心"工作法的经验与思考[J]. 理论视野，2015(12)：75-77.

了防止"歪楼",首先需要人多,同时这些人必须是有组织、有配合的。有组织、有配合的论坛管理,可以用少数人控制多数松散人群的思考方向。除了有一定人数、有一定的组织外,管理群体的观念要想获得群友(坛友)们的认同,发言的专业性和严肃性也是一个重要指标。在万年县民情微信群的建立过程中,总结过很多有价值的经验,其中从论坛里引进的防止"歪楼",主导群里的舆论方向和舆论主题是政府群维持正常运转的重要环节。民情微信群的群主基本上是各个职能部门熟悉政策的人员,同时配合一些熟悉相关业务的政府部门工作人员,组成微信群的核心团队。此外,单纯把民情微信群称老百姓心声的收集场所是不够的,还需要群主和资深群友共同搭配,保持论坛的热度,激发和引导群成员发言的积极性,才能使得民情微信群的功能和效力得到更大发挥。使其不仅成为帮助百姓解决问题的渠道,而且成为政府政策的宣讲渠道,让政府的声音能够有效、迅速地传达到老百姓的日常生活中。正如有论者指出的,建立微信群,让"人们通过广泛的参与,不仅实现了信息的分享和交流,在展现个性的同时,获得了点对点的互动,实现了情感分享和群体归属,新的社会群体在这些平台中得以实现"①。

(三)政务微信群的管理经验

微信群对于重构社群关系,拉近人与人之间情感距离的作用是毋庸置疑的。但是,如何有效引导实现微信群的这一功能,需要不少技术性处理环节。通过建立微信群拉近干群关系,万年县的经验得到江西省省委的重视,同时也被中央电视台作为先进经验在全国播报。万年县分类、分级建立微信群,同时强调群中核心成员的作用,这些经验后来也成为众多地方政务微信的设置和管理经验。综合来看,万年县政务微信群的经验可以概括为以下三个方面:一是根据对口管理的原则分层级建立微信群,确保微信群的专业性和权威性。二是保持群成员的活跃度,不少地方都明令禁止群成员潜水,目的就是保持群的活跃度。两者相互结合,在保持群的活跃度的同时也确保了群发言的方向性。三是重视资深群友的作用,确保资深群友说话的权威性、专业性,发言回应要积极及时。这些经验都是在论坛时代就积累起来的,建设有活力和吸引力的社交互动空间的技术。

---

① 陈银花.微信传播及其聚众效应的实现[J].新媒体研究,2015(11):1-2.

三、微信群独特的管理方式

（一）元老队伍建设的重要性大于制度建设

微信群作为相对偏向私人性质的社交渠道，与论坛的区别也是比较明显的。综合考虑微信群的传播渠道、内部成员来历及其相互关系，它在传播方式和功能方面与论坛的主要区别表现在以下三个方面：一是作为朋友交往圈和公共交往圈的交叉地带，微信群还具有一定的链式传播特性。在一个群里转发的帖，如果获得群成员的认同，会被转发到其他群，从而产生一种链式传播效应。事实上大量的表情符号被推送出去，依靠的就是链式传播效应，一些比较有用的表情符号在不同的群里转发，被不同人的收藏，从而进入千家万户。二是微信群不具备论坛多界面的特性，因此在发言和言论引导过程中，无法像论坛那样通过屏蔽或者删除帖子来引导言论。这时更强调微信成员的内部自律及群主与资深群友的言论引导能力。三是微信群作为建立在私人交往基础上的群落，在其说话和交往过程中，多少还是要兼顾情面问题。比如你被一个朋友拉到某个微信群内，发言的时候其他人可以不考虑，但必须照顾到拉你入群的人。这个状况在论坛上面只发生在被邀请到某个论坛入驻的某些资深网友身上。这三个不同之处，也影响着微信群信息管理经验的形成。概括起来看，目前微信群管理中需要注意的问题是微信群里主题和资深群友素质的重要性高于制度建设。在论坛时代，因为人员比较混杂，而且自由组合居多，类似移民社会，所以建立制度就显得非常迫切。而群最初是私人社交关系比较好或者在某些方面联系比较紧密的人建立的，发言又只有一个界面，因此，无论是强关系成员还是弱关系成员，在说话的时候都比较注重人际关系和形象。在特定群里引导信息，资深群友的个人品行和发言质量直接决定了群的层次。一个微信群的好坏及成功与否在很大程度上取决于最初建立群的元老团队的质量，所以要把元老团队构建放在首要位置。这跟论坛中元老团队和制度建设必须同步有着比较大的区别。

（二）通过链式分布巩固入群人员及其活跃度

构建微信群的元老团队，除了在前面曾经提到的必须注重群主和几个资深群友之间的配合以外，对于涉及范围更广、人员来源更复杂的微信群，还可以采用链式分布。以群主或几个资深群友为中心，分别拉自己觉得比较合适的成员入群。这样做除了可以保持总体成员构架的稳定性和开放性外，还有一个重要作用，即对微信群成员的隐性分层，事实上对群成员也是一种激励。加入群的成员一旦对群产生认同，努力寻求在群里获得更大的认同度知名度是潜在的动力。有论者通过实际建群操作,讨论如何通过微信群建立微信营销信用体系。在他所采用的实际案例里,可以看到某个微信营销将有意向的顾客拉入一个产品群,同时在命名群成员的时候,采用昵称加购买次数的方式,如某某(1次)、某某(2次)……这样取名一方面能让进群的消费者对群里发言人的概况有一个整体把握,明了不同说话人的价值意义,从而构建出对群的信任感;另一方面,也能让进群的消费者明了自身的位置,长期的守群经历也会使其追求更高的命名等级,提升自己话语的权威性。这个案例很好地说明以群主和资深群友为核心建立元老团队,并在此基础上构造群里的话语等级,对于营造微信群的信誉度和人们的认同度有着重要作用的,正如该案例的研究者后来总结道:"本文构建的微商信誉机制,将有效解决微商当前存在的信誉机制缺失、评价流失及难以集结的弊端,从而对微商的健康、规范、快速发展起到重要的推动作用。"①同样,万年县县委在建设微信群的过程中,明确提出实名实岗进群的要求,事实上也是将群里各个成员所处的位置直接呈现在群成员面前,这对于人们形成对群的信任感和产生对说话人的认同度会产生直接作用。

四、建立和维持成员感情的管理和说话方式

(一)依靠熟人社会的道德评价机制

谈到微信群的信息引导方式与论坛的区别,还值得注意的是,由于群的界面只有一个,如何防止刷屏是群主必须重点思考的内容。诸如"表情帝"——滥发表情的人物、"闲聊妹"——对个人或只有几个人感兴趣的问题没完没了地聊下去、"班门哥"——随便转发帖子的人,这些人物都会导致微信群的正常运转功能受到影响,关于如何约束这种现象和有这样倾向的人物,论坛时代的刷屏可以通过屏蔽、删帖等手段,但在微信群里这样的方式无疑不适用。如同前面提到的如何防止"歪楼"一样,人们首先强调的是在选择群成员的时候,最好是不要为了群的人气,去拉观点明显对立的成员入群,因为这样往往会导致满屏都是他们的辩论,其他群成员基本没有说话的机会。微信群作为半公共性的社交空间,入群又不需要群主认证,因此,通过控制审核群成员达到防止刷屏的目的虽然在逻辑上不成问题,但是在实践中无疑不太具有可操作性。

---

① 袁帅,韩争艳.基于微信群的微商信誉模型研究[J].中国管理信息化,2016,19(2):37-41.

事实上,微信群作为公共性和私人性相互统一的空间,群体评价机制的建立是另一个重要手段。如同熟人社会主要是靠习惯性道德评价机制约束说话人,群主和资深群友的引导以及群主耐心细致的讲解劝说,其作用大于一般性的谴责谩骂,而后者的工作应该交给普通的群成员去做。群主通过半自我牺牲性质的劝说,形成一种道德感召,由此成为论坛无形的约束力,同时在思想意识上激发群友们的道德意识。这一点对于政务微信群来说尤为重要,特别是在类似万年县民情微信群这样的群里,人员相对复杂,涉及的问题又跟百姓利益直接相关,说话过程中很容易产生一种情绪化氛围。这对于群的引导来说,直接采用权力性限制发言或者集体性谴责都不是办法,群主的耐心和资深群友的细心体谅才是解决问题的最好途径。一些谩骂或者谴责式的言论最好由一般的群成员去说,由此形成一套大众约束和群管理成员耐心解释鼓励相互配合的机制。在形成这种氛围的过程中,群主的自我牺牲精神将起到关键性作用。当然,讲到耐心和细致地讲解,其中涉及的能力要求无疑会变得多样。群和论坛作为以书面交谈为主的社交媒介,除了态度是群主的一项重要工作精神外,言说能力和方式也是另一项重要因素。

(二)平等和相互同情的说话方式

首先,群虽然带有公共空间性质,但仅仅只有一个交流界面,实际的传播过程更像是在一个私密的空间里进行。大家同处一个空间,群成员说话的权威等级大家心中都有数,但是这种等级不能体现在语言上。微信群里的说话氛围必须保持一种平等状态,这样人们说话才能放得开,愿意透露出自己心中真实的愿望,从而对群产生一种情感依赖。因此,一些微信群会不定期发红包,大家通过表达抢到红包的喜悦和没有抢得的失望,默默进行着情感交流。因为抢红包的过程和相应的情绪是平等的,也是大家共同拥有的,这时的语言表述最容易表现出一种平等的亲密状态。所以不要低估了发红包对于建立微信群忠诚度的重要性。其中涉及的不仅仅是物质鼓励,还有物质鼓励背后产生的情感交流过程。微信群的强情感交流特色,在不同类型的群里都有相同的表现。如有网友曾经比较过微信语言和微博语言的区别,在微信群和朋友圈里发一句"早上终于结束工作了,我最大的幸福是去吃一顿早饭",在微信里得到的回复会是"辛苦了""工作不容易";而在微博里一般很可能会是"你吃早餐用的是不是公款?"以质疑、批判的眼光看着社会生活,这是网络公共空间的一种常态,在论坛里也不例外。而如果一个人在微博或论坛里秀恩爱,除了需要忍受质疑之外,承受嘲笑、戏弄则更需要良好的心理素质。理解了微信言说方式和微博、论坛的这种原则性区别之后,我们来思考微信的语言表述,除了注意平等之外,另一个特点就是要同情性地理解对方。在表达的过程中尽量设身处地理解说话人的心境和情境,在理解对方的基础上表述自己的立场。我们知道,在论坛和微博里经常发生论辩,这样的论辩一旦开始往往最终不欢而散,甚至反目成仇。随着微信群的普及,原来很多盛行于网络的论辩也在一些思想志趣群里出现。在群里论辩,无论观点有多么不同,考虑到大家同处于一个空间,率性化的言行都必须进行有效控制,否则即使你的观点就算得到了人们的赞同,也会因为态度引起大家的反感。同处一个相对私密的空间里,对他人的尊重、尽力维护和谐的氛围往往比观念的创造性、深刻性更能让人接受。

(三)用贴近生活实际的语言拉近相互关系

微信群作为一种相对私密的公共空间,其说话方式必须照顾各自的情面,这一点可以从微信流行语中看出。在论坛和微博上盛行的流行语中,调侃、挖苦、讽刺是常态。而"萌萌哒""么么哒""心塞""逼格"等主要流行于微信群中的词,无论是批判还是自我调侃,都包含着一丝亲切温馨的气息。从"萌萌哒"和"么么哒"这两个词的演化过程中更容易看到微信群的用词特性。一种说法是"萌萌哒"由"么么哒"演化而来,本意是"治疗""吃药",后来在微信里被引申为诙谐地表达自己的萌化形象。而"么么哒"最初是出现在李毅贴吧里,原来是作为表达男女之间暧昧或者友好的词汇来使用。后来在微信群里被广泛采用,用来表示摸头安慰、喜欢、爱护等含义。特别是在发红包的时候,"么么哒"已经成为赞美发红包者的通用词,完全不受性别限制。这种本意用来表达男女暧昧关系的词句在微博和论坛等公共性空间中无疑很难被引申为对他人的通用赞美词,只有在微信群这种相对私人的空间中才比较适合。有研究者对微信群和微信朋友圈中的文章标题做过统计分析,"微信标题中陈述句、疑问句、祈使句及感叹句应有尽有,感叹句使用频率较高,有的标题末尾连用感叹号,以强化观点或感情。有的标题则由多种语气的句子构成,如:前一句是感叹句,第二句是祈使句,最后一句是感叹句,三个句子分别都用感叹号"[①]。强化情感在具有一定私密性的微信群和朋友圈中传播使用,对于群友和朋友来说容易产生一种情感召唤作用。微信群的言说方式除了要照顾情面、讲究平等和尊重外,在言说过程中还要尽量贴近生活,用一些生活化的词句,这样才

① 李少丹.微信文本标题修辞特征与修辞过度现象分析[J].福建师范大学学报,2015(3):74-75.

容易让人在情感上接受。比如方言化词汇的适度应用,不仅能制造情趣,还能让方言相同的人感受到一种微妙的情感意味。对于微信群来说,制造人与人之间微妙的情感联系,将对微信传播的效力带来极大的辅助和强化作用,"因为微信语言多为自由写作,并不像文章写作那样要求严格,多为微信用户的有感而发,就像口语交际一般,很多甚至多方言化,在朋友圈中,语言更是多样,有了这样口语化的表达,让人的交谈更方便,同时也更显亲切"①。除充分考虑情感关系的表述外,微信群里谈话句子的长短和精粹性方面的要求,和论坛、微博相比一点也不低。网络的快速阅读方式决定了网络传播言语方面的共同特性,而微信群作为只有一个界面的空间,如果满屏长篇文字,不仅让人感到厌倦,而且也容易在阅读过程中产生疲倦。所以,微信没有明确的字数要求,但隐含字数限制。因为有明确的字数限制,所以微博要求自不待言,而在论坛的一般性论辩之中,经常会出现你已经表述过或者反驳过的问题,还经常被对方重复提出,人们似乎对你说过的话没有任何反应。这种情况可能是"楼"盖得太高了,对方没有注意到你的发言。另一种可能,也是更常见的现象,就是你的回复内容太长,长篇大论,人们根本就没有细看。通常情况下,论坛辩论效果最好的是回复保持在一行以内,最多不超过两行。微信群作为只有一个界面的讨论平台,相当于论坛的一个帖子,在 5 英寸左右的手机作为主流机型的现实情况下,微信群里的言论因为行的长度比较短,所以在观看的时候横向阅读不需要费多少时间精力,因此,有效发言在行数上可以比论坛多几行。经验表明,三到五行的发言最为适合,既照顾到快速阅读的需要,又能让人感受到回复者认真的工作态度。

微信群作为一种相对私密同时又带有比较鲜明公共性质的新媒介空间,无论是引导微信群传播的信息还是制造群的活跃度,都必须充分考虑两者的统一。除了前述在语言表述、团队成员素质和管理方面需要注意的问题之外,还有其他经验技术可以总结。比如前面提到的,通过发红包来强化用户习惯建设,还有定期在群里组织聊一些轻松的话题,猜谜语、谈婚论嫁、聊装修、讲笑话,制造一些大众参与度高的话题,除了活跃气氛以外,更重要的是可以因此拉近群友之间的情感距离。研究表明,一个成员对群的忠诚度跟其泡群的时间成正比,长期进入某一个群,会制造出一种对群的亲密的印象。另外,在群建立之初,因为人们对群有一个熟悉的过程,所以一开始不要发太多信息,

---

① 王建军. 微信语言刍议[J]. 南风,2016(5):61-63.

以免让人觉得吵闹,导致一些通过间接关系等弱关系原因进入微信群的群友退群。

思考与训练

一、如何通过新闻跟帖有效引导网络言论?

二、微信言论的管理该如何进行?

三、网络新媒介的大众评论方式有哪些?

延展阅读

1. 哈特著:《传播学批判研究:美国的传播、历史和理论》,何道宽译,北京:北京大学出版社,2008 年版。

2. 王振业、李舒:《新闻评论与电子媒介》,北京:中国广播电视出版社,2004 年版。

3. 雷跃捷:《媒介批评》,北京:北京大学出版社,2007 年版。

第九章 论文写作

学术论文,是指对某一学术领域中的问题进行探讨、研究的析理性文章。可分为传播性论文和水平检测性论文两类。前者包括在刊物上发表及在各类学术会议上宣读的论文,借助传播媒介,使研究成果发挥其社会效益;后者指为检测科研水平而写的论文,例如学年论文、学位论文等,其主要目的是运用已有知识,独立进行科学研究活动,开始学习、掌握分析和解决某一专门学术问题的方法,锻炼撰写论文以解决某一学术问题的能力。

学术论文写作的一般程序为寻找论题、收集材料、拟写提纲、撰写初稿及修改。

第一节 寻找论题

论文的选题非常重要,是论文写作过程中的首要环节和核心要素之一,决定着论文写作的主要方向和目标,而且在一定程度上规定了论文写作的方法和途径。可以说,选题的好坏决定着论文质量的高低,而选题也往往是论文写作中感到最困难的一个环节。那么,应该如何选题? 选题时应注意哪些问题呢? 根据前人的经验和学术研究的一般规律,论文选题应遵循以下原则:

一、价值性

进行学术研究,撰写论文解决某一学术问题,提高科研水平,目的是为了提高社会物质文明、精神文明。因而学术论文的选题原则之一是有价值性,即要有应用价值或理论价值。如,完善老年社会保障是事关老年人权益与福祉的大事,有利于社会的稳定和发展。论文《人口老龄化趋势下我国老年社会保障制度研究》为老年社会保障制度的完善提供新的思路,具有社会应用价值。而有些选题也许当前的应用价值不凸显,然而有其理论价值,同样是有意义的选题。

二、创见性

创新是学术之本。学术论文必须具有创见性。富于创见性的论题所取得的成果,在理论研究中表现为新见解、新观点;在应用研究中表现为新技术、新产品等。具体表现为以下方面:

(一)探索新领域

世界丰富多样,不断发展变化,对世界的探索研究永无止境。学界未曾涉足或刚开始涉足的研究领域,或探讨本来值得研究,却长期被人们忽视的问题,经过研究,所获得的新成果,往往填补某学科领域的某项空白;原有的理论、观点已不能解决新的现实问题,在这一矛盾结合点上进行研究,往往具有开拓性;在两种或几种交叉学科的结合点上开拓选题,往往具有创新性。近年来学术界提倡不同学科的交叉研究,在交错融合中,形成新的学科生长点,会出现许多新的课题,这就拓宽了选题的领域。

(二)纠正前说

前人或他人的研究成果或研究方法,可能存在某些偏颇、失误,针对其理论或论述方面的破绽,用新的方法、新的材料去验证,修正偏颇,补充不足,从而得出更为完善、更为全面的新见解、新结论。学术讨论中常有商榷性文章,大体属于这一类。

(三)补充前说

这是学术研究中常见的“接着说”。任何一个学术领域的研究,都是建立在前人研究的基础上。学术研究无止境。前人的论著、论文提出新的见解,可借鉴、继承、吸收,而这一过程,不是全盘照收,而是融入自己深入的思考,如果发现有些地方没说透、没说全、没说清楚,有待深入挖掘,有待更为全面、清楚论述,这就找到了论题,即“接着说”。即便是面对专家、名家的见解,也不盲从,善于思考、辨析,做出自己的判断。这一类选题,要有新的材料,或运用新的理论方法,或者能形成新的研究角度,才能真正有所突破。

(四)联系比较

世界是充满联系的,许多话题也是彼此相互联系着的。很多情况下,就一个话题说理,不容易发现特点,不容易展开。而如果将此一话题与彼一话题联系起来,在比较、对照中思考其中的联系与区别,往往会有新的发现。将相关信息进行联结、组合、比较、对照,往往是发现创见的有效途径,这也是创造的过程。

三、可行性

论文的选题,既要考虑价值性、创见性,还要考虑开展研究、撰写完成论文的主客观条件,考虑完成研究和写作的可能性。

(一)从感兴趣和喜爱的课程中选题

兴趣是最好的老师。如果研究自己感兴趣的论题,研究者就会主动接近它、研究它,调动起心理活动的积极性,并为灵感的出现打下心理基础。达尔文在自传中说:"我记得从我在学校性格来说,其中对我后来发生影响的,就是我有强烈而多样的兴趣,沉溺于自己感兴趣的东西,喜欢了解任何复杂的问题和事物。"正是这强烈而多样的兴趣,成了达尔文撰写《物种起源》等论著的内在动力。大学期间,同学们学的是同一专业,但兴趣点不同,花在课程上的精力也不一样。以汉语言文学专业为例,有的人对语言感兴趣,有的人对文学感兴趣。同样喜爱文学,有的对外国文学感兴趣,有的对中国文学感兴趣。同样喜爱明清小说,有的对《红楼梦》感兴趣,有的在《聊斋志异》上下的功夫多。当你对某一领域有了兴趣,就会自觉去学,对这一领域涉猎的资料多,积累得多,对前人取得的成果、达到的水平较为熟悉,对存在的问题、研究的薄弱环节也较为清楚,这样,就能避免选题的盲目性。因而,选择自己感兴趣的选题,选择自己平时下功夫多的专业,自然比较得心应手。兴趣和爱好不仅激发人的好奇心和求知欲望,还会让人不辞辛苦进行科研实验、思维活动,直至完成科研任务。

(二)选题应注意自己的能力特点

每个学科研究的问题,大体分属于三个不同的层次:(1)基本理论、基本原理的研究;(2)发展史的研究;(3)实践问题的研究。

如,语言学有基础语言学、历史语言学、应用语言学之分;文学有文学理论、文学史、文学批评之分;美学有美学原理、美学史、应用美学之分。分属不同层次的问题,对研究者的要求不尽相同。属于基本理论的研究,其思维抽象程度高一些,要求研究者要有比较好的理论修养与辩证思维能力。属于"史"的研究,要求研究者要有比较好的古文阅读能力,对该学科的发展有比较深入透彻的了解,从历史发展的角度思考问题。属于实践问题的研究,要求研究者对本学科当前的实践运用较为熟悉。每个人在研究能力方面,往往表现出不同的特色:有的理论思维能力强,喜欢研究比较抽象的理论问题;有的擅长研究比较具体的实证性的材料;有的擅长从宏观的角度考虑问题;有的则喜欢抓住某个具体问题深入研究。初学写论文,最好从自己能力擅长处入手,扬长避短,发挥优势,容易将研究深入下去,把论文写好。

（三）选题宜小题大做

论文题目有大有小,有难有易,一般来说,大的题目难度大,小的题目比较容易把握。论文题目大,需要论证的问题自然就较多,所涉及的史料范围也广,理论知识的积累要求较为丰厚,投入的时间也较长较多。如《论中国传统文化精神》《唐代诗歌研究》《中西悲剧理论比较》等,还有纵贯时期较长的某种文学现象研究、文学思潮、文学流派研究,涉及众多作家和复杂的文学现象,难度较大。这些题目往往涉及面广,材料丰富驳杂,前人研究成果多且不免有争议,需要写成一部部专著才能完成。而对于初学写论文的同学来说,面对这样的题目往往是"大题小做",蜻蜓点水,浮光掠影,面面俱到,无法论述深透,难以写成高质量的论文。应将大的论题适当地缩小选题,把一个大的选题分成若干个小一点的题目,从中选择适合自己写的题目。如"研究《红楼梦》的人物形象"是一个比较大的选题,涉及性格各异的人物,可以选择研究其中一个人物,如"研究王熙凤",觉得这个题目仍然有些大,还可以再缩小,只研究王熙凤的"辣",研究王熙凤的个性化语言等。如此层层深入加以限定,题目一步步缩小,直到自己能力所及并能取得最佳成果为止。在选题上层层深入,定为在某个具体的点上,而且这个点是被忽视的富有价值的点,同样可以做出大文章来。所谓的"小题大做",通过小题目作大文章,就是通过某一点的研究,写出广度,写出深度,写出分量来。题目"口子"开得小,开掘一定要深。如把研究对象放置于广阔的背景上,通过纵向的联系与横向的对比,通过多角度多层次的分析,揭示事物的本质特点及其发展规律。语言学界的泰斗王力先生在《谈谈写论文》这篇文章中,很赞赏一篇论文《"所"字别义》,"所"字的一种意义,别人没有注意到,没有提到,但这篇文章的作者注意到了,他从现代北方话一直追溯到宋代,甚至追溯到先秦,旁征博引,多方求证,写得很深入。如此小题大做,值得初学者学习。对于本科生来说,适合做小题目,但小题目并不是无原则地小,还应考虑到选题本身所可能包含的"分量",选择那些有价值、有利于展开的选题,学士毕业论文一般要求八千字,如果选题太小,无法展开,写的时候拼命用例子来增加篇幅,也是不可取的。

选题策划除了上述主观条件外,还要考虑客观条件,如资料收集、时间安排、实验设备等条件。对于社科研究来说,书籍报刊等资料是进行科学研究的基础,如果所选的论题在资料收集方面存在很大的困难,那这样的选题不可取。选题还要考虑时间条件,考虑选题的大小和难易度是否适中,掌握好选题的分量。

第二节　收集材料

收集和运用好材料,是写好论文的又一个关键之处。王力先生说过:"你别看写出来的文章只有一万字,几千字,收集的材料却是几十万字。这叫做充分占有材料,材料越多越好,材料不够就写不出好文章,只能放弃,等将来材料够了再写。"①写作前,材料是形成论文观点的基础,即论文的观点是从材料中提炼出来的。写作中,材料是表现观点的支柱,即观点需要材料来证实。一则重要的材料有时可以破解一个学术疑团、解决一个学术难题。初学写作论文的同学常常存在这样的不足,或材料太少甚至没有贴切的材料,或先立结论再凑材料,从学术研究的规律来看,这样得出的研究结论往往是靠不住的。因此一定要重视材料的收集并且有先材料、后观点的研究意识。

(一)材料的收集

学术论文写作需要收集的材料通常包括以下几个方面:

1. 有关论题已有的研究成果,包括已出版的专著,发表的论文等。掌握现有的研究成果,才能避免撞车。如果没有搜集有关这一论题前人的研究成果,很可能会发生这种情况,费了很大工夫,很得意地提出了颇有新意的论点,而后才发现,这一观点别人早有论述,而且论述得更充分更深刻。研究工作从收集资料就已经开始,应边搜集材料边思考。要注意前人在这方面已经进行了哪些探索?取得了哪些成绩?还有哪些薄弱的环节和哪些值得自己进一步开拓的空间?哪些问题有待深入和提高?哪些值得商榷?哪些方面可能提出自己的新见解?以及在资料和史实的运用上还存在哪些不足?论点和见解从何而来,从材料中来。当材料积累和分析达到一定的深度和广度时,往往会有所顿悟,有所发现,形成自己的见解。因此,收集资料的过程就是研究的过程,同时是形成自己论点的过程。

2. 有关论题研究的基本理论知识。研究作品的艺术特征要具备文艺学、文体学的理论知识,运用某一理论研究具体问题需要找相关的理论著作来研读。例如,试用精神分析法来研究作品,就要找精神分析学说的重要著作来研读。试用结构主义和叙事学探讨某一部作品,就必须收集和熟悉西方理论家

---

① 　王力,等.怎样写学术论文[M].北京大学出版社,1984:4.

这方面的论作。理论论证往往是论文的薄弱环节,平常大家阅读的书籍基本上是文学作品,较少同学去研读理论书籍,写论文时才发现理论储备不足,不知运用何种理论来分析问题,解决问题。因此,平时大家要多读理论著作、期刊资料,提高理论素养。

3. 与论题有关的相关学科的研究成果。了解相关学科的研究成果,能帮助我们更好地深入思考问题,开拓思路。例如,研究萨特的文学创作,如果了解一下哲学界对萨特哲学思想的研究,对论文写作往往会有启发。再如丰子恺,是散文家、美术家、音乐理论家,要研究他的散文,了解他在美术、音乐方面的创作观、创作特点,对其散文艺术特色的把握将会更全面。如有篇研究丰子恺散文的论文《论丰子恺散文的漫画艺术》,探讨丰子恺有些散文的创作运用漫画思维、笔法。如《吃瓜子》《作客者言》《佛无灵》《荣辱》等散文,常选取平凡的小事,折射出时代的风云。绵中隐针,笑中带刺,正是漫画创作手法讽刺、象征的运用。丰子恺自己说:"漫,随意也。凡随意写出来的画,都不妨称为漫画,如果此言行得通,我的画就称漫画。因为我作漫画,感觉同写随笔一样,不过或用线条,或用文字,表现工具不同而已。"由此可见,研究一位作家的文学作品,不妨也研究下作家在其他方面的喜好、专长,这样往往会有新的发现。此外,了解相关学科的科研成果,也能帮助我们开拓思路。

4. 研究论题所需要的原始材料。如我们研究古代某一位作家,不能只读后人撰写的传记和著作,还必须研读作家本人的作品、日记、书信,作家的亲友和同时代人的记述,史书的记载以及社会历史文化背景等其他有关资料。只有立足第一手原始资料,扎扎实实地把它钻研透,才能有新的发现。

论文写作的资料收集,有时还包括调查研究和跟踪实验考察,在有的情况下,单是对书面资料的梳理、研究,写出的文章很可能没啥价值,而在调查研究、实验考察基础上形成的观点,却是弥足珍贵的。如语言学方面关于方言的研究,常常需要社会调查等。

（二）材料的记录

通过各种渠道收集了大量的直接、间接的材料,这些材料是零散、杂乱无序的,这些材料不可能都能用在论文上,需要对材料进行整理鉴别、分析研究,寻找论文写作需要的真实性、典型性、新颖性、充分性的材料,记录这些材料,为下一步的研究和论文写作打好基础。在阅读文献资料的过程中,需要记录的东西很多,大体说来,要注意以下几点:

1. 真实、典型、新颖的论据性材料

真实,即要求材料必须是客观、准确,不能夸大,不能缩小,不能捏造。研究者对材料的出处、真伪、优劣都要认真鉴别、核实校对,使材料确凿可靠。尽量使用第一手材料,对第二手材料要确保来源可靠,多方考证;要注意认清材料真实性的性质,不以偏概全。切不可任意扩大范围,把一些非本质,只能说明局部问题的事实,扩大为说明本质、全局的材料。

典型,即那些最能说明本质、特点,具有代表性的材料。典型材料能把事物具体化,把过程形象化,说服力强。运用典型材料要注意点面结合,事实清楚,但不一定要有很具体的过程。对于理论论据来说,通常指权威性的专家、学者的准确评论。

新颖,指最近出现或最新发现的新动态、新信息、新事物、新思想。还包括作者新感受、新认识的材料。新颖的材料往往能将论述推向深入。对于论文写作,最新发现的材料,往往至关重要,有时一则新材料的发现,就能推翻以前的定论。

2.各家的争论性观点。这些争论性观点往往能启发我们的思维,帮助我们全面、客观地分析问题。

3.直觉。直觉是在阅读、思考甚至是休息时刻突然冒出来的某个念头、灵感。直觉看似突如其来,其实是研究者长期积累、思考的收获。直觉纯粹、本真、发自内心,往往是独属于自己的感受和发现,常常一闪即逝,应及时捕捉住,对于形成创造性见解很有帮助。

(三)记录的方式

1.摘录。即直接摘录文献资料的论述、论点、典型材料、重要的数据等。摘录要完整准确,符合原意,不能断章取义。摘录一般用卡片或活页纸,使用卡片更方便,许多研究者都喜欢用卡片来摘抄资料。对资料进行整理时,要用到分类,卡片最适合于分类,现在经常将资料录入电脑,或拍照、扫描存储起来,也应对其进行分类,便于查找。

2.索引。如果手头有书,或资料暂时用不着,可采用索引的方法。只记文献资料的名称、作者、出版社、出版日期、卷号、页码等。即把资料的出处详细准确记下来,以便需要时查找。

3.提纲。在阅读书籍或篇幅较长的论文时,对全文的总论点、每个部分的分论点及论证论点的主要材料,加以概括,依次排列出来,写成一个反映读物的基本结构的提纲。

4.提要。对文献的主要内容做全面的概括,写成一个简短的纲要。

5.批注。在文献资料上做记号与批语。批注在我国古代十分盛行,特别是明清小说的批注评点,内容非常广泛,从政治观点到美学价值,从写作技法到人物刻画,有的还借题发挥,表达对现实人生的看法。批注的优点是边读边记,十分方便,当然批注只适合自己的书籍。

6.札记。将文献有关内容与自己的认识体会融合在一起写成的笔记。记下的好处是"可以促使我们在整理自己原始想法的过程中把思想系统化和深刻化,促使我们摆脱那种'学而不思'的状态,不做思想的懒汉。我自己有这样的体会:一些本来尚处于朦胧状态的思想,经过做笔记过程中的整理加工,不仅明确了,而且丰富了,升华了。于是变得一发而不可收,记下一大篇东西来,犹如在蚕茧上理出一个丝头,能得到一大堆蚕丝一般。"①

7.感言。写法很自由,记述自己在材料搜集过程中产生的感想、疑惑,或赞同,或商榷,或批评,或补充,或只记疑问、难点,或三言两语,或敷衍成篇。感言对论文写作具有重要意义,生疑处、有感想处往往是独属于自己的东西。

8.复制。复制的方式广泛多样,有复印、翻录拷贝、软盘、拍摄、模型模拟等。复制的好处在于便捷、记录准确、可靠。

9.剪辑。研究者根据自己的需要,从期刊、报纸等剪下与论题相关的资料,加以整理、编辑。

第三节　拟写提纲

文学创作,拟不拟提纲,依据个人习惯。有的作家创作时,提纲拟得非常详细,人物之间的关系如何,每一人物什么时候以什么方式出场,都有详细的设计。有的作家创作时,不拟提纲,打好腹稿,欣然提笔。而论文写作,需要拟提纲。一般来说,写论文之前,必须对论文有一个全盘的考量。提纲是论文的简化形式。提纲在论文写作中起着非常重要的作用,帮助作者从全局着眼,建构全文的基本架构,使思路系统化、定型化,从而形成中心突出、层次分明、结构严谨的论文框架,为论文的写作和修改提供依据与参照。

如何拟制提纲呢?

首先,要有全局观念,从整体出发去检验每一个部分所占的地位和作用,看看各部分的比例分配是否恰当,篇幅的长短是否合适,每一部分能否为中心论点服务。

---

① 严家炎.严家炎自述.世纪学人自述[M].北京:北京十月文艺出版社,2000:473.

其次，从中心论点出发，决定材料的取舍。对研究过程中收集到丰富的材料和提炼的论点，应从中心论点出发，一一做检验，决定其取舍与安置的位置。论文要精选最重要、最精彩、最有说服力的论点和例证。

最后，要考虑各部分之间的逻辑关系。一般总论点分为几个分论点，全文就包含几个大的层次，各层次之间的逻辑关系一般有以下三种类型：

一是并列式，各个层次并列地描述出总论点的各个侧面或各个部分。如论文《〈离婚〉〈懒得离婚〉〈中国式离婚〉——一份现代中国文化启示录》中的三部小说写的都是没结婚的想结婚，结了婚的想离婚又离得难、懒得离的烦恼的生存状态。这篇论文通过对《离婚》《懒得离婚》《中国式离婚》这三部作品思想内蕴的开掘，揭示我们民族的某种生存状态和文化心理。论文分三个层次来论述：一样的永恒主题：结婚与离婚；一样的文化心理：敷衍与妥协；一样的情感特质（樊笼半开）：徒唤奈何。这三个分论点从不同的侧面，作品的主题，文化心理、情感特点三方面论证中心论点，逻辑上属于并列式关系。

二是递进式，一般有三种形态，时间、空间、逻辑上的递进式。时间上的递进关系，指按照时间的先后顺序。由远到近，沿着历史顺序，从古代说起，再说近代、现代、当代；空间上的递进关系，由外到内，或由内到外；逻辑上的递进关系，指各层次之间构成了一种逻辑递进的模式，层层掘进，揭示事物的本质。递进式有一种情况：如"一、二、三"是并列关系，而第四部分与前面三部分构成递进关系。如《论李白的济世情结和悲剧情怀》，论文第一部分谈济世情结，第二部分谈悲剧情怀，第三部分谈两者对李白作品意蕴内涵的影响。显然，第一、第二部分是并列关系，第一、二部分与第三部分是递进关系。这样的逻辑层次是可以的。而如果"一、二、四"是递进关系，"三"与其他部分不构成递进关系，这样的结构就不合理。

三是混合式，将交错运用前两种方式，或者论文大层次是并列式，某些小层次是递进式；或大层次是纵深式的，小层次是并列式。

初学撰写论文的人经常犯的毛病，论文各部分之间没有形成有机的逻辑关系；论点和论据没有必然联系；有的材料一大堆，论点不明晰。这样的论文没有说服力。

提纲有"粗纲"与"细纲"两种。"粗纲"只显示主要论点及结构脉络，即粗线条地把论文总体轮廓描绘出来。从提纲的内容看，常见的编写方式有两种：一种是标题式提纲，以简短的语句或词组构成的标题形式，扼要提示论文要点，编排论文目次。一种是提要式提纲，每一内容的要点用一句或几句话概括，对论文内容作粗线条的描述。

细纲则写得详细、具体。把各级大小论点,主要论据安排、论证方法、主要段落等都详细列出,能清晰看出论文的论述要点、论证思路与论证方式。提纲最好拟制细纲,指导老师能更好地有针对性地进行指导。细纲如果行得通,确定下来,按照细纲来撰写,基本不用进行大幅度的改动。

第四节　撰写论文

论文写作有其特定的行文规范。论文一般由标题、署名、摘要、关键词、绪论、正文、结论等部分组成。

一、标题

论文标题的制作,要注意以下几点:

1. 具体明确。这与文学创作的标题不同,文学作品的标题自由,可以朦胧,富于诗意。而论文的标题要求准确反映论题的内容、范围,直接揭示论文的中心论点或论题,使读者对论文要阐释的问题一目了然。如"盛唐之音形成的审美契机""论沈从文小说对传统文化的承接"等就直截了当地揭示论文的主旨。而"关于宋诗的研究""关于《围城》的探讨"等这类标题,就显得过于空泛。

2. 简洁精练。论文的标题要求简洁精练。简明而贴切的标题,让人一目了然。如果题目偏长,可用副标题来补充。

3. 质朴实在。论文标题不要使用夸大的广告式用语。如"试论唐诗光辉灿烂的艺术成就","光辉灿烂"在标题中就不需要用到,学术研究不需要华而不实的用语,质朴实在更好。当然,论文标题如果能做到新颖独特、不落俗套更好,但要注意具体明确,不要让人看了标题,对论文要阐述的内容捉摸不透,不知所云。

形式上,论文的标题经常采用单行标题,如《论"70 后"作家乡村书写的常态性特征》,明确反映出选题的具体范围。《浮世的悲哀——张爱玲的日常生活哲学》,既反映了论述的具体范围,又提示了论文的中心论点;还有采用主副式双行标题,主标题标明论点或与论点有关,副标题起补充、说明作用。如《个人阅读史、文本考辨与小说技艺的创化生成——以莫言为例》《其根深者其叶茂——金庸小说对古典诗歌的借鉴》。

二、署名

公开发表的论文要署上作者的姓名及工作单位,以表示此科研成果归谁所有,也是对论文的负责。学生的学位论文,则要写清楚作者的姓名、年级、班次、学号。

三、摘要和关键词

摘要,是对论文基本内容简短精要的概括。目的在于使读者能先了解核心内容,为检索文章提供捷径,便于检索。它一般介绍论文的研究背景或切入的角度,提出研究的结论,还可对研究成果作简单的价值评估。摘要应写得简明扼要,字数一般控制在 300 字以内。写摘要常出现的问题是繁复冗长,没有概括出论文的主要内容;或是过于简单,没有突出论文的主要内容。有个四句话的摘要套路,第一句引出研究问题,第二句指出研究方法与视角,第三句阐明研究内容与论证过程,第四句明确研究结论与贡献。当然,这只是大体思路,应根据具体情况写摘要。例,《试论丰子恺散文的生命意蕴》的摘要为:

> 丰子恺是中国现代文学史上独具魅力的散文家。其散文散发着哲学家的气质,闪耀着生命和人性的光辉,彰显着作者的情志与追求。本文试从现代生命哲学入手,探索其散文这一隽永的生命意蕴。其生命意蕴体现为:探求生命本质;倡扬率真个性;坚守艺术人生;关注现实。

这一论文摘要引出研究的问题,指出研究的视角,阐明研究的内容、结论。

关键词,可以看作是一组以词语形式来表达的论文摘要。关键词必须具有特定的实际意义,应当是名词或名词性词组,而且必须能够表达论文的主题内容,具有检索的价值。一篇论文一般应有 3~8 个关键词。另起一行,排在"摘要"的左下方,关键词之间用分号隔开。

如上文的摘要为:丰子恺;散文;生命意蕴。

四、绪论

绪论又称前言、序言、导言,是论文主体部分的开头。论文的绪论一般包括以下内容:

1. 交代研究对象及范围,阐述研究的理由和意义。

2. 提出问题。提出问题的方法很多种,可以针对学术界某些争论未决的专题提出问题,或在前人已有的研究成果的基础上,将自己的补充、纠正或发展作为问题提出来等。但不管用什么方法提出问题,都要明确、具体。

3.阐明研究的方法和角度,提出论文的预期目标,有时也可概述本论部分的内容,提出自己的基本观点。

五、本论

本论围绕着基本论点展开论述,是论文的重心所在,占据了论文的主要篇幅。要注意以下几个问题:

(一)论点应当鲜明突出

论点是文章的灵魂,是内容的核心,也是决定论文质量最重要的指标。论点的提炼与形成必须遵循科学的态度,不是主观预设,不是从既定的理论框架出发,而是通过对大量材料的深入分析研究,从感性到理性,提炼出论点。论文的篇幅一般较长,没有经验的人容易写得拖沓,或头绪较乱。这跟论文思路是否清晰有很大的关系。要考虑中心论点和各个层面小论点的排列组合,要有思路逐步展开的顺序和线索,注意每一个小论点前后相关的逻辑关系。除了理清思路外,尽量将中心论点和各层次的小论点都加以凸现,如把总论点放在篇首,各层次的小论点也放在每一章节或各段的前头,论述结束又每每有所呼应,这样论点就会鲜明突出。

(二)注重论证过程

论文的基本结构模式是:提出问题(引论)——分析问题(本论)——解决问题(结论)。重点是本论部分,即重点是论证。论证过程是论文的核心,论证是否有力关系着论文的成败。论证的过程就是进行逻辑推理的过程,是形成逻辑框架的过程,各种逻辑推理形式在其中起着重要的作用。论点必须从逻辑推理中获得。逻辑上通常有两种方法:归纳、演绎。所谓归纳,就是从特殊到一般;所谓演绎,就是一般到特殊。论文写作中常存在的不足是论证不充分。论证时要注意避免以下问题:论点不明;论点与论据不统一;偷换论点;论据虚假;循环论证等。

(三)要有理论的提升

常常有这样的情况,有些同学准备了许多材料,也有一些思考,但写起来很平淡,没有多少话好说,或者有些观点提出后不会深入论证,缺乏理论的提升。学术论文所反映的不是一般现象,也不是经验总结,而是对研究对象的理论认识。论文对问题的认识应上升至理论的高度,学术论文才有可能具有较强的学术性。理论分析能力当然不是短时间可以养成的,但写作过程也应当是提升理论能力的机会。我们可以带着问题去寻找合适的理论。如吴晓东《鲁迅小说的第一人称叙事视角》,所讨论的"人称"与"视角"问题,普通读者也都会注意到，但其中丰富的形式意义，不加以挖掘，是不容易发现的。也就是感觉到的东西，不提到理论的层面，可能终究说不清楚。吴晓东可能是先接触到布斯的《小说修辞学》理论，也可能是先对鲁迅小说的叙事特色有感触，带着这个问题去读布斯的理论，不管哪种情况，论文作者都是注重将作品阅读中发现的问题做理论的解释和提升，这样，论文有深度，有理论品格。我们在强调理论提升的同时，应当注意如果选用新理论来分析问题，首先必须吃透这种理论，切忌哗众取宠，标新立异，一知半解。

（四）论述语言：一般以庄重、精确、朴实为佳

学术论文最为重要的不是表现写作技巧才华，这只是其中一方面的考量，更为重要的是考察提出问题、分析问题、解决问题的能力。学术论文的语言主要是论述性的，不是描述性或抒情性的，不宜追求华丽，也不宜主观情绪太浓，一般以庄重、精确、朴实为佳。在这个前提下，可以根据论述的内容发挥各自的语言风格。

六、结论

结论是论文的收束部分，一般要求干净有力。结尾的方法经常用到的是概括式结尾和延伸式结尾。

概括式结尾常用"综上所述""总而言之"之类的语句来收束。概括式结尾往往起到深化、突出和强调主题的作用。在逻辑结构上，是文章前后照应，浑然一体。

延伸式结尾，即论者论述完某一问题后，又提出了与此相关的另一问题，留下话题，在另一篇文章中继续论述。这种设下伏笔的结尾，常常用于系列论文。

七、注释与参考文献

任何研究工作都是对已有文化传统、已有研究成果的继承和发展。因而，一篇学术论文，不可避免地要引用前人的观点、理论。此外，引文往往又是作者展开论述的基础。论文注明注释与参考文献，这既是研究工作严谨性的表现，是对他人研究成果的尊重，也便于读者了解该领域的研究状况、评价论文的水平和结论的可靠性。

注释，按其功用的不同，论文的注释分为两大类：一是对一些读者不易把握的概念、不易领会的材料以及其他不便在正文中展开论述，但又有必要告诉读者的内容，在注释中说明。二是指对论文的引用文献资料注明其来源。注

释的内容包括:作者、文章名称或书名;卷号或版本;出版单位、时间;页码。注释的写法必须完整、规范。注明资料出处的注释,是论文中最常见的一类注释。

孙绍振在《读书和读注解的关系》一文中谈到,在北大中文系读书时听王瑶教授的讲座,有个观点让他铭记至今且受益匪浅。王瑶教授说,读书,尤其是读学术论文首先看注解。因为注解都是关键,不是对论争要害的详细说明、补充、辨析,就是对所根据的材料考证或交代,许多尖端的学术问题都在其中。一篇论文有没有新材料,或者有没有对旧材料的新解读,看看注解就知道了,因而,他建议读文章之前,可先读读注解,如果没有新东西,就可以放一放。可见,注解在论文中是极为重要的,通过注释、参考文献可了解论文资料的收集情况,是否涉猎、研究过这一领域最为重要、最有代表性的著作、文章,是否有新见解。

参考文献,凡是对研究过程、研究成果的取得有所帮助的文献资料,都属于论文写作的参考文献。在论文的最后列出参考文献,既是对他们劳动成果的尊重,又能增大论文的信息量,读者可以以此为线索,查找资料,继续相关课题的研究。

八、修改论文

初稿写好后,必须经过斟酌反复修改,才能最后定稿。修改的过程,其实是科研的继续和深入,是提高论文质量的有效措施。修改论文,主要注意以下几个方面:

观点是否正确,富有新意;

论据是否充分可靠;

层次是否清晰;

章节安排是否合理;

行文是否准确、流畅;

引文和数据是否准确规范等。

九、论文答辩

论文答辩,是审查论文的一种补充形式。

答辩前,要撰写一份答辩提纲。简要地陈述自己的研究情况,选题的缘由和动机;课题研究的意义和价值;已有的研究状况及自己研究有所创新、有所突破的地方;比较重要或独到的研究方法;论文的基本观点;论文的不足之处或需要进一步研究的问题等等。撰写答辩提纲,将思路梳理清楚,防止答辩时表达不清晰或跑题。

答辩前,再次熟悉,通读论文,思考论文的薄弱处是什么?论文的观点是否有值得推敲的地方?所用材料是否有可疑之处?答辩时,答辩老师通常会针对论文存在的不足提出问题。这些问题,有时可能是作者回避了的薄弱环节,有时可能是作者自己未认识到的不足之处。一般来讲,答辩提的问题在论文所涉及的学术范围之内,不管作者当场能否做出完善的回答,都是对作者一次很好的帮助和指导。

❓ 思考与训练

一、请拟写出下面这篇论文的标题、摘要、关键词、提纲。

废名是我国现代文学史上一位卓尔不群的作家,以诗人的气质创作小说,是我国现代诗化小说的鼻祖之一。现代评论家刘西谓这样评价他:"有的是比他通俗的、伟大的、生动的、新颖而且时髦的,然而很少一位像他更是自己的。凡他写出来的,多是他自己的。"[1]读废名前期的小说集《竹林的故事》《桃园》《枣》及长篇小说《桥》,可以鲜明地体味到诗化小说独特的审美趣味。本文将从诗化小说的艺术特质出发,探讨其前期创作的诗化小说的情感特征及缘由。

一

叙事和抒情,是文学的两种基本性质。小说与诗,可以说分别代表了最为典型的叙事与抒情样式,当小说由叙事向诗的方向偏移时,其审美特征就近似于诗了,这诗化的实质,便是小说的抒情化。诗化小说的抒情并非一般意义上的抒情,文学本来是富于感情的,但诗化小说的抒情并非一种辅助性的表现手段,而是表现本身。陈平原在谈到诗化小说的"抒情"时说:"'主观抒情'不同于……作家的长篇独白或人物的直抒胸臆;而是指作家在构思中,突出故事情节以外的'情调''风韵'或'意境'。相对来说,故事的讲述是小说中较少个人色彩的部分;而非情节性的细节、场面、印象、梦幻等,反而容易体现作家的美学追求——也可以说,容易流露出作家的主观情绪。当作家忙于讲述一个曲折有趣的故事时,读者被故事吸引住了,难得停下来欣赏作家的'笔墨情趣';而当作家只是诉说一段思绪,一个印象,一串画面或几缕情思时,读者的关注点自然转移到小说中那'清新的诗趣'"[2]这段话道出了诗化小说抒情的方式及特点。废名的诗化小说可谓是充分体现了这一特点，侧重于表达情绪体验，侧重于营造诗意氛围，小说笼罩着含蓄蕴籍的忧愁感伤。

传统小说讲究情节逻辑性、情节的发展，在废名的诗化小说中，情节不再是小说形式的核心，情节淡化、迟缓、拖沓甚至是枝蔓的，小说常常以瞬间的感觉印象为切入点，以某种情绪、情调贯穿全篇。《柚子》叙述者"我"回忆儿时与柚子相处的情景及"我"十年后返乡的见闻，小说似有情节，又无情节，然而始终有一个"灵魂"统领全篇，那便是叙述者的惆怅之情。小说的结尾"吃过早饭，我眼看着十年久别、一夕重逢的柚子妹妹，跟着她的骷髅似的母亲，在泥泞街上并不回顾我的母亲的泣别，渐渐走不见了。"柚子的命运如何？读到这里，读者没有因情节的圆满完成而心绪重归平静，相反，一种不祥的预感与深切的担忧油然而生，心绪反而更加的怅惘。《阿妹》这篇小说亦是如此，情节退到作品的边缘，充当着背景的角色，处于作品中心的，仍是情感的渲染与抒发。

传统小说追求人物性格的丰富、典型化，常常多方面多角度地刻画人物性格，在废名的诗化小说中，不对人物的性格作深入全面的刻画，而是在片断式、场景式的描绘中流露出人物的人性美、情感美。李妈善良、热心，琴子温良贤惠，细竹天真活泼，陈大爷憨厚等，废名只将他们身上的某一点性格特征静态地、诗意地加以想象与表现，他们在小说中的存在，不是依靠"性格"与"行为"，而是依靠情绪与诗意的氛围。如《桥·沙滩》"琴子来得比较晚，等她洗完了衣，别的洗衣的都回去了，剩下她一个人坐在沙上。她是脱了鞋坐在沙上晒——刚才没有留心给水溅湿了，而且坐着望望，觉得也很是新鲜。那头沙上她看见了一个鹭鸶——并不能说是看见，她知道是一个鹭鸶。沙白得炫目，天与水也无一不是炫目，要她那样心境平和，才辨得出沙上是有东西在那里动。她想，此时此地真是鹭鸶之场，什么人的诗把鹭鸶用'静'字来形容，确也是对的，不过似乎还没有说尽她的心意——这也就是说没有说尽鹭鸶。"这里，人物行动、周遭环境，远的、近的，实的、虚的，都已然没有了界限，动与静和谐地交融在一起，平和的心境与静谧的自然融为一体，这般空灵淡泊的境界，传达着作者对生活诗意的感觉，文章也由此笼上了诗意的氛围。有了这般诗意的氛围，小说的情节是否跌宕起伏，人物性格是否丰富典型等，似乎早已从我们的审美期待中消褪了，令我们沉醉的是这种优美纯净的情调与氛围。

纵观废名的诗化小说，不注重情节的发展，不注重人物性格的典型塑造,或是以某种情感统领全篇,或是着意营造诗意的氛围,如清水环绕、绿荫掩映中的史家庄仿佛远离尘世的净土,仿佛梦中的桃源,逍遥自在、宁静清澈。这里的小林、乡村少女琴子、细竹,不愁吃穿,不用辛劳耕作,品味着生活、感悟着生命,充满诗情,充满关爱,过着诗一般梦境一般的自在生活。废名在小说中很少直白抒发自己的情感,平静地叙述着事,描绘着景,这印象式、片段式的描绘中,流荡着温馨、宁静的田园牧歌情调,游走着的人物洋溢着淳朴善良的人性美。然而,笼罩其间挥之不去的仍是淡淡的丝丝缕缕的忧愁感伤。

<h1 style="text-align:center">二</h1>

诗化小说中流淌的忧愁感伤含蓄蕴藉,犹如废名喜爱的黄昏一样。废名曾说过:"我有一个时候非常之爱黄昏,黄昏时分常是一个人出去走路,尤其喜欢在深巷子里走。《竹林的故事》最初想以《黄昏》为名,以希腊一位女诗人的话做卷头语——'黄昏呵,你招回一切,光明的早晨所驱散的一切,你招回绵羊,招回山羊,招回小孩到母亲的旁边。'"[3]虽然后来废名并没有以《黄昏》为小说集命名,但其诗化小说的情感就如同黄昏一般给人带来的是温煦忧愁的诗情。

废名所写大多是平凡的乡间人物,小说中的主人公善良淳朴,过着平淡随和的生活,可时光斗转,世事无常。《柚子》中"我"的姨表妹柚子,活泼乖巧、善解人意,与"我"两小无猜,无忧无虑,共享外祖母的疼爱。而十年后重逢,外祖母早已成了一抔黄土,表妹家道衰落,姨妈形同骷髅,表妹柚子过早地背负了生活的重担,成了一个苦命的媳妇。《浣衣母》中的李妈勤快善良,以洗衣为生,与驼背女儿相依为命,深受全城老少的尊敬,可世事难料,后来女儿死了。当一位三十岁上下的汉子在李妈门口树荫下设茶座,谣言四起,李妈失去了受人尊敬的地位,更加孤独。《河上柳》中的陈老爹原先过着悠哉恬淡的生活,每月进城两遭生意,饭菜茶酒无须发愁。天黑回家,驼子妈妈还在柳枝上挂上灯笼为他照路。可世道变了,衙门口禁止木头戏进城,断了陈老爹的衣食来源,陈老爹要去典卖他的全副彩衣同锣鼓,要去砍伐柳树维持生计。《桃园》里的阿毛,没有母亲,病了差不多半个月了,想吃桃子,父亲王老大爱喝酒,却用一只酒瓶为女儿阿毛换回了三只玻璃做的桃子,可又被路上的小孩撞碎了。即便是充满田园诗情的《竹林的故事》,也弥散着丝丝缕缕的哀愁。小时候,三姑娘跟随父亲种菜、打鱼,欢欣幸福。然而,在三姑娘开始能替妈妈洗衣服时,分担家庭重担时,父亲却又不在人世了,竹林里添了一座圆圆的坟丘。小说中的人物并不抱怨生活，而是随遇而安，乐天知命，然而，这般的遭遇却让读者体会到一份淡淡的哀愁。这哀愁犹如弥散在空气中的雾气，轻轻袅袅、丝丝缕缕，哀愁感伤但却不悲痛欲绝，宁静中藏着哀痛，平和里夹着忧郁。不像鲁迅那样，把炙热的情感孕藏在冰一样的冷静里，也不像郁达夫那样，火山爆发般、山洪倾泻式抒写环境的苦闷压抑，情爱相思之苦。

鲁迅曾说，废名小说"以冲淡为衣包孕哀愁"[4]在废名的小说中，众多的意象寄寓着他或浓或淡的情感情绪。经常使用的时间意象是黄昏、傍晚、落日，在这段时间里，夕阳西下，乌雀归巢，万物渐渐隐入黑夜，最容易引起人的孤独感、漂泊感，如《枣》里所描述的"多半在黄昏时孑然一身"，面朝落日动了"乡愁"。浣衣母李妈、"老猴"陈大爷、驼背长工"陈聋子"的黄昏，成了他们不幸而垂暮的人生的一幕远景，日薄西山，孤独的人生更显得漂泊无驻。而空间意象则经常用到一无依傍的桥、凄迷的月光、萧瑟的山花、高低不齐的送路灯、古旧的城墙、寂寥的旷野、大小不一的坟等。特别是坟这一意象，频频出现在小说中，"坟"，带给人的感觉是悲凉、凄清、伤感。《柚子》中外祖母的饰着圆碑的坟，《浣衣母》中高高低低的坟，《桃园》里城外阿毛妈妈的坟，《墓》里荒冢累累，《桥》里阴森森的"家家坟"。虽然废名笔下的"坟"带给主人公的不一定是悲伤、痛苦的记忆，如在《桥》里，多处写到的"坟"漾着别样的诗情与诗思，承载着主人公儿时的欢乐与回忆，折射着主人公对生与死的超然态度。然而这一阴冷凄清的时空背景下的游戏与欢乐，总还隐隐透露出丝丝冷寂与哀愁的气息。

三

这种含蓄蕴藉的情感抒写方式与废名自身的内倾型性格有着极为重要的关系，也与他的审美追求有着不可分割的关系。废名性格自卑、敏感。孩童时代所受的创伤潜移默化着废名自卑、敏感的内倾型性格的形成。六七岁时废名得了场大病，差点要了他的小命，一年多病痛的经历，使得小小年纪的废名忍受着肉体上的疼痛，承受着精神上的孤独；使得小小的心灵过早地懂得了人生的辛酸苦痛，过早地成熟了；这种苦痛与折磨，可谓刻骨铭心，潜入心灵，性情，以至后来化为笔下的人生。小说《病人》《阿妹》遭受的苦痛、不公，废名可谓是感同身受。废名的回忆性散文《打锣的故事》写他儿时的乐趣，短短的两千字竟然用了七个"寂寞"。可见，这个被看得淡漠不受宠爱的小孩子是怎样的郁郁寡欢、孤独且寂寞。属于内倾型性格的废名敏感好幻想，尤为喜爱晚唐"温李"诗派，"温李"诗好幻想想象的特性与"隐藏朦胧"的美学追求无疑也影响着废名诗化小说的情调。

正如最了解他的周作人所说："废名在北大读莎士比亚、读哈代，转过来读本国的杜甫、李商隐，《诗经》、《论语》、《老子》、《庄子》，渐及佛经，在这一时期我觉得他的思想最是圆满……"[5]中国传统文化博大精深，源远流长，具有不同于西方的价值观念和特征。海外学者余英时认为中国文化具有内倾性格，有其内在的力量，"内在力量主要表现在儒家的'求诸己'、'尽其在我'，和道家的'自足'等精神上面，佛教的'依自不依他'也加强了这种意识。若以内与外相对而言，中国人一般总是重内过于重外。这种内倾的偏向在现代化的过程中的确曾显露了不少不合时宜的弊端，但中国文化之所以能延续数千年而不断却也是受这种内在的韧力之赐。"[6]这种"内在的韧力"便是中庸、和谐、节制的文化心态。废名的性情，使他对中国传统文化天生具有一种亲近感。他吸纳了这一通达、从容、中和的传统文化性格为其审美追求，于是，笔下的人物往往过着一种与世无争、悠然自得的生活，流露的哀愁也是"哀而不伤，乐而不淫"。

这种含蓄蕴藉的情感抒写方式还在于废名对语言的运用。废名说自己"写小说，乃很像古代陶潜、李商隐写诗"，"就表现手法来说，我分明受了中国诗词的影响，我写小说同唐人写绝句一样，绝句二十个字或二十八个字，成功一首诗。我的小说篇幅当然长得多，实是用写绝句的方法写的，不肯浪费语言。"[7]诗由于篇幅所限，为了以"较少的文字表达较多的内涵"，诗人常常采用省略、跳跃、暗示等曲折的表现手法，使废名的田园梦诗意盎然，亦使废名的情感变得含蓄蕴藉。如《桥》中的"这个鸟儿真是飞来说绿的，坡上的天斜到地上的麦，垅麦青青，两双眼睛管住它的剪子笔径斜。"意象闪跳迅速，加上文字的省略，呈现在读者面前的是一幅富于动感、清新可人的大自然图景。或欣喜或哀愁的情思也闪烁于"语不接而意接"诗化语言中。

废名的文章在当时号称第一难懂。周作人曾这么说过："废名君的文章近一二年来很被人称为晦涩。据友人在河北某女校询问学生的结果，废名君的文章是第一名的难懂。"[8]这被称为晦涩的文章主要源于废名的语言特点，多感觉式，多省略、跳跃，还源于废名以禅宗的思维方式创作小说。禅宗认为佛法精妙深奥，极力提倡"以心传心，兼不立文字"，认为佛法在心不在文字，要求真谛应在清净本心中寻觅。《金刚经》说："若以色见我，以音声求我，是人行邪道，不能见如来。""空"与"佛"在佛教中是大千世界的本质与一切的最高主宰，种种色彩、音声是无法描绘的。可若不用语言文字来表述,每一个禅僧都得自己琢磨,像释迦牟尼那样自己冥思苦想出佛法来,这又不现实。于是,禅宗尽管否定语言文字,但实际上仍以它特有的方式极高明地使用着语言文字。禅僧中流传着许多古怪玄妙的话头,"千七百公案"、上百部的语录、灯录,创造出触发听者主观悟性,启发听者直觉联想的一套凝练含蓄的表达方式。禅宗的应答,往往极为简练,以不答为答,以少答为答,亦常常借用暗喻、借喻等种种比喻或曲折含糊地点到即止,让听者驰骋想象,顿悟本心。废名倾心于禅,禅宗的思维方式与语言特质在创作上留下了深深的烙印。如《桥·茶铺》中"没有风,花似动——花山是火山!白日青天增了火之焰。"满山开遍红花,那气势、那色彩,让人觉得"花山是火山",这更多的是视觉中的花山。"白日青天增了火之焰",乍一看,还真有点不明白,一琢磨,是作者在进一步描摹这花山给人带来的冲击,在直觉的关照与沉思中,视觉、触觉相通,蓝天下,阳光让这火山燃烧得更为恣意、热情。语言含蓄、跳跃,情感的表达与抒发自然变得朦胧含蓄。

综上所述,废名的诗化小说诗意盎然,弥漫其间的情感犹如废名喜欢的黄昏——含蓄蕴藉、哀愁感伤。正如周作人所评说的"废名君小说中的人物,不论老的少的,村的俏的,都在这一种空气中行动,好像是在黄昏天气,在这时候朦胧暮色之中一切生物无生物都消失在里面,都觉得互相亲近,互相和解。"[9]

(原载于《牡丹江大学学报》,2008 年 7 月)

注释:

[1]李健吾.咀华集·咀华二集[M].上海:复旦大学出版社,2005:84.

[2]陈平原.中国小说叙事模式的转变[M].上海:上海人民出版社,1988:137-138.

[3][5]转引自郭济访.梦的真实与美——废名[M].石家庄:花山文艺出版社,1992:99,240.

[4]鲁迅.导言[A].中国新文学大系:小说二集[Z].上海:良友图书公司,1935:6.

[6]余英时.中国思想传统的现代诠释[M].南京:江苏人民出版社,1995.

[7]沙铁华,月华选编.废名作品精选[M].武汉:长江文艺出版社,2003:2.

[8]周作人.苦雨斋序跋文[M].石家庄:河北教育出版社,2002:107.

[9]周作人.苦雨斋序跋文[M].石家庄:河北教育出版社,2002:105.

二、写一篇不少于2000字的学年论文,先拟出论题、提纲。

延展阅读

1. 王力、朱光潜等:《怎样写论文——十二位名教授学术写作纵横谈》,辽宁教育出版社,2006年版。

2. 温儒敏主编:《中文学科论文写作训练》,北京大学出版社,2005年版。

3. 卢卓群、普丽华:《中文学科论文写作》,中国人民大学出版社,2015年版。

后　记

　　中文系老主任刘新华教授退休前多次提到,我们要编一本好用、实用的写作教材,将我们多年积累的教学经验加以总结、推广。而今,《创意写作——叙事与评论》终于付梓,主任退休竟已5年了。

　　回想刘新华教授的传帮带与写作组诸位老师的协同合作,倍感温馨。我们一起研究孙绍振文艺思想、潘新和写作教育思想,协力完成课题的时日,亦是互相学习教学经验、互相激发灵感与创意、砥砺切磋教研相长的过程。多年来,写作组老师们专注于写作教学教法的研创革新,开拓了多样化、多渠道的教学实践。开展以文学创作为中心的系列活动,校地、校企合作创办创意写作工坊,开展戏曲进校园活动,与省市文学院等开展各种文学创意活动,推动文学教育入社区,服务地方文化建设的同时促进文学创意教育,亦培养了文学青年。写作组老师们汲取写作界同行的经验,不断完善创意写作教学理论并将之贯彻到教学实践中,发挥各自的科研及教学优势,开设了新媒体写作、微电影创作、小说创作、散文创作、新闻写作等以培养读写能力为核心的创意写作课程群。本教材正是写作组的老师们多年来科研与教学实践的理论结晶。其突出特点是以创意写作实践为核心,注重教学的可行性、操作性、实用性。

　　本教材绪论由王嵩、练暑生执笔;第一章由刘敬执笔;第二章、第五章、第九章由陈邑华执笔;第三章、第四章、第六章由郑榕玉执笔;第七章、第八章由练暑生执笔。本书的出版,要感谢厦门大学出版社刘璐编辑的辛勤付出。

　　教无止境,学亦无止境。创意写作的教与学,充满挑战,也充满机会与欣喜,我们将继续携手探索。我们深知,本教材还有诸多不尽人意之处,敬请广大师生积极反馈和方家批评指正,使其臻于完善。

本书编写组
2019 年 1 月